마음을 여는 심리학, 꿈 설명서

꿈은 말한다

마음을 여는 심리학, 꿈 설명서

꿈은 말한다

★

테레즈 더킷 지음 | 이사무엘 옮김

나의 아름다운 가족과 친구들,
꿈을 나누어 주신 모든 분께 이 책을 바칩니다.
여러분의 도움이 없었다면
이 책은 빛을 보지 못했을 것입니다.
감사합니다.

―테레즈 더켓

그날 일을 마치고
정신없는 일상에서 벗어나
자신만의 세계에 서게 되었을 때,
'꿈의 시대'*에서 태동한 우리는 무엇을 하는가?

공허하고 보이지 않는 눈으로
가만히 앉아 벽을 보고 있는가?
아니면 살짝 열린 창으로
끝없이 펼쳐지는 하늘을 바라보는가?

아침과 함께 오는 사람들을
맞으려 숨을 멈출 때
어둠의 외로운 시간은
찢어진 날개로 끝없이 달아나는가?

아니면 외로움,
어둠의 고요하고 따뜻한 백열(白熱),
홀로 있는 그 감미로운 맛을
잠깐만 음미하는가?

— 메리 엘렌 스미스(저자의 어머니)

---

*꿈의 시대 : 오스트레일리아 토착 전설에서, 태초의 영적인 존재가
만물을 창조했다고 여겨지는 신성한 시대 - 역자 주.

꿈을 받아들이면
꿈은 우리 마음을 치유해 준다

사람은 모두 꿈을 꾼다. 그러나 잠에서 깨어났을 때 꿈을 기억해서 삶에 도움을 주려면 기술이 필요하다. 스트레스, 약물, 트라우마, 병이나 수면 부족 때문에 혹여 꿈이 기억나지 않을 수도 있다. 그러나 꿈이 기억나지 않는 가장 큰 이유는 자신이 꾼 꿈이 기억할 만한 것이라고 생각하지 않기 때문이다. 그러면 꿈의 힘을 기르지 못한다.

꿈을 기억하고자 한다면 그 가치를 인정하라. 그럼 더 의미 있는 꿈을 자주 꿀 것이다. 꿈의 지위를 높여 주면 꿈은 삶의 여정에서 우리를 인도한다. 꿈이 중요한 의미가 있다는 걸 알았던 고대 그리스인과 이집트인은 치유를 목적으로 하는 신전을 많이 지었다.

급속안구운동(Rapid Eye Movement : REM)에 대한 폭넓은 연구를 통해 사람은 모두 꿈을 꾼다는 사실도 밝혀졌다. 꿈은 대부분 이 렘수면 상태에서 나타난다. 잠을 자는 동안에 렘수면은 약 90분을 차지한다. 렘수면을 취하지 못하면 감정적으로 스트레스를 받고 정신병을 얻거나 환영을 볼 수 있다는 연구결과도 있다.

꿈은 인간의 훌륭한 자산이지만 안타깝게도 그 진정한 가치를 인정받지 못했다. 꿈을 단지 상상과 같은 것으로 여길 때가 많다. 상상도 역시 쓸모없는 것으로 인식되어 왔다. '쓸데없이 상상력이 많다'거나 '늘 꿈만 꾸고 있구나' 하는 말을 얼마나 많이 들었는가? 이렇게 꿈과 상상을 모두 열등한 것으로 치부한다.

서구에서는 아이들에게 상상의 세계를 빼앗고 실재적인 일에 힘을 쓰도록 가르친다. 그러나 사실 모든 것은 상상에서 출발한다. 책을 예로 들어도, 처음에 작가가 책을 쓴다는 꿈을 꾸거나 상상을 하지 않으면 책이 나올 수 없다. 여러분이 사는 집도 누군가가 처음에는 머릿속으로 상상을 해서 지은 것이다. 위대한 심리학자이자 정신과 의사인 칼 융도 꿈을 통하지 않고는 아무것도 이룰 수 없다고 생각했다.

이 책은 꿈의 가치를 인정하고 드높여 꿈이 우리 삶의 훌륭한 친구이자 멘토가 되도록 해줄 것이다.

PART 1에서는 먼저 꿈을 읽는 데 기초가 되는 꿈 이론을 몇 가지 탐구한다. 꿈이 무엇이며, 어디서 나오고, 꿈이 신체와 감정, 그리고 영혼의 건강에 어떤 도움을 주는지, 또 꿈의 힘을 기르는 방법은 무엇인지 살펴볼 것이다.

PART 2에서는 개인 무의식에 주목하면서 그 속에서 나타나는 꿈의 상징에 대해 알아볼 것이다.

PART 3에서는 태고부터 내려오는 인류 공통의 보편적 생각인 집단 무의식을 고찰한다. 우리에게 그 집단 무의식이 태고부터 잠재되어 있어 나타나는 원형의 상징을 소개한다.

나는 꿈에서 이 책과 '꿈은 말한다(DREAMS SPEAK)' 제목을 먼저 보았다. 그 꿈을 꾸고 나서 이 책을 쓰기 시작했다. 집필을 하면서도 이 책에 관련된 꿈을 계속 더 꾸었다. 내가 꾼 그 꿈들과 마찬가지로 다른 사람들의 꿈도 이 책의 방향을 알려 주었다. 나에게 꿈 이야기를 해주신 훌륭한 분들께 감사한다. 그분들의 많은 꿈 이야기 덕분에 꿈이 어떻게 우리에게 기능하여 치유를 하는지 잘 보여줄 수 있었다.

— 테레즈 더켓

차례

PART

1

꿈 이론

1장

다중 의식

마음속에 상상이 있는 것이 아니라
상상 속에 마음이 있다.

—힐먼

　테드는 버스를 몰고 미래로 들어가고 있었다. 그 때 길가에 아는 사람 두 명이 서 있는 것이 보였다. 모른 척하고 버스를 계속 몰아야 한다고 생각했지만, 곧 마음을 바꿔 돌아가서 태워줘야 할지 확인해보기로 했다. 그러나 버스를 돌렸을 때 갑자기 사방이 안개로 자욱해지면서 길을 분간하기가 어려웠다.

　그때 커다란 생물체 둘이 버스 앞을 가로막았다. 하나는 엄청나게 큰 검은 뱀이었는데 몸을 둘둘 감고 있었다. 또 하나는 적록색을 띤 용인지 뱀인지 확실치 않은 괴물이었는데 작은 머리가 무수히 달려 있었다. 커다란 적록색의 용은 머리 하나를 버스 안으로 들이밀었다. 용의 머리가 버스 여기저기를 휘젓자 버스는 용과 싸움을 벌였다. 테드는 우선 용을 처치하고 버스에서 떼어내

이 상황을 정리한 다음에 가던 길을 계속 가야겠다고 생각하다 잠을 깼다.

이 꿈을 꾸었을 당시 테드는 몇 해째 알코올 중독에서 벗어나려 애쓰고 있었다. 꿈을 꾼 그는 이제야 알코올 중독 문제를 극복할 힘이 생긴 것 같은 기분이 들었다. 오랫동안 갖가지 상담을 받아봤지만 술에서 벗어날 수 있다고 생각한 것은 이번이 처음이었다.

왜 그런 생각을 하게 되었을까? 무엇이 달라졌을까? 결국 그건 꿈 때문이었다. 테드는 그 꿈에 깊은 의미가 있고, 이제 그 꿈으로 어떤 전환점에 이르렀다고 느꼈다. 그 꿈은 실제로 인생의 터닝 포인트였다! 이제 그의 용들 중 하나와 마주할 단계가 된 것이다. 용을 무찌르진 못했지만 그놈과 맞섰고, 그놈에게 어떤 피해를 입혔다.

용 같은 신비한 동물이나 슈퍼히어로로 같은 전형적인 이미지를 꿈꿀 때, 우리는 인간의 집단 무의식의 가장 깊은 부분과 접촉한다. 집단 무의식은 모든 인류를 하나로 서로 연결해주고, 인간으로서 우리의 전 역사를 관통하는 에너지를 담은 '보편적 마음(Universal Mind)'이다. 꿈은 우리를 이런 집단적 마음에 다시 이어주고 따라서 그 안에 담겨있는 힘과 맺어주는 매체이다.

이 책은 꿈이 시작되는 신비한 영역을 이해하려는 하나의 시도이다. 그것이 아무리 보잘 것 없는 이해라고 해도 말이다. 꿈이 시작되는 곳은 무의식이라는 정신의 영역이다. 그리고 먼저 이야기 할 것은 의식이나 에고를 통해서는 무의식을 제대로 이해할 수 없다는 사실이다. 꿈을 통하면 우리 안에 내재된 거대한 지혜의 바다에 담긴 풍부한 자원을 잠시 엿볼 수 있지만, 그래봐야 그것 도 잠깐일 뿐이다.

그럼에도 불구하고 잠깐 보는 것만으로도 삶에 대해 확실한 통 찰력을 얻고, 삶에 대한 자세를 바꾸게 되는 경우도 간혹 있다. 이 책은 그러한 무의식을 낱낱으로 쪼개 그 신비를 파헤치려는 시도 가 아니라, 우리 존재를 포함하면서 동시에 우리 안에 숨겨져 있 는 이런 놀라운 에너지의 바다에 대한 나의 얼마 안 되는 이해력 을 공유하기 위한 시도이다.

먼저 이 책의 방향을 알리기 위해 몇 가지 중요한 질문을 해야 겠다.

·⫸ 우리는 왜 꿈을 꾸는 걸까?
·⫸ 과연 꿈은 어디에서 오는 걸까?
·⫸ 꿈의 성격을 어떻게 알아볼 수 있을까?
:⫸ 중요한 꿈이라는 것을 어떻게 알아차릴까?
·⫸ 꿈은 어떤 식으로 집단 무의식과 보편적 영혼에 기여할까?

의식을 말한다

> 사실 우리의 의식은 의식 그 자체를 창조하지 않는다. 의식은
> 알려지지 않은 심연에서 솟아난다. 의식은 어린 시절에 서서히
> 일어나, 평생에 걸쳐 매일 아침 깊은 잠에서 눈뜰 때마다 무의식
> 상태에서 깨어난다. 의식은 무의식이라는 원초적 자궁에서 매일
> 태어나는 아이와 같다.
>
> —융, 1969, 569쪽

인간으로서 우리는 동시에 많은 삶을 경험한다. 우선 우리는 외
적 삶을 산다. 외적 삶은 우리가 매일 반복하는 일상으로, 다른 사
람들이 목격할 수 있는 삶이다. 그리고 감각과 두뇌가 도와서 경험
에 의미를 부여할 때 우리 각자에게 일어나는 것이 곧 현실이다.

그런 다음 경험은 기억에 저장되기 때문에, 우리는 경험을 통
해 세상에서 어떻게 행동하고 어떻게 즐기고 어떻게 반응해야 살
아남을지 알게 된다. 우리는 또한 내적 삶을 산다. 내적 삶은 다른
사람들이 볼 수 없으며 남들이 더욱 이해할 수 없는 삶이다.

내적 삶은 주관적인 삶이다. 간혹 다른 사람이 우리의 내적 삶
을 잠깐 엿보는 경우가 아주 없지는 않지만, 대부분의 경우 우리
는 내적 삶을 철저히 혼자 경험한다. 우리는 생각과 느낌과 직관
을 통해 내면의 삶을 이해한다.

우리는 또한 왜 우리가 이런 생각과 느낌을 갖는지 추론할 수

있다. 그런 생각과 느낌은 우리 자신의 경험과의 관계를 통해 이해되기 때문이다. 그리고 이런 생각과 느낌은 외적 삶을 사는 방법에 영향을 미친다. 내적 삶과 외적 삶은 성격이 다르지만 서로 영향을 주고받는다.

그리고 세 번째 삶이 있다. 세 번째 삶도 다른 두 삶과 서로 영향을 주고받는다. 그러나 우리는 이 세 번째 삶을 잘 알지 못하기 때문에 종종 무의식적 자아로 설명한다. 이 삶은 우리가 인식하지 못할 뿐, 외적 삶과 얼마든지 공존할 수 있다. 왜냐하면 그 삶도 뚜렷하게 모습을 드러내는 경우가 있기 때문이다.

우리가 즐기는 경험을 우리 자신이 고의로 방해하거나, 원하는 관계를 시작하기 겁내거나, 누구를 믿지 말아야 할 이유가 없는 데도 믿지 못하는 우리 자신의 모습을 알아차릴 때가 바로 세 번째 삶이 모습을 드러내는 순간이다.

세 번째 삶은 생각 아래에 있는 의심이고 느낌 아래에 있는 감각이다. 우리가 의식하지 못해서 그렇지 사실 세상을 어떻게 바라보아야 할지 그리고 그 안에서 어떻게 행동할지를 주로 결정하는 것은 바로 이 세 번째 삶이다. 즉 무의식이다.

앨런 피스(Allan Pease)는 그의 저서 『바디 랭귀지(Body Language)』에서 무의식적인 메시지가 의사소통에서 얼마나 큰 힘을 지니는지 강조했다. 메시지에서 말이 차지하는 영향력은 전체의 7퍼센트에 불과하지만, 목소리와 억양과 그 밖의 소리 톤으로 전달되는 부분은 38퍼센트나 된다고 그는 지적한다. 메시지 전달

수단 가운데 55퍼센트라는 가장 큰 비중을 차지하는 부분은 비언어적인 수단이다. 그리고 의사를 소통하는 상대방에 대한 느낌에 주로 영향을 미치는 것도 비언어(무의식)적인 면이다.

지난 100여 년 동안 프로이트와 융 같은 심리학자들은 마음의 권리를 인정하고 마음이라는 광활한 미개척 분야를 헤쳐 가는데 길잡이가 될 용어들을 정리하는 큰 공을 세웠다. 그들은 의식과 무의식을 모두 포함하는 정신의 구조를 정의해서 다른 사람들이 그 이론에 도전하고 과학적으로 시험할 수 있는 터전을 닦아놓았다. 그 덕분에 새 이론들이 나와서 우리 자신을 인식하는 새로운 방법을 잇달아 찾을 수 있었다.

아직 의식에 관한 합의된 정의는 없지만, 그래도 의식은 종종 '현재 진행 중인 지각과 생각과 느낌에 대한 선별적 관심'이라고 설명된다(마이어스, 1989, 193쪽). 더욱이 의식 상태는 종종 무의식 상태와 구별되어, 마치 둘이 이분법적으로 대립되는 것처럼 다루어졌다. 죽어가는 사람들을 대상으로 이런 작업을 많이 해온 마이클 바바토(Michael Barbato, 2002)는 이분법에 이의를 제기하며 다음과 같이 말한다.

> "우리가 정보를 받아들이고 처리하고 적절히 반응하는 인지 상태를 의식이라고 정의해버리면, 무의식은 자연히 의식도 없고 정보 처리도 없고 적절한 대응을 취할 능력도 없는 영역이 되고 만다."

바바토는 연구를 통해 무의식도 인지 능력이 있다는 걸 보여주었다. 혼수상태나 마취된 환자들도 여전히 렘(Rapid Eye Movement : REM)이라는 급속안구운동(이때 꿈을 많이 꾼다) 상태의 두뇌 리듬과 비슷한 리듬을 통해 정보를 흡수하고 처리한다는 사실을 그는 밝혀냈다. 그의 연구는 또한 '깨어있는 일반적인 의식 상태에서보다 렘수면 단계에서 두뇌가 더 활발하게 작동한다'는 사실을 입증했다.(바바토, 2002, 134쪽)

그 외에도 잠을 자는 동안 우리의 의식은 렘수면을 포함하여 다섯 단계를 거친다는 사실을 보여준 연구도 있다. 각각의 상태는 각기 고유한 뇌파의 전기적 활성화와 생리적 반응과 그에 따른 행동 유형을 갖는다.

예를 들면, 깊이 잠들어 논렘(Non Rapid Eye Movement : NREM)이라는 비급속안구운동 단계에 있는 사람은 근육이 마비되어 있기 때문에 사실상 움직임이 없고 깨어나기가 매우 어렵고 안구운동도 없다. 몽유병 증세나 몽정, 그리고 아이가 자다 말고 갑자기 일어나 우는 야경증(夜警症)도 주로 이때 일어나는 현상이다.

그러나 의식이라는 것을 뇌기능으로만 설명하려 하면 인간으로서의 우리 존재를 생각하는 데 제약을 받고, 적절한 이론에 도달하지도 못하게 된다. 뉴턴이 중력의 법칙을 정립한 이래로 지금까지 과학을 주도한 기계론적 세계관은 의심해볼 필요가 있다.

이 기계론적 이론은 다른 방향에서 하는 질문에는 답하지 못하기 때문이다. 뉴턴 물리학에서는 우주와 인간은 객관적으로 설명할 수 있는 고정된 객체이다. 이 학설로는·의식과 무의식을 수시로 넘나드는 인간의 정신을 탐구할 수 없다. 뉴턴식 이론으로는 거의 죽음에 이르는 일이나 유체이탈, 코마(Coma ; 혼수상태)를 경험하는 사람들이 겪은 다양한 인식 상태를 설명할 길이 없다.

또한 꿈 중에서 많은 유형은 뇌가 의식 안에서만 기능한다고 생각해서는 설명할 수 없다. 예언몽을 꾼 사람은 어떤 기억이 있어서 그 꿈을 꾼 것이 아니다. 자각몽(自覺夢 : 꿈꾸는 사람 자신이 지금 꿈을 꾼다는 것을 아는 꿈)도 마찬가지이다. 자각몽은 아주 발달한 형태의 꿈으로서 깨어 있을 때의 각성 의식과 잠자면서 거치는 여러 단계의 의식이 서로 작용할 때 꾸게 된다.

기존 꿈 이론으로 자각몽을 어떻게 설명하면 좋을까? 꿈과 그 힘을 올바로 이해하려면 의식을 다른 각도에서 보고 무의식 또한 의식의 한 형태로 보아야 한다.

그뿐 아니라 잠을 잘 때 들여다보게 되는 보편적 의식도 있다. 스폴딩(Spalding)은 자신의 저서 『초인생활(The Life and Teaching of the Masters of the Far East)』에서 이 완전한 의식에 도달하기 위해 잠이 아주 중요하다는 걸 역설한다.

"의식은 사람이 잠을 잘 때 완전히 보편적으로 된다. 의식의 감각이 모두 민감해진다. 그래서 깨어 있을 때 하지 못하는 일을 자면서는 할 수 있다. 낮에 하는 외면적인 활동이…… 때문에 사람들은 그것을 묻어 놓고 잇는다. 잠이 들면 이 완전한 의식이 깨어서 기능을 한다. 그래서 정신분석학에서는 꿈을 올바르게 활용하려면, 각성 상태보다 꿈에 더 큰 비중을 두어야 한다고 설명하는 것이다." (1976, 83쪽)

앞에서 말한 잠을 잘 때 거치는 다섯 단계 외에도, 다음과 같은 다른 의식 단계들이 있다.

·))▶ 수면과 각성 사이의 전환 상태
·))▶ 명상, 깊은 진정과 관련된 의식
·))▶ 신비한 경험, 거의 죽음에 이르는 경험, 유체이탈, 자신의 죽음을 보는 일을 포함하는 대체된 의식
·))▶ 자각몽
·))▶ 약물유도 의식 상태

이제 의식과 무의식을 보던 관점을 좀 더 넓혀서 이들을 각성, 비각성 상태로 보아야 한다. 또한 다양하게 변화하는 각성 상태의 여러 유형을 포함시켜야 할 것이다.

의식과 에너지

우리가 의식과 무의식을 설명할 때 또 하나 고려해야 할 것이

있다. 우리 인간은 무수한 에너지와 아우라가 발달하고 균형을 이루는 정도에 따라 의식의 단계가 크게 달라진다는 사실이다. 신비주의자와 천리안들은 키를리안 사진을 이용해 모든 생명체는 에너지장에 둘러싸여 있고, 이 생명체의 에너지장들은 우주의 에너지장과 끊임없이 상호작용한다고 주장한다. 다음에서 브레난(Brennan)이 말하는 바와 같다.

> "현대과학의 발달로 인체가 단순히 분자의 집합이 만든 물리적 구조가 아니라, 다른 것들과 마찬가지로 에너지로 이루어졌다는 것을 알게 되었다. 인간은 안정된 고정 형태에서 역동적인 에너지장으로 움직이고 있다. 또 바다가 밀물과 썰물을 되풀이하는 것처럼 부침(浮沈)하기도 하며 끊임없이 변화한다." (1988, 19쪽)

인체 에너지장의 구성 :

⋅⋙ 에너지체 : 에테르체, 감정, 정신, 영혼을 포함한다.
⋅⋙ 차크라 혹은 에너지계
⋅⋙ 나디 : 에너지 전달 경로

각 에너지체에는 진동 주파수에 따른 의식의 단계가 있다. 어느 현상을 인식할 때는 그 에너지체의 주파수와, 차크라가 그 현상을 인지하고 변형시켜 여러 형태의 프라나(모든 생명을 유지하는

데 필수적인 에너지)로 분배하는 능력에 영향을 받는다. 프라나는 에너지 통로인 나디를 통해 수용된다. 예를 들어, 육체에 가장 가까운 층인 에테르체는 영혼보다 더 천천히 진동하고 영혼과는 전혀 다른 기능을 한다.

모든 존재에 의식이 있다고 한다. 따라서 의식이라는 관념은 복잡다단하다. 그러므로 꿈을 꿀 때 우리는 그저 '무의식'에 있는 것이 아니라 '의식의 여러 층'을 넘나드는 것이다. 게다가 이때 들여다보는 각 상태에는 고유의 언어와 경험이 있다.

무의식

꿈을 꿀 때의 의식은 단지 표현 방식만 다를 뿐이지, 여러 의식 중 하나라는 걸 알았다. 이제 무의식을 탐구해 보자. 프로이트와 융의 이론을 생각하지 않고 이 주제를 탐구하기는 힘들다. 지난 100여 년 동안 두 사람은 심리학 고찰에 지대한 영향을 미쳤기 때문이다.

융과 프로이트는 19세기 말과 20세기 초에 정신병에 대한 인식을 바꾸어 놓았다. 그러자 정신병 치료도 새로운 방향에서 다시 시작되었다. 프로이트와 융은 단순히 증상을 기록하고 환자 병리 정보의 수치를 분석하는 것에서 벗어나 정신병 환자 내면에서 무슨 일이 벌어지는지 알고자 했다.

예를 들면, 신경증적 증상, 히스테리, 특정한 통증, 비정상적 행동들에 모두 상징적 의미가 있다고 생각했다. 환자의 증상은 '무의식'이 스스로를 표현하는 여러 방법 중 하나일 뿐이라고 생각한 것이다. 융은 다음과 같이 말했다.

> "편집증과 환상도 의미를 품고 있다는 사실을 깨달았다. 정신병에는 성격, 개인적인 경험, 희망과 욕망의 양상이 녹아 있다. 정신병에서 이런 원인들을 찾을 수 있어야 한다. 정신병에는 개인의 전반적인 심리가 들어 있으며, 인간의 오랜 갈등도 담겨 있다."(1961, 148-9쪽)

이윽고 정신분석학이 등장해 마음속의 무의식이 꿈과 자유연상을 통해 의식으로 떠오르는 과정을 밝혔다. 이때 심리학자들이 도입한 '이야기' 치료는 당시에는 아주 급진적인 것이었으나 오늘날에는 거의 모든 치료법의 바탕이 되었다.

그러나 무의식에 무엇이 들어 있으며 그 내용을 어떻게 다루어야 할지는 프로이트와 융은 각자 해석을 달리 했다. 프로이트는 사람들이 자신도 모르게 무의식의 바닥에 있는 것을 보지 않으려 하며, 이 부정(否定)을 유지하기 위해 온갖 방어 기제를 동원한다고 했다. 프로이트에 의하면 꿈도 이 무의식을 거부하는 일을 도와 상징을 써서 자신의 참뜻을 숨긴다고 한다. 프로이트는 꿈을 꾸는 것이 정신적으로 건강한 상태보다는 병과 더 관련이 있다고 생각한 셈이다.

융은 이와 반대로 사람에겐 무의식적으로 더 완전해지거나, 혹은 더 개성화(Individuation)하려는 욕구가 있다고 한다. 그리하여 현실이나 의식에서 이루지 못한 소망들을 꿈을 통해 무의식에서 떠올려 완전한 통합을 이루려고 한다는 것이다.

융에 따르면 무의식에 감춰져 있는 내용이 위험한 것은 아니다. 다만 의식과 무의식의 에너지 균형이 깨졌을 때 혹은 우리에게 무의식적 욕구가 있다는 사실을 받아들이지 못해 무의식에 휘둘리게 될 때 비로소 위험해진다고 한다.

융은 자신이 환상의 이미지로 품고 있던 무의식적 욕구와 대면하는 영웅적인 여행을 시도했다. 또 언제 무엇을 하든 그 행동의 바탕은 의식과 무의식에서 번갈아 나온다고 했다. 다만 우리가 그 사실을 모를 뿐이다.

"우리는 모두 인식하지 못한 채 보고, 들으며, 냄새를 맡고, 맛을 보는 때가 있다. 그때 다른 곳에 주의를 돌리고 있었거나 의식에 각인되기에는 그 감각 자극이 너무 미미했기 때문이다. 이처럼 의식이 인지하지 못하는 순간에도 무의식은 그걸 인식한다. 일상생활에서 잠재의식적 감각이 큰 역할을 하는 것이다. 우리가 알지 못하는 사이에 이 잠재의식적 감각은 우리가 겪는 사건과 다른 사람에게 반응하는 데 영향을 미친다." (1978, 20쪽)

융은 무의식을 개인 무의식과 집단 무의식으로 나눌 수 있고, 이 두 영역이 그 내용과 표현되는 방식이 각각 다르다는 사실을 밝혔다. 개인 무의식은 개인의 무의식적인 믿음과 기대, 행동 양상을 포함하고 있다. 반면에 집단 무의식은 역사, 문화와 같이 공통적으로 인류가 지나온 발자취를 담는다.

개인 무의식과 집단 무의식이 표현되는 방법도 각각 다르다. 개인 무의식은 꿈꾸는 사람이 알고 있는 상징으로 나타난다. 반면에 집단 무의식은 인류가 공유해온 태고의 이미지를 상징하는 원형의 이미지와 모티브로 나타난다.

이 두 가지 무의식에는 상당한 자원과 강한 에너지가 있는데, 우리는 아직 거기까지는 잘 알지 못한다. 특히 우리가 집단 무의식으로 들어가겠다고 마음먹고 그 세계에 들어가기 전까지는 집단 무의식에 도저히 가까이 다가갈 수 없다. 이 집단 무의식을 알아내는 한 가지 방법이 바로 꿈이다. 꿈 말고 또 다른 방법으로는 만다라, 생각나는 대로 하는 낙서, 창조적 활동 등을 들 수 있다.

융은 이상적인 정신 건강을 '개성화', 즉 다른 의식 상태들이 모두 통합된 것으로 정의했다. 통합되면 무의식에 있던 강력한 에너지가 좀 더 균형이 잡힌 방식으로 의식으로 흘러가며, 마치 썰물과 밀물처럼 반대방향으로도 일어난다. 즉 에너지는 무의식에서 의식으로 흘러갈 뿐만 아니라, 의식에서 무의식으로 흘러가기도 해야 한다. 정신분석은 정신 에너지가 무의식에 저장되어 있다는 전제에서 출발한다.

2장

우리는 왜 꿈을 꾸는 걸까?

꿈은 우리가
생각하고 느끼는 척하는 것이 아니라
실제로 생각하고 느끼는 것을 보여준다.

— 델라니

우리 각자에게는 아주 특별한 바로미터가 있어서 모든 삶—신체가 수행하는 외면적 삶, 감정적 삶, 정신적·영적·사회적 삶—을 지켜본다. 하지만 안타깝게도 우리는 이 바로미터를 거의 활용하지 못하는 건 물론 이런 능력이 있다는 걸 알지도 못한다. 이 바로미터는 다름 아닌 꿈이다. 인간은 한 번도 꿈의 진정한 가치를 인정한 적이 없다.

꿈에는 여러 층이 있다. 꿈을 꿀 때마다 어느 층이나 단계에 들어간다. 어떤 꿈에서는 동시에 여러 층을 넘나들기도 한다. 그러한 꿈은 특히 자각몽으로 나타난다. 꿈에서는 현실 경험과 그보다 고차원의 경험을 함께할 수 있다.

프로이트는 마음의 가장 낮은 단계를 전(前)의식이라고 했다.

전의식 단계에서 우리가 삶에서 접하는 감정, 정보, 여러 활동 등의 경험이 꿈에 투사된다. 이 경험에 의미를 담아서 기억으로 저장하고, 후에 필요하면 기억에서 불러내 사용하거나 필요가 없어지면 잊는다.

평생 살면서 얻은 경험을 꿈으로 꾸면서 분석하고, 판단하고, 비판하고, 계획하고, 만들고, 구현하고, 재연한다. 또한 삶도 끊임없이 변한다. 그래서 깨어 있을 때 의식 상태에서 한 경험을 꿈을 통해 분류하고 확실하게 기억에 저장할 시간이 필요한 것이다.

주변 환경을 이해할 만한 나이가 되면, 신체 변화와 인격·사회·문화적 가치의 변화를 겪고, 언어를 구사할 때 복잡한 표현과 미묘한 뉘앙스를 쓰고 처세 태도가 달라진다. 게다가, 자신이 누구인지, 자신은 어디에서 왔고 지금 어디로 가고 있는지, 또 세상에 어떻게 적응할지를 실존적인 단계에서 생각한다. 다시 말해, 우리 내면과 주위에는 가공해야 할 수많은 정보가 오간다.

꿈은 이렇게 정보를 정리하는 걸 돕는다. 우리가 무엇인가를 볼 준비가 되었을 때 꿈은 거울과 같이 그것을 보여준다. 여기서 '준비'라는 것이 아주 중요하다. 게다가 우리의 의식은 꿈의 내용과 방향이 정해지는 데에 사실상 진정한 역할을 하지 못하기 때문에, 우리는 우리 자신을 이해하기 위한 진정한 원천으로 꿈을 활용할 때가 많다.

"꿈은 우리가 생각하고 느끼는 척하는 것이 아니라 실제로 생각하고 느끼는 것을 보여준다."

—델라니(Delaney), 1991, 3쪽

꿈은 각자에게 심원한 방법으로 말한다. 삶의 길에서 인도하고, 임박한 위험을 경고하고, 어떤 일은 괜찮다고 안심시키는가 하면 어떻게 가고 있는지 피드백을 주기도 한다. 칼 융과 에드가 케이시(Edgar Cayce)는 꿈은 삶의 모든 사건을 드러내 우리에게 육체적·정신적·영적으로 더 높고 균형이 잡힌 상태를 성취하도록 한다고 생각했다. 꿈이 우리에게 바라는 것은 꿈의 말을 들으라는 것뿐이다.

렘수면에서 꾸는 꿈

우리는 꿈을 꾸면서 여러 단계에 있는 의식을 거친다. 렘수면 단계에서 대부분의 꿈을 꾸고 이따금씩 숙면처럼 논렘수면 단계에서 꾸기도 한다. 꿈을 꾼다고 해서 무의식 상태가 되지는 않는다는 사실을 잊지 마라. 꿈을 꾸는 동안 뇌는 깨어 있을 때 현실이라고 알던 것에서 일탈하기는 하지만 기능이 정지되는 것은 아니다. 그저 다른 방향으로 기능하는 것이다.

'잠을 잘 때의 무의식'이란 우리가 다른 각성 상태, 다른 성질, 다른 의미와 언어, 구조로 경험하는 의식과 같다. 렘수면에서 꿈을 꿀 때의 의식은 논렘수면에서 꿈을 꿀 때와 성질이 다르지만 둘 다 깨어 있을 때의 의식으로부터 온 꿈이라는 점은 똑같다.

렘수면은 뇌 활동, 분비되는 아드레날린 양, 맥박과 산소 소비가 깨어 있을 때와 아주 비슷하기 때문에 역설수면이라고도 한다. 이때 몸은 거의 마비되어 움직이지 않는다. 뇌간이 이런 억제 장치를 가동하지 않으면 실제로 일어나서 꿈을 꾸는 대로 움직일 위험이 있기 때문이다.

렘수면의 목적

렘수면은 여러 가지로 중요하다. 예를 들어, 렘수면이 새로 학습한 정보를 저장하고 기억력을 강화한다는 증거가 있다. 갓난아기가 큰 아이들보다 렘수면을 더 오래 취한다는 것도 이를 뒷받침한다. 아기가 조숙할수록 렘수면을 더 많이 취하는 것으로 나타났다.

렘수면 시간은 나이가 들면서 줄어든다. 한 수면 연구 실험은 렘수면을 통상적인 양보다 더 많이 취한 학생들은 그렇지 않은 학생들보다 학습 속도가 빠르다는 사실을 밝혀냈다. 다른 연구 결과는 렘수면에 들어가려고 할 때 계속 잠이 깨는 사람들은 신체적으로나 심리적으로 건강하지 못하다고 한다.

렘수면을 제대로 취하지 못하면 피곤해지고 신경질적이 되며 집중력과 기억력이 떨어지기도 한다. 이 상태가 오래 지속되면 환영이 보일 수도 있다. 논렘수면이 신체 건강에 중요하다면 렘수면은 정신 건강에 중요하다.

렘수면과 뇌 가변성

렘수면은 심리적 목적뿐 아니라 뇌 가변성을 위해서도 중요하다(미국수면과학회, 2008). 뇌 가변성은 특히 해마에서 많이 나타나는데 신경회로와 줄기세포가 새로 생기는 과정에서 뇌가 스스로 변형하는 성질이다[드와주(Doige), 2007].

렘수면과 논렘수면의 뇌 가변성과의 관계에 대한 연구에서 선두에 있는 마르코스 프랑크(Marcos Frank)는 '학습을 하면서 생긴 신경활동의 패턴이 렘수면 중에 반복되고 신경회로의 변화를 촉진한다[영(Young), 2001]'는 이론을 내놓았다.

과학자들은 줄기세포 교체에 관한 근래의 연구에서 뇌가 스스로 재생한다는 것을 밝혔다. 이제 뇌를 새롭게 보게 되었고, 뇌와 그 기능을 빗대어 표현하던 은유도 변했다. 뇌는 더 이상 '스스로 제약하는 복잡한 기계'나 우리가 일생 동안 채우는 대로 받기만 하는 '움직이지 않는 그릇'이 아닌 것이다.

이제 신경과학자들은 뇌는 유연하여 스스로 변화하고 치유할 수 있다고 말한다. 이는 의학적으로 보나, 심리학적 그리고 영적으로도 큰 의미가 있다. 그리고 이로 인해 생각, 상상, 뇌의 성장과 가변성, 건강에 기여한다고 알려진 꿈과 같은 인간 내면의 활동을 다시 보게 되었다. 많은 사람들은 꿈이 뇌에 변화를 일으킨다는 사실을 새롭게 알았다[드와주, 2007; 밀러와 그레이울프(Miller & Graywolf), 2001].

'되돌이 효과'라는 기전 또한 렘수면이 중요하다는 사실을 보여준다. 렘수면 단계에서 방해를 받으면 되돌이 효과 덕분에 다음에 정상 수면을 취할 때 렘수면을 벌충한다는 것이다. 마치 뇌가 렘수면이 모자라면 기회가 오는 대로 벌충해야 한다는 것을 아는 듯하다. 알코올, 바르비투르산염, 암페타민과 같은 약물이 렘수면을 억제한다는 사실도 재미있다. 이 약물에 의지하던 사람이 약물을 끊으면 렘수면의 되돌이 효과가 나타나 악몽을 꾸거나 불안(역주 : 이 책에서 언급하는 불안은 일반적인 불안이 아니라 정신의학에서 말하는 병적인 상태이다)에 시달리게 되는 것이다.

3장

치유와 꿈

꿈은 밤마다 정보를 주면서
육체와 감정 그리고 영혼의 건강을 알려 준다.
꿈을 따라가면 건강 상태는 물론 인간관계를 볼 수 있고,
우리가 큰 목표에 얼마나 다가갔는지
또는 그로부터 멀어졌는지도 볼 수 있다.

—모스

건강에 관련된 꿈

건강에 관련된 꿈은 생활방식을 바꾸지 않으면 건강에 위험이 닥칠 일을 경고한다. 엘리스(Elise)는 결혼이 파경을 맞아 삶이 엉망이 되어 잘 먹지도 자지도 못하게 되었다. 그녀는 극심한 스트레스를 받고 완전히 지쳤지만 계속 아무 문제없는 것처럼 생활했다. 나에게는 그저 사는 게 너무 바빠서 의사와 상담하는 것이 시간과 돈을 낭비하는 것 같다고 말했다.

그러나 엘리스의 개인 무의식이 그녀를 마냥 내버려두지는 않았다. 엘리스는 연속으로 두 번 꿈을 꾸며 긴박한 메시지를 받았다. 첫 번째 꿈은 상징적이었다. 피가 잘 돌지 못하는 고양이가 천천히 죽어갔다. 엘리스는 별 의미 없는 꿈이라고 생각했다. 그러나 다음날 밤 꿈에서는 어떤 명령을 들었다.

"의사에게 가라!"

그 메시지는 칠판에 커다란 글자로 씌어 있기까지 했다. 엘리스는 그 명령에 따라 다음날 아침에 의사 진료를 예약했다. 의사에게 가기를 잘했다. 헤모글로빈 수치가 너무 많이 떨어져서 24시간 동안 입원해야 했던 것이다. 의사는 만일 그때 엘리스가 입원하지 않았더라면 심각한 증상이 올 뻔했다고 말했다. 엘리스는 이 일을 계기로 건강에 신경을 쓰게 되었다. 그러자 삶의 다른 부분들도 조금씩 나아졌다.

엘리스는 이 꿈에서 경고를 받기 1년 전에 자신이 아가미가 달리고 엄청나게 부푼 물고기로 변하는 꿈을 꾸고 심란했던 적이 있었다. 당시에 해바라기 씨를 너무 많이 먹는 버릇이 있었고, 꿈이 그 이상한 중독 행동을 당장 끊으라는 신호를 보낸 것이라고 생각했다.

나에게 이 꿈 이야기를 해주면서 엘리스는 자신이 꿈을 통해 건강에 대한 정보를 얻을 수 있다는 사실을 깨달았다. 그러나 그 뒤로도 어떤 조치를 취하지는 않았다. 엘리스가 정말로 신경을 쓰고 행동을 한 것은 많이 늦은 때여서, 조금만 더 늦었더라면 돌이킬 수 없을 뻔했다.

엘리스는 건강을 지키려는 의지가 강해졌고, 다음 꿈에서 이 의지가 나타났다. 그 당시 엘리스는 왼쪽 눈이 너무 아파서 눈 아래쪽을 만질 수도 없었는데 눈병에 걸린 것 같았다.

엘리스는 이때 꾼 꿈 이야기를 했다. 자기 전에 무의식에게 치료해 달라고 청했다는 것이다. 엘리스가 자면서 아픈 눈에 프라나(편집자 주 : Prana, 생명에너지, 즉 태초부터 존재해 온 힘으로 우주를 가득 채우며 삼라만상을 이루는 만물의 근원이라고 알려져 있다.) 에너지를 집중시켰더니, 다음날 아침 일어났을 때 몇 주 동안 그렇게 아프던 눈이 씻은 듯이 나았다고 했다. 엘리스는 이 재미있는 꿈에서 내면의 치유자를 만났고, '항아리 안의 의사'라고 이름을 붙여 꿈 일기에 다음과 같이 적었다.

위험한 아기를 목 졸라 죽여야 했다. 힘겹게 목을 졸랐지만 아기는 죽지 않았다. 그러고 나서 남편과 딸 그리고 아들과 함께 어떤 방에 있었다. 남편은 머리와 수염을 기르고 있었고 머리카락이 원래보다 더 밝은 색이었다. 남편은 자신이 예전과 다른 사람이 되었으며 이제 근본으로 돌아가고 싶다고 말했다. 즉 단순한 삶의 방식을 되찾겠다는 것이었다. 그러면서 머리와 수염도 계속 기를 것이라고 했다. 그러자 그때 다른 아기가 내 옆에 있었다. 아기가 화장대 위에 있는 항아리를 가리키면서 말했다. "저기, 의사 아저씨!" 항아리는 컸다. 그리고 항아리 옆에 누추한 오두막이 있었다. 아기가 계속 말했다.

"의사 아저씨, 우리 좀 도와줘."

그러자 내 아들과 또 다른 사람 그리고 내가 작은 배를 타고 아프리카로 갔다. '마우브'라는 곳으로 갔던 것 같다. 그때 아프리카 지도가 나타났고 지도 위 곳곳에 있는 네모 안에서 고대 상형문자를 보았다. 상형문자 하나가 눈에 들어왔다. '가루다'라고 하는 것 같다고 생각했다. 하지만 확실치는 않았다. 삼각형 문양 안에 뱀들이 들어 있는 상징물이었다. "엄마가 제일 좋아하는 상형문자란다."라고 아들에게 말했더니 그 애도 마음에 드는 듯했다.

엘리스가 꿈에서 항아리 속에 자신의 의사가 있다는 걸 알았던 만큼, 이 꿈은 아주 의미가 강한 메시지를 품고 있었다. 의사가 있는 곳이 항아리 속이었다는 것도 중요하다. '위대한 모성'의 여성적인 상징이기 때문이다. 위대한 모성은 오랫동안 엘리스의 꿈에서 활약했다. 쿠퍼(Cooper)는 항아리에 대해 다음과 같이 말한다.

"항아리는 꽃병과 같이 무언가를 받아들이는 여성의 상징으로서 부처의 발자취에서 상서로운 물건이다. 탄생과 죽음의 윤회에서 벗어나는 영적인 승리를 나타낸다."(1984, 89쪽)

이 꿈을 꾸고 나서 엘리스는 무의식에게 맡긴다면 마음 깊은 곳에서 상처를 스스로 치유할 수 있다는 걸 알았다. 그 아프리카

상형문자를 꿈에서 보았을 때는 무슨 뜻인지 몰랐고 지금도 자세히 기억나지 않지만 그래도 아주 중요하다는 느낌만은 받았다. 나중에 가루다가 인도의 신화에 나오는 상상의 큰 새라는 걸 알았다. 신화 속 가루다의 모습은 인간의 몸체에 독수리의 머리, 그리고 부리와 날개, 다리와, 발톱이 있다고 한다. 가루다가 뱀과 우주의 새 사이의 오랜 투쟁을 상징한다는 사실도 알고 기뻤다. 또 가루다는 다음과 같은 영적인 비전(秘傳)의 상징이기도 하다.

> "가루다는 두 번 태어난다. 즉 먼저 어미가 알을 낳고, 그 다음에 알이 깨지면서 안에 있던 존재가 나옴으로써 탄생이 완성된다. 두 번 태어난다는 것은 비전을 전수받은 이에게도 적용된다. 어린 영웅 자신도 '두 번 태어난다.'" [사히(Sahi), 1980, 164쪽]

'잠자는 예언자'로 명성을 얻은 에드가 케이시는 잠을 자면서 자신이 꾸는 꿈을 통해 환자를 진단했다. 케이시는 수면 상태에서도 수많은 환자들의 신체적·감정적·영적 문제를 정확히 알 수 있다고 했다. 실제로 그렇게 한 증례 기록이 1,009건이다. 케이시처럼 다른 사람 몸의 문제를 진단하지는 못하더라도, 무의식이 우리 몸에 대해서 이야기하는 것을 잘 듣는다면 병이 나는 것을 막을 수 있을 것이다. 꿈을 통해 '내면의 전문가'를 만날 수 있다.

어느 누가 나의 개인사, 성격, 삶의 의미를 내 안의 전문가보다 더 잘 알겠는가? 내면에 있는 훌륭한 자원을 활용하는 것은 각자의 몫이다. 엘리스의 내면 전문가는 심각한 증상을 막기 위해 병원 치료를 받아야 한다는 것과 의사에게 가 보라는 긴급메시지를 띄웠던 것이다.

이 주제를 폭넓게 연구한 가필드는 병을 앓거나 부상을 입은 사람이 다음과 같은 꿈을 꿀 수 있다고 했다.

> "병을 앓거나 다친 뒤에 꾸는 꿈은 다치고 죽어가는 짐승, 짓이겨진 풀, 무너지는 건물 같은 파괴의 이미지를 그린다. 그러나 치유를 시작하면 반대의 꿈이 나온다. 뛰어노는 아이들이나 갓난아기, 꽃을 피우는 나무, 새로 지었거나 리모델링한 건물, 새 옷, 새 차같이 건강하고 힘찬 모습이 보이는 꿈을 꾼다." (2001, 60쪽)

가필드는 자기 전에 내면의 치유자에게 꿈에서 치료에 대한 조언을 해달라고 청할 수 있다고 한다.

'치유'의 뜻을 생각해보기 위해선 다음과 같은 것들을 알아야 한다.

•⫸ 치유된다는 것은 무엇일까?
•⫸ 병을 앓고 있다면 그 병에 어떤 가치가 있는 걸까?
•⫸ 치유는 어떻게 진행되는 걸까?
•⫸ 무엇이 치유를 할까?
•⫸ 내면의 무엇이 치유되기 바라는 걸까?

⟩⟩ 그 치유를 받을 준비가 되어 있는 걸까?

⟩⟩ 완전히 나으면 어떻게 될까?

특히 마지막 질문을 잘 생각해야 한다. 쇼프라는 건강에 관한 논의에서 다음과 같이 말한다.

"치유한다고 해서…… 반드시 무엇인가를 해야 하는 것은 아니다. 그저 자신을 있는 그대로 받아들이는 용기만 있으면 되고, 그 보상은 아주 크다 …… 마음의 경계를 넘는 것은 마음이 할 수 있는 것보다 더 심원한 것이다. 당신 깊은 곳의 성정(性情)을 탐구하여 당신 자신이 될 때 일어나는 일을 보면 영속하는 참된 치유가 시작됨을 알 것이다 …… 건강은 단순히 건강한 신체에 건전한 정신이 아니다 …… 진정한 건강함이란 인간 내면 잠재력의 총체를 뜻한다. '내가 우주이다'라는 생각이 건강한 사람의 첫 직관이다." (1992, 104-5쪽)

꿈을 품은 고대의 신전

고대 그리스와 이집트에서는 꿈을 꾸는 것이 신체와 영혼을 건강하게 하는 기초라고 보았기 때문에 꿈을 외경했다. 그리하여 꿈을 잘 꿀 수 있도록 신전을 지었다. 기원전 1,100년경에 그리스에는 꿈꾸는 신전이 320군데나 있었다. 가장 유명한 곳은 치유의 신인 아셀피우스의 신전이었다. 꿈을 불러내거나 품어서 신전 안에서 사람이 꿈을 꾸도록 하기 위해서는 복잡한 준비과정을 많이 거쳐야 했다.

특정한 음식의 금식, 금주, 금욕을 하고 독이 없는 뱀을 주위에 풀어 놓고 잠을 자야 했다. 이러한 의식은 효과를 거둘 때가 많았다. 그러나 나는 그때 사람들이 정말 신전에서 꿈을 꿀 수 있었던 이유는 의식 때문이 아니라 다음과 같은 심리적 요소 덕분이었다고 생각한다.

·)) 당사자가 꿈을 꾸고자 했다.
·)) 치유의 욕구가 있었다.
·)) 꿈이 치유할 수 있다는 것을 믿었다.
·)) 꿈을 품는 과정에 성실히 임했다.
·)) 후에 그 꿈을 이야기함으로써 꿈을 의미 있는 것으로 만들었다.

개성화

고대 그리스, 이집트인은 무의식의 힘을 믿었다. 사실상 무의식적 요소들이 의식적 요소가 될 수 있으며, 또 의식이 '깊은 곳의 신들'(즉 무의식을 비유함)에게 무엇인가를 돌려줄 수 있다고 생각한 것이다. 이로써 치유가 가능해진다고 여겼다. 다시 말해 그것은 일종의 양방향 과정으로서, 이를 통해 의식이 무의식 영역의 존재를 인정하고 확인해주었다. 의식과 무의식이 함께 긴밀하게 협력하는 것이다. 그들은 이로써 완전함에 더 가까워질 수 있다고 믿었다. 이 생각을 빌린 융은 치유를 완전해지는 과정, 즉 완전한 자신이 되는 것이라고 했다. 융은 이를 다음과 같이 표현했다.

> "개성화하려는 욕구는 분리된 자아를 통합하려는 욕구이다. 이 때 그 사람의 의식적인 인격은 무의식 쪽 자아에 있다. 그는 개성화 욕구를 완전하고 완벽해지려는 인간의 본능으로 보았다……이는 그 사람이 더욱 발전하는 중요한 과정이다. 개성화 과정은 삶에 흥미와 의미를 부여한다."
>
> ─샌포드(Sanford), 1978, 18쪽

융의 용어에서 개성화는 의식이 내면의 중심, 그 정신의 핵 혹은 '자아'를 만나는 것이다. 그러므로 치유는 의식적 인격과 무의식이 협동하여 이루는 모험이다. 이 이상적인 상태에 도달한 사람은 별로 없다. 자신을 에고와 동일시하거나 어머니 대지로부터 멀어지거나 성적·문화적 불평등을 겪는 등의 이유로 내면 자아와 분리되기 마련이다. 트라우마를 겪은 사람이라면 이렇게 분리되는 느낌을 알 것이다.

트라우마로 인한 불균형

트라우마는 궁극적인 스트레스로, 정신을 황폐하게 하고 내면 자아를 조각낸다. 트라우마를 겪는 것은 퍼즐을 엎어서 퍼즐 조각이 흩어지는 것과 같다. 반면에 트라우마를 치유하는 과정은 조각을 하나하나 찾아 다시 퍼즐을 맞추는 것에 비유된다. 양쪽 모두 아주 고통스러운 과정이다. 트라우마로 산산조각이 난 사람은 오랜 시간을 들여야 흩어진 조각을 주워 맞출 수 있기 때문에 집중적이면서도 광범위한 치료를 받아야 한다.

트라우마를 치유할 때는 두 가지 현상이 번갈아 일어난다. 무의식은 트라우마의 기억을 삼켜서 떠오르지 않게 한다. 그래서 트라우마를 당한 사람은 감정이 마비된 것처럼 무뎌진다. 그러다가 어느 순간 갑자기 번쩍 떠오르는 돌발적 기억이나 악몽으로 트라우마가 찾아온다.

이 두 가지는 오랫동안 번갈아 나타난다. 그리고 당사자의 의식은 이것을 거의 컨트롤하지 못하기 때문에, 트라우마의 성질을 잘 아는 사람이 치유해 주어야 한다. 특히 불쑥 떠오르는 기억은 그 충격이 너무 커서 정신병적인 불안을 일으킬 수 있다. 당사자가 자신의 상황을 깨닫지 못하면 '용에게 잡아먹힐' 수도 있다.

극단적인 상황에서는 무의식 또한 정신병적인 발작, 헤로인과 같은 아편이나 마리화나 같은 환각제의 복용 증상을 통해 지나치게 크게 드러날 수 있다. 의식의 에너지와 무의식의 에너지 사이의 균형을 맞추어 심리적 건강을 회복하고자 하는 와중에 불안도 자주 나타난다. 꿈과 친해지는 것은 이 에너지가 일정하게 흐르게 하여 의식과 무의식의 균형을 맞추는 방법 중 하나일 뿐이다.

꿈과 치유

"치유를 위해선 꿈의 모든 것을 이용할 수 있다. 꿈을 통해 상실한 자아도 되찾을 수 있다. 꿈은 그 작은 조각 하나하나가 모두 당신의 것이다. 당신이 정말로 꿈을 잘 활용한다면 자아는 다시 돌아와 피폐해진 내면을 다시 채울 것이다."

—프리츠 펄스(Fritz Perls), 피어슨(Pearson) 인용, 1997, 71쪽

융은 꿈에 나오는 상징이 우리 정신 안에서 우리와 대립하는 것들을 조화롭게 하여 재통합시킨다고 생각했다. 그 상징은 무의식에 있는 에너지를 의식으로 옮길 수도 있다. 그러므로 꿈에 의미가 있다는 걸 인정하고 그 메시지를 읽으면 치유에 큰 힘이 되는 것이다. 무의식이 전하는 메시지가 너무 크거나 충격적이면 꿈은 그 상징을 조절하여 보다 더 안전하게 볼 수 있도록 해주기도 한다. 꿈은 다음과 같은 능력이 있으므로 충분히 그렇게 할 수 있다.

"꿈은 자아의 거대한 압력을 작은 부분으로 나눈다. 우리가 무

의식을 조금씩 통합시킬 수 있게 하여 그에 짓눌리지 않게 한다."

─샌포드, 1978, 33-4쪽

무의식, 특히 집단 무의식에 들어 있는 것은 양면적이라 독이될 수 있는 동시에 가장 충직한 동맹이 될 수도 있다. 우리 감정아래에 흐르는 태고의 상징을 품은 원형의 에너지를 모르면 그에너지가 우리를 파괴할 수도 있다. 그러나 그 정체를 알면 치유와 변화의 기회가 될 수도 있다.

독으로 작용한 파괴적인 예는 히틀러 치하의 독일에서 찾을 수있다. 무의식적인 단계에서였지만, 고대의 상징 기호 스바스티카(편집자 주 : Swastik, 만자(卍字)의 산스크리트어)를 부정적인 방향으로사용해 대중을 조종했던 것이다. 융은 이에 대해 다음과 같이 질문한다.

"온 나라가 옛날의 종교적인 상징을 받아들이고, 이 집단 감정
이 개인에게 영향을 끼쳐 인생을 파국으로 몰아넣는 것을 모를
수 있는가?"(1972, 65쪽)

양면적인 꿈의 상징으로 흔히 나오는 것이 뱀이다. 뱀은 치유의 원형을 나타내는 상징이다.

1장이 시작될 때 읽었던 테드의 꿈 이야기가 기억나는가? 테드는 꿈을 꾸기 전에 몇 해 동안이나 트라우마를 안은 채 살아왔고,

그때까지도 자신이 동떨어진 느낌을 받았다. 문제를 잊으려고 술을 마셨지만 술 때문에 오히려 자신이 더 망가지는 것 같았다.

술을 마실 때에는 그 문제를 잊을 수 있었다. 하지만 감정이 무뎌진다고 해서 해결되는 것이 아니었다. 알코올중독 때문에 돈이 떨어지고 자존감을 잃고 나서는 죄책감이 밀려왔다. 꿈에서 용이라는 태고적 이미지의 원형을 만난 다음에 더 자주 꿈을 꾸었다. 시간이 갈수록 덜 무섭고 덜 투쟁적인 꿈을 꾸었다.

테드는 무의식이 꿈으로 보여주는 것을 서서히 자신에게 통합시켰고, 그러다 보니 자기 자신으로 돌아가는 것 같았다. 여기저기 떨어져서 조각났던 자신의 부분들을 완전히 재통합한 것이다. 꿈을 통해 이 재통합을 이룬 뒤에는 상담도 진척이 있었다.

엘리스는 해바라기 씨에 중독되어 너무 많이 먹던 때 다음과 같은 다른 꿈을 꾸었다.

"침대에 누워 있는데 무언가가 내게 들러붙었어요. 무엇인지는 몰랐지만 제가 필요로 하고 의지하는 것이었어요. 그것이 점점 커지고 힘이 세지더니 저를 죽이려고 해서 온 힘을 다 써서 겨우 떼어냈어요."

무의식의 목소리에 귀를 기울이면 무의식은 여러 가지 모습으로 나타나 말을 한다. 급박한 상황이거나 그 메시지에 따라 어떤 일을 안전하게 해야 할 때는 인정사정 안 봐주고 힘든 일을 요구하기도 한다. 엘리스는 이혼을 한 뒤 계속 들려오는 목소리를 듣고 치유의 여정을 시작했다.

엘리스와 같이 심각한 트라우마를 겪은 많은 사람들은 그것을 치유하고 떨어져 나간 자신의 일부를 불러들이려고 꿈을 꾼다. 떨어져 나간 자신의 일부란 다름 아닌 트라우마를 겪을 때 분리된 무의식 부분이다. 정신은 잃어버린 조각을 남김없이 찾아 모은다. 그래서 새롭고 뜻 깊은 그림이 탄생한다. 자신의 퍼즐을 잘 맞춘 사람이 가장 훌륭한 치유자이다.

트라우마에 관심이 많은 나는 트라우마를 겪은 환자를 많이 진찰했다. 그러다가 내가 치유를 받아야 하는 상황이 닥쳤고 나 자신을 진단해야 할 필요가 생겼다. 이때부터 지금까지 주로 나를 치유한 것은 꿈이었다. 꿈을 통해 과거에 잃어버린 조각들을 찾을 수 있었다. 퍼즐에서 과거의 조각을 하나씩 들여다보고 끌어안고 통합시켜야 다른 조각을 찾을 수 있었다. 이때 꾼 꿈들은 시의적절하고 영향력이 강한 꿈들이었다.

로빈은 고통스러운 과거와 대면할 준비를 하고 바이런 베이 근처에 있는 평화로운 시골로 갔다. 그렇게 해야 한다는 강박이 왔다고 한다. 이때 꾼 꿈을 시작으로 로빈은 무의식이 유도하는 꿈을 많이 꾸어 트라우마를 치유한다.

로빈은 치유를 하기에 좋은 환경에 들어갔기 때문에 그러한 꿈을 꿀 수 있었다고 생각했다. 자기 치유를 충분히 해서 꿈에 나오는 것들을 보아도 놀라지 않을 정도가 된 것 같았다. 로빈은 자신이 기록한 첫 번째 꿈을 나에게 들려주었다. 그 꿈을 통해 상처를 잘 볼 수 있었고 어떻게 치료해야 하는지도 알았다고 했다.

"사람들 틈을 지나가고 있었어요. 그 사람들은 모여서 어떤 이가 가위로 아기 탯줄 같은 것을 자르는 광경을 보고 있었어요. 아기가 고통스러워서 우는 소리를 사람들은 즐거운 양 듣고 있었어요. 끼고 싶지 않아서 지나가려 했지만 결국 코너를 돌아서 무슨 일인지 바라보았어요. 아기는 끔찍하게 충격을 받은 것 같았어요. 발가벗은 채로 창백하게 서리 덮인 땅바닥에 누워 있었지요. 나는 아기가 고통을 더 겪느니 죽는 것이 낫다고 생각했어요. 기다렸다가 가까이 가서 봤어요. 의식은 잃었지만 아직 살아 있었어요. 아까 가위로 난도질당했던 그 아기였어요. 그런데 사타구니를 보니 고추가 잘려 나가고 없었어요. 역겨웠어요. 아까 탯줄을 자른 것이 아니었어요. 이 사내아이를 들어 올렸지만 안지는 않고 몸에서 떼어 놓고 보면서 생각했어요. '따뜻한 데 데려다가 뭣을 좀 먹이자. 잘려나간 곳도 치료해 줘야겠어.' 그때 내가 아이를 거두어야 한다는 것을 깨달았어요."

로빈이 태어난 지 여섯 달 되었을 때 멜버른에서 왕립아동병원을 지으려고 기초 작업을 하느라 땅을 파고 있었다. 한겨울이었던 당시 큰 비가 왔는데 여섯 살이었던 로빈의 오빠가 그 물웅덩이에 빠졌다. 어머니가 막 로빈을 씻기고 닦던 참에 경찰이 와서 아들이 죽었다는 사실을 알렸다. 어머니는 넋이 나가 발가벗겨서 닦고 있던 아기를 내버려 두고 나가서 몇 시간 동안 돌아오지 않았다.

　로빈은 폐렴에 걸렸고 몇 주 동안 병원에 입원했다. 로빈도 목숨이 위태로웠다. 폐렴이 겨우 나아서 아기 로빈이 집에 돌아갔지만, 부모님은 아들의 죽음으로 너무도 큰 충격을 받아 감정이 메말라버렸다. 로빈은 나에게 오빠가 그렇게 죽은 다음부터 부모님이 자신에게 전혀 신경을 쓰지 않았다고 말했다. 그래서 많은 사람들과 같이 있을 때도 소외된다는 느낌을 강하게 받는다고 했다. 말할 것도 없이 '난도질당한 채 추운 곳에 버려진 아기'의 꿈이 트라우마를 치유하는 첫 번째 꿈이었다.

　다소 거칠었던 그 꿈은 로빈에게 상처받은 자아를 대면하고 스스로 치유하라고 권했다. 자신의 잘려나간 부분이 그냥 죽도록 내버려 두는 것이 더 편하겠지만 결국 죽지는 않을 것이다. 끌어안는 수밖에 없었다. 로빈은 그 꿈에서 자신의 잘려나간 자아를 멀리 떨어뜨린 채 바라보았지만 잠에서 깰 때는 무엇인가 시작이 되고 있다는 느낌이 들었다(코너를 돌아서 무슨 일인지 보았다). 그리곤 시간이 지나면서 점점 상처를 완전히 끌어안게 되었다.

　그 뒤 로빈은 악몽을 여러 번 꾸었다. 정신이 의식의 껍질을 하나하나 벗겨서 로빈에게 자신의 가장 깊은 곳에 있는 고통을 들여다보게 한 것이다. 처음에는 꿈에 나온 아기가 왜 사내아이일까 의아했지만 나중에 자신의 정신이 어떤 의미를 두고 이 상징을 쓴다는 것을 알았다. 꿈은 뜻이 여러 가지일 때가 많다. 로빈은 생식기를 치료한다는 것이 남성 중심의 직장에서 자신의 길을 헤쳐 나가고 성공하여 독립하는 것을 상징한다고 생각했다. 즉, 자신 안의 남성성을 모성적인 여성 자아에 통합시키는 것이었다.

후에 로빈은 완전히 새로운 환경에서 사업을 시작하여 자신의 해몽이 옳았다는 걸 스스로에게 증명했다. 그러면서 더 강해졌다. 인적 없고 고요한 넓은 땅에 오두막을 한 채 얻었다. 그곳에서 평온하게 악몽을 받아들이고 겹겹이 층진 정신(psyche : 의식과 무의식 활동의 총체)의 껍질을 벗었다. 로빈이 준비하고 기다렸기 때문에 악몽은 강렬하고 빠르게 왔다.

로빈이 준비를 했다는 것이 중요하다. 악몽을 꿀 때는 도움이 될 만한 것을 찾을 수 있다. 트라우마를 겪고 나서 꾸는 악몽은 정신이 치유되고 통합되게 해준다. 그러나 이 악몽은 너무 강렬할 때도 있어서 안전장치가 없으면 악몽에서 떠오르는 기억을 대면하기 힘들 수가 있다.

그래서 홀로코스트에서 살아남은 사람들은 전쟁이 끝난 다음에도 수십 년이 지난 뒤에야 그때의 악몽을 꾸었다. 사실 그 중에는 기억이 너무 끔찍해서 꿈속에서도 다시 떠올리지 않은 사람이 많다. 불안에서 오는 꿈인 악몽은 트라우마가 있든 없든 무엇인가가 잘못되었다는 것을 알려 준다.

프로이트는 융과 달리 꿈에서 나오는 상징은 꿈의 진짜 의미가 모습을 바꾸어 나온 것이라 생각했다. 프로이트가 이런 이론에 이른 것은 아마도 그 환자가 대부분 성적(性的)으로 학대받은 여성이었기 때문인 듯하다.

　프로이트의 시대에는 가정에서 성적 학대가 흔히 일어난다고 생각하지 않았다. 남성이 가족에게 그런 해를 입힌다는 사실을 사회가 받아들이지 않는 분위기가 지배적이었다. 단지 당사자 여성을 신경과민이나 성적으로 억압된 환상에 사로잡힌 사람이라고 치부하기 십상이었다. 프로이트가 여성 환자들의 꿈의 상징에서 본 것은 그런 좋지 않은 일을 마주하려는 시도가 아니었을까.

4장

꿈을 통한 영혼 만들기

꿈은
영혼을 어루만지는 정신 그 자체이다.

—힐먼

제임스 힐먼(James Hillman)은 꿈을 꾸는 이유가 순전히 영혼을 만들기 위해서라고 생각한다. 꿈이 무의식에서 나와 의식으로 가는 것이 아니라 영혼 깊은 곳을 헤치며 영혼을 확장시킨다고 생각한다. 그는 꿈을 꿀 때 일어나는 연금술과 같은 과정을 요리에 빗댄다.

"꿈은 상상적인 기법을 동원해 삶에서 일어나는 사건을 요리하여 정신적인 것으로 만든다. 상징으로 나타내고 압축하고 고풍스럽게 표현한다. 삶에서 일어난 일이 영혼으로 들어가서 밤마다 새로운 음식으로 영혼을 먹인다." (1979, 96쪽)

힐먼이 볼 때 꿈은 명부(冥府)와 그 신들에게 속한 것이다. 명부는 상상과 신화가 태어나고 영혼이 자라는 곳이다. 영혼은 어두운 곳을 헤쳐 나간다. 이 어두운 곳은 에고가 끊임없이 죽는 정신적인 영역이다. 우리는 꿈을 꾸면서 영혼을 만난다. 이건 우리가 정말 놓쳐서는 안 될 중요한 일이다. 우리는 꿈을 포함하는 무의식 상태에서 보편적 영혼과 에너지를 주고받는다.

게다가 꿈이 우리를 정신적인 실재로 데려가기 때문에, 힐먼은 오로지 정신적인 차원에서만 꿈을 바라보아야 한다고 했다. 꿈은 바닥을 짐작할 수 없을 정도로 깊디깊으며, 끊임없이 변하는 이미지를 보여 준다. 꿈을 한 가지의 의미로만 가둬놓으면 그 이미지가 가진 의미는 빛을 바랜다. 이미지에 무언가를 끊임없이 비춰내야 꿈이 영혼 안에서 계속 변화무쌍하게 살아 움직일 수 있다.

"시간이 지남에 따라 중요한 꿈을 생각하고, 그것에서 무엇인가를 발견할수록 꿈이 제시하는 방향은 달라진다. 꿈을 연구할 때마다 분명하다고 생각했던 형체가 흐려지고 복잡하게 얽힌다. 꿈에 나오는 가장 단순한 이미지도 진실로 심원하다. 꿈은 바닥을 모르는 깊은 곳으로 우리를 끌고 내려가며 그 사랑을 나타낸다."(힐먼, 1979, 200쪽)

힐먼은 꿈의 활동에 대해 다음과 같은 것을 묻고자 한다.

◉》 어떤 꿈을 꾸었나?

◉》 꿈이 말한 것이 무엇인가?

◉》 꿈에서 무슨 일을 겪었나?

꿈이 마음대로 이야기를 풀어 놓게 하면 꿈은 생명을 얻어 필요한 만큼 저절로 뻗어나갈 것이다. 처음으로 꿈의 의미를 알고자 하는 사람은 이렇게 하기가 쉽지 않을 것이다. 해몽서를 읽으면 무슨 뜻인지 나와 있으니 책을 믿는 것이 더 편하다. 하지만 꿈을 골고루 탐구하다 보면 그때까지 알지 못했던 부분을 깨닫기도 한다.

꿈을 이해하려는 목적은 꿈속 상징의 이미지를 한 가지 틀 안에 고정시키는 것이 아니라 이미지가 자유롭게 흘러나오도록 하는 것이다. 나 역시 힐먼과 같이 해몽서에서 말하는 단순한 꿈의 해석에 만족할 것이 아니라 그 의미를 진지하게 탐구해야 한다고 생각한다.

여러분이 꿈의 의미를 좀 더 자유롭게 탐색할 수 있도록 이 책의 처음부터 끝까지 많은 질문을 준비해 두었다. 꿈의 한 조각이라도 덜 놓치고 그 의미를 두루두루 어루만질 수 있도록 도움을 줄 것이다.

5장

꿈의 단계와 꿈의 언어

꿈은 잠재의식의 발현이다.
어떤 것이 누군가에게 현실이 되기 위해서는
먼저 꿈으로 나타나야 한다.

—세크리스트

행동 중 나타나는 이미지

상상이란 그저 세상에 존재하지 않는 일을 마냥 지어내는 것일까? 그래서 아주 특별한 의미가 있는 꿈을 꾸고도 그저 풍부한 상상력 때문이라고 여겨 대수롭지 않게 넘겼던 적이 있는가? 불행히도 우리 사회는 상상력을 실생활에는 필요 없는 엉뚱한 생각이라고 폄하하는 경향이 있다.(과연 우리에게 필요한 것과 그렇지 않은 것의 기준이 무엇인지는 모르겠지만). 상상은 비현실적이고 무가치하다며 상상력의 힘을 무시하는 것이다.

그러나 상상은 만물의 근원이다. 상상을 통하지 않고는 아무것도 생기지 않는다. '상상'이라는 낱말도 그 말 그대로 '행동 중 나타나는 이미지 —이미지 인 액션(IMAGes IN AcTION)'이다.

이제 상상력이 중요하다는 건 물론 그 힘이 우리의 삶에 끼치는 영향까지 보여주는 연구 결과들이 잇달아 나오고 있다. 어느 실험에서 피험자들에게 눈을 감은 채 어떤 물건을 상상해 보라고 했더니 그 물체를 직접 볼 때와 같은 뇌 활동이 나타났다. 어떤 이미지를 실제로 볼 때와 상상할 때 모두 똑같이 뇌 스캔 영상에서 시각 피질이 같은 반응을 보인 것이다[칸델, 슈바르츠, 예셀(Kandel, Schwartz & Jessell), 2000].

과학으로는 단지 뇌에 놀라운 가변성이 있다는 것과 상상력이 중요하다는 것밖에 알 수 없다면, 마음을 이해하기 위해서는 아직 시간이 더 있어야 할 것이다. 마음은 과학으로 접근할 수 있는 뇌보다 더 복잡하다. 마음의 깊이, 높이, 넓이를 어떻게 잴 수 있을까? 그 영역은 바다처럼 광대하다. 과연 마음의 시작과 끝은 어디일까? 그 경계를 어떻게 정할 것인가? 우리는 단지 상상, 꿈, 생각을 통해서만 몸과 마음이 연결된 걸 추측할 수 있을 뿐이다. 몸과 마음의 경계는 모호하다. 드와주는 다음과 같은 의견을 제시한다.

"우리는 오랫동안 신성한 존재처럼 상상을 경외해왔다. 고귀하고 순수하며 비물질적인 마음은 물질 존재인 뇌와 분리되어 있다고 생각했다. 그런데 이제는 뇌와 마음에 명확한 선을 긋기 힘들다. '비물질적인' 마음이 상상을 할 때마다 물질적인 흔적이 남는다. 생각을 할 때마다 물질적 육체의 뇌 시냅스 상태가 미시적으로 변한다. 피아노를 친다는 상상을 하면 뇌에서는 손가락을 움직일 때와 같은 일이 일어나는 것이다."(2007, 214쪽)

이제 하려는 이야기는 지금까지 말하던 몸과 마음의 관계에 대한 이야기와 상반된 것으로 들릴지도 모르겠다. 프로이트와 융이 꿈을 잘 알기 위해 그 구조를 상정한 마음의 단계를 말하려 한다. 꿈이 어디에서 나오는가에 대한 것이다.

1장에서 이미 말한 바와 같이 의식에는 여러 단계, 층, 그에 따른 주파수가 있다. 개인의식은 집단의식과는 전혀 다르다. 지그문트 프로이트와 칼 융은 그 이론을 처음으로 생각해낼 당시에만 해도 꿈의 구조에서 장(場 : 에너지) 이론 부분은 전혀 고려하지 않았다.

그러나 두 정신과 의사가 환자를 실제로 임상에서 만나며 꿈의 체계를 세우는 과정에서 의식에 대한 의문이 떠올랐다. 프로이트는 의식과 무의식을 분리했고 의식이 시작되기 전의 존재로 전의식(preconsciousness, 前意識 : 편집자 주 - 전의식은 무의식이라는 바다의 맨 윗부분에 있으며, 평소에는 생각하지 않다가 추억이나 수학 공식처럼 필요할 때 의식으로 끌어낼 수 있는 영역으로 볼 수 있다.)이 있다고 했다. 이 전의식이 일상적인 활동을 재료로 꿈을 만드는 것이다.

융은 여기서 한 걸음 더 나아가 뚜렷이 구분되는 두 가지 마음이 무의식에 있다고 했다. 개인 무의식과 집단 무의식이다. 꿈을 꿀 때 떠오르는 이미지를 보면 개인 무의식과 집단 무의식 중 어느 부분에 속하는지 알 수 있다고 했다.

여러분이 꿈을 더 잘 알고 꿈의 해석을 시작할 수 있도록 두 선구자의 이론을 모두 따르고자 한다. 그러나 꿈은 이보다 더 복잡하기 때문에 광활한 바다 같은 그 심연을 다 들여다보기엔 두 가지 이론만으로 벅찰 수도 있다.

꿈을 꿀 때 우리는 여러 층으로 꾸는 경우가 많고 이미지 하나가 그 여러 층을 넘나들기도 한다. 다음에 소개하려는 것은 이론상의 모델일 뿐이며 꿈의 실제 구조는 아니라는 걸 부디 잊지 말기 바란다. 꿈 연구를 시작하려는 사람들이 쉽게 이해하도록 도식적인 이론을 잠시 빌릴 뿐이다.

무의식에서 꿈의 단계

꿈은 여러 층으로 나타난다. 프로이트와 융이 이론적인 전제 조건으로 세워 놓은 세 층 중 꿈은 어느 곳에서도 나올 수 있고, 세 군데 모두에서 나와 섞일 수도 있다. 그래서 꿈을 기억하려고 하면 몹시 혼란스러운 것이다. 집단 무의식에서 오는 꿈은 의미가 아주 강한데, 이 꿈에는 개인의식 혹은 전의식에서 나온 개인적인 상징이 있을 수 있다. 세 층에 대해 각각 이미지를 기록할 때 이 점을 기억하기 바란다.

·))》 1단계 층 : 전의식

·))》 2단계 층 : 개인 무의식

·))》 3단계 층 : 집단 무의식

1단계 층 : 전의식

깨어 있을 동안 의식이 경험한 것이 꿈으로 나올 때, 그 꿈이 전의식에서 온다는 것은 알고 있다. 일상생활을 반영하고 조명하는 꿈이다. 샌포드는 그 꿈에 대해 다음과 같이 말했다.

> "꿈은 날마다 하는 집안 청소 같은 것이다…… 그날 일어난 일을 정리해 주거나 다음날 할 일을 준비시켜 준다. 이렇게 일상적으로 꾸는 꿈이 있는 덕에 우리는 의식을 유지한 채 살아갈 수 있고, 혼란 속에서도 '중심'을 잃지 않을 수 있다." (1978, 22쪽)

생활과 관련된 기억, 사실, 동기, 생각, 이미지는 대부분 이 1단계 층에서 나온다. 이 꿈은 직접적이고 분명한 메시지를 전한다. 엘리스가 꿈에서 '의사에게 가라'는 말을 들은 것이 그러한 메시지이다. 꿈은 그때 큼지막하게 글로 쓰기까지 해서 엘리스에게 메시지를 전달했다.

2단계 층 : 개인 무의식

반쯤 잊힌 기억, 억압된 트라우마와 감정, 우리 자신이 인정하지 않으려는 동기와 욕구가 개인 무의식 꿈에 나온다. 프로이트는 이것을 '이드(Id)'라고 했고 영어로는 'the It'으로 쓸 수 있다. 프로이트는 개인 무의식이 본능적이고 원시적이어서 통제를 해야 한다고 보았다. 그리하여 무의식에 들어 있는 것은 상징으로 그 모습을 감추어야 한다고 했다.

융은 이와 달리 무의식은 더 풍요로우며, 표면으로 떠올라야 하는 것이라면 무엇이든 떠오르게 해야 그 사람이 심리적으로 건강해진다고 했다. 정신이 이 에너지를 억압하거나 그 모습을 감추지 않고 의식으로 끌어낸다고 생각한 것이다.

3단계 층 : 집단 무의식

집단 무의식은 '위대한 의식' 혹은 '보편적 의식'이라고도 한다. 인류는 이 집단 무의식을 통해 서로 연결된다. 어떤 문화권에서는 '근원(Source)'이라고 하기도 한다. 샤머니즘에서는 '이상한 세상'이라고 한다. 이때의 이상한 세상은 영혼(Soul)의 영역이다. 나는 이 책의 목적에 따라 이를 융이 정의한 대로 '집단 무의식'이라 하겠다. 영혼, 심령, 이상한 세상이라고 할 때도 있겠지만 혼동하지 않기 바란다. 중요한 건 가리키는 표현이 아니다. 달을 가리키는 데 손가락을 보지 말고 달을 보기 바란다.

집단 무의식은 특정인의 것이 아니라 모두의 것이다. 시공도 초월한다. 융은 집단 무의식을 '의식으로 가는 모든 것의 근원'으로 여겼다[홀베슈(Holbeche), 1991, 69쪽]. 우리 각자도 이 위대한 무의식의 일부이다. 인간과 인간은 집단 무의식으로 서로 작용하며 소통한다.

신비주의자 에드가 케이시가 말했듯이, '인간이 태어날 때부터 하는 정신 활동의 총체'가 집단 무의식이다(홀베슈, 1991, 21-2쪽). 융의 견해는 케이시와 비슷하지만, 융은 정신 활동뿐만 아니라 행동 역시 집단 무의식에 들어간다고 생각했다. 융에 따르면 집단 무의식이란 다음과 같다.

> "인간이 수천 년 동안 한 경험이 생각과 행동의 본능적인 패턴을 형성했다. 이 패턴은 지금 우리가 감정과 가치관이라 알고 있는 것에 녹아 있다. 집단 무의식은 그 본능적인 패턴의 뿌리이다." [폰타나(Fontana), 2003, 14쪽]

집단 무의식에서 나오는 상징을 태고적 이미지로서의 원형이라고 한다. 원형은 신(神)과 같이 의인화되기도 하고 환상 속의 괴물과 같은 이미지처럼 우리 마음이 외부 세계로 투사되어 나타나기도 한다. 고대부터 여러 문화권은 각각 나름의 신화가 있어 그 안에 가치, 사상, 감정과 행동양식을 투사해왔고, 그 가치들이 보존되었다.

그런데 융은 이 신(神)과 때로는 괴물과 같은 원형들이 우리 안에 있는 에너지가 투사된 것이거나 우리가 갖지 못한 것의 표상이라고 생각했다. 그리하여 우리는 이 태고적 이미지인 원형의 에너지를 꿈을 통해 만나게 된다.

다른 삶에서 오는 꿈 경험

프로이트와 융의 분류 체계에 포함되지 않는 꿈도 있다. 개인적이거나 집단적이라는 관념의 꿈이 아니라 현실 세계 너머, 즉 다른 삶에서 오는 꿈인 듯하다. 꿈을 꾸는 사람은 자신이 아는 삶과 별개로 존재하는 다른 삶에 들어간 느낌을 받는다.

타라는 오래 전부터 이런 꿈을 꾸었다. 어렸을 때 타라가 맨 처음 그린 그림은 마녀가 화형당하거나 말뚝에 박혀 죽는 그림이었고, 늑대에 쫓기는 꿈을 꾸다가 깬 적도 많았다. 오랫동안 '움직이는 세상'이라는 강력한 여자 마법사 집단의 일원이 되는 꿈도 꾸었다. 이 꿈에서 타라는 선과 악의 대결에 참가했다.

어떤 꿈은 태고적 이미지인 원형 이야기, 역사적 사실과 관련이 있었다. 이런 원형 주제의 꿈을 꿀 때면 타라는 자신이 꿈속에서 실제로 그렇게 살고 있는 것 같았다. 이 꿈이 기억을 바탕으로 나온 것이라고 할 수도 있겠지만 타라는 그렇지 않다고 생각한다. 그 꿈은 그 순간 일어나는 현실 같다는 것이다.

다음은 타라가 이야기한 꿈이다. 그녀는 나중에 '신전의 눈'이라고 이 꿈에 이름을 붙였다.

"저는 더 젊어진 모습이었어요. 하지만 어린아이는 아니었어요. 지금의 저와는 다른, 시인 같은 사람이었어요. 주위의 다른 사람들은 여자 마법사 아니면 마녀였어요. 다 여자였고 각자 다른 능력이 있었어요. 이제까지 제가 본 여자들이 모두 꿈에 스쳐 갔어요. 그 중 한 사람은 저에게 꽃을 가꾸는 법을 가르쳐 준 분이었어요. 그분은 저를 보고 웃었어요. 저는 피아노를 쳤고 그러자제 머릿속이 바뀌었어요. 아직 그 힘을 쓴 적이 없고 계속 새로운 것을 배우는 백설공주가 된 것 같았어요. 영혼이 순수한 저는 검은 영혼을 가진 어떤 여자아이와 짝이 되었죠. 14살쯤 된 아이였는데 아주 예뻤지만 심술궂었어요. 그 아이는 에너지조차 암흑처럼 어두웠죠. 같이 아주 오래된, 이 세상에 속하지 않은 것 같은 '움직이는 도시'라는 곳으로 갔어요. 너무 낯선 곳이어서 때로는 검은 영혼의 아이가, 때로는 제가 번갈아가며 되는 대로 앞장을 섰어요. 거기서 세상 모든 곳을 다 가 보았어요. 저는 가는 곳마다 너무 놀라서 얼어붙다시피 했어요. 그런데 갑자기 그 아이가 환상을 보고 소리를 질렀어요. 저도 환상을 보았어요. 어떤 여자가 얼굴과 몸통을 괴물에게 뜯어 먹히는 환상이었어요. 눈도 없고 입도 없었는데 비명을 지르고 있었어요. 그리고 위가 튀어나왔어요. 그 여자는 힘없이 당하고만 있었는데 저는 지켜보기만해야 했죠. 완전히 다른 세상에 온 것 같았어요. 그러다가 신전에 왔어요. 거대한 신전, 아니 우주선 같기도 했어요. 고대 이집트에 온 것 같은 느낌이 들었고 커다란 눈이 있었어요. 제가 들어가면 그 눈에게 들킬 것 같아서 위험한 줄 알았어요. 세상에서 가장 기분 나쁜 곳이었지만 그 검은 영혼의 아이랑 같이 들어섰어요. 얼굴을 잃고 비명을 지르던 여인이 여기 있었어요. 저는 무서워서 뻣뻣해졌지만 왠지 안으로 들어가야만 할 것 같았어요."

마리온은 꿈에서 늑대가 되어 비슷한 경험을 했다. 다음은 마리온의 꿈이다.

"침대에 누워 있는데 이상한 일이 일어났어요. 무슨 말을 하기도 전에 제가 갑자기 크고 검은 늑대로 변했어요. 눈은 번쩍이는 황금색이었어요. 거울로 보니까 분명히 저였어요. 전에 본 적이 없는 것들을 보고 기억했어요. 너무 생생해서 그림으로 그릴 수 있을 정도였어요."

이 두 꿈은 마치 꿈꾸는 사람 스스로가 아닌 마치 다른 사람이 경험한 것에서 나온 듯하다. 이것을 프로이트와 융이 상정한 꿈의 구조로 어떻게 설명할 것인가? 수많은 사람이 꾸는 유체이탈이나 환상 여행 꿈은 어떻게 생각해야 하는가? 환상 여행 꿈에서는 어디든 갈 수 있다. 꿈꾸는 이가 알지 못하는 곳도 갈 수 있으며, 이제까지 알고 있는 세상이 아닌 곳으로도 떠날 수 있다.

이런 현상을 설명한 것은 천리안, 신비주의자, 무당들이다. 유명한 신비주의자 찰스 웹스터 리드비터(Charles Webster

Leadbeater, 1847-1935)는 성기체(星氣體 : 층을 이룬 아우라)를 '잠자는 동안 에고가 기능하는 곳'이며, 그 사람의 발달 단계에 따라 각각 다른 강도로 육체를 떠날 수 있다고 했다. 다음은 성기체에 대해 리드비터가 한 말이다.

"잠을 자는 동안 에고가 성기체를 타고 기능을 하며, 대개 이 성기체는 누워 있는 육체 위를 떠돌아다닌다. 내면의 눈을 뜨고 있는 사람이라면 이를 볼 수도 있다. 그러나 성기체의 모습은 그 에고가 발달한 정도에 따라 크게 다르다. 어떤 사람의 경우에든 이 성기체는 욕망을 동반하는 사고나 암시에서 대단히 커다란 영향을 받는다. 그런데 성기체의 반응을 즉각 불러일으키는 욕망들은 여타의 경우들에 비해 다소 강렬할 수 있다." (1918, 28-9쪽)

꿈꾸는 육체를 다루는 샤머니즘 철학도 이와 비슷하다. 샤머니즘 연구자이자 전에 고대사와 철학을 가르쳤던 로버트 모스 (Robert Moss) 교수는 다음과 같이 썼다.

"북아메리카 인디언의 한 부족인 이로쿼이 족의 전통적인 꿈의 관점은 현대 서구와 근본적으로 다르다. 이로쿼이 족은 두 가지 경우에 '큰 꿈'을 꾼다고 가르친다. 꿈을 꾸는 사람의 마음은 잠을 자는 동안 시공의 제약을 벗어나 육체에서 떨어져 나온다. 이 꿈꾸는 영혼은 멀리 갈 수도 있다. 미래와 과거로, 육체에서 아주 먼 곳이라도 갈 수 있다. 현실의 숨겨진 차원으로 가서 심령을 인도하는 이들과 조상을 만날 수도 있다." (1996, 14쪽)

예언몽/예지몽

꿈은 잠재의식의 발현이다. 어떤 것이 누군가에게 현실이 되기 위해서는 먼저 꿈으로 나타나야 한다.

— 세크리스트(Sechrist), 1968, 22쪽

꿈은 의식의 여러 단계를 통과할 뿐 아니라 시간도 초월한다. 과거로도 미래로도 갈 수 있다. 또 과거에서 어떤 사건들을 골라 현재와 미래의 가능성으로 편집하기도 한다. 미래의 기억이라고 할 수 있는 것이 예지몽(豫知夢)이다. 듄(Dunne) 교수는 아인슈타인의 상대성 이론을 언급하면서 다음과 같이 말한다.

"현재가 되는 모든 시간은 강과 같다. 꿈이라는 배를 타고 앞으로, 뒤로, 옆으로도 갈 수 있다." [로빈슨과 코베트(Robinson& Corbett), 1984, 8쪽]

역사적으로 칭기즈칸, 히틀러, 나폴레옹과 같은 많은 사람들이 예지몽을 꾸었고, 꿈을 잘 활용했다. 예언몽이나 예지몽은 다가올 재난을 경고한다. 그래서 우리는 재난을 막거나, 막지 못할 재난이라면 미리 알고 마음의 준비를 한다.

칼 융을 비롯한 많은 사람들이 꿈을 꾸고 나서 제2차 세계대전이 일어날 줄 알았다고 한다. 홀베슈는 꿈에서 에고의 경계가 허물어질 때 예지몽이 나타난다고 했다. 아이디어와 사건이 '실행되고 일어나도록 예정'되기 때문이라는 것이다(1991, 121쪽). 예언몽이나 예지몽은 꿈에서 경고가 나오기 때문에 환상적인 꿈과는 구별할 수 있다.

실비아는 결혼 생활이 끝나기 1년 전에 꿈을 꾸고 나서 자신과 친구 카렌이 막을 수 없는 큰 변화를 겪으리라는 걸 알았다. 꿈에서는 절친 카렌에게 파국이 닥칠 것이지만 실비아가 아무것도 도울 수 없다고 했다.

"카렌은 제일 친한 친구예요. 저는 2층짜리 카렌네 집에 그 애와 함께 있었어요. 갑자기 엄청난 폭풍이 불어서 우리는 날아갔어요. 벽돌이 무너지고 집도 통째로 무너졌어요. 저는 그때 무너지는 집이 카렌의 삶이자 카렌이라는 걸 알았지요. 카렌의 결혼이 곧 파경을 맞고 손을 쓸 수 없으리라는 것을요. 카렌은 히스테리를 부렸어요. 저는 어떻게든 그 애를 무너지는 집에서 빼내려고 했어요. 그러다가 제 차에 올라타 엑셀을 밟았어요. 그런데 차가 뒤로 가는 거예요. 뒤로 가서 어떤 댐을 들이받았어요. 이제 댐이 무너져 물난리가 나겠구나 하는 생각이 들어 댐 아래를 내려다보았는데, 댐에 물은 없고 제 남편 크레이그가 있었어요. 제가 한 실수 때문에 남편이 물에 빠져 죽겠구나 생각했어요. 하지만 당장 제 차가 댐에 부딪힌다고 해서 댐이 무너질 만큼 힘이 세지 않다는 것을 깨달았어요. 어차피 카렌을 날려 보낸 그 폭풍우 때문에 댐도 곧 무너질 테니까요."

실비아가 이 꿈을 꾸고 나서 6개월 뒤에 카렌의 남편 존은 카렌을 떠나 다른 여자에게로 갔다. 카렌은 절망했고 심장마비로 10년 뒤에 죽었다. 실비아는 그 꿈을 꾸고 18개월 뒤에 이혼했다. 꿈속에서 실비아는 자신의 '부주의한' 실수 때문에 남편이 살아남을 수 있을지를 걱정했다. 그러나 자기 책임이 아니라는 걸 곧 깨달았다. 이렇게 꿈이 많은 것을 알려 주는 덕에 실비아는 마음을 굳게 먹으며 이 모든 재난에 대처할 수 있었다.

입면몽(入眠夢)과 반수반성몽(半睡半醒夢)

프로이트와 융이 상정한 구조로 설명할 수 없는 또 다른 꿈 중에 입면몽, 반수반성몽, 자각몽이 있다. 입면몽은 막 잠이 들 때 보는 환상, 반수반성몽은 잠에서 깨기 직전에 꾸는 꿈이다. 둘 다 다른 꿈과 달리 어떤 메시지를 전해 주지 않으며, 꿈을 꾸면서 아무런 감정을 느끼지도 않아 환상으로 생각할 때도 많다.

자각몽(自覺夢)과 꿈꾸는 육체

자각몽은 여기서 다루기에는 너무 복잡하다. 간단히 언급하기로 한다. 자각몽이란 꿈을 꾸는 사람 스스로가 꿈을 꾼다는 것을 아는 꿈이다. 이런 자각몽을 꾸려면 훈련을 통해 자신을 통제하는 기술을 닦아야 한다.

많은 신비주의자와 무당이 이 꿈을 꾸려고 한다. 무당에게 자각몽이 중요하기는 하지만, 자각몽을 꾸는 요령은 꿈을 기억하거나 통찰하거나 심지어 꿈을 꾼다는 것을 아는 것으로도 익힐 수 없다. 다음과 같은 것을 통해야 자각몽을 꿀 수 있다.

"무당들은 2차적인 드문 현상이 나타날 때마다 그 현상을 인지하고 구별하여 그에 맞서 따라감으로써 다시 태어난 듯이 힘을 얻었다." [민델(Mindell), 1993, 80쪽]

켄 이글 페더(Ken Eagle Feather)는 저서 『자유를 따라가며 (Tracking Freedom)』에서 카를로스 카스테네다(Carlos Casteneda)의 이론에 나오는 꿈의 단계를 논한다. 꿈의 단계, 혹은 관문은 7개라고 한다. 자각몽은 여러 복잡한 단계 중 첫 번째일 뿐이다. 다른 단계는 다음과 같다.

·))) 꿈 여행

6장

꿈과 함께하기

꿈이라는 현실에서 출발하여
앞으로 나아가야 한다.

—융

이 책을 읽는 사람은 꿈을 알고자 하는 사람이다. 그러나 꿈의 무의식 세계로 들어가는 방법을 배우기 전에 그 길이 힘들다는 것을 우선 알아야 한다. 꿈을 이해하기 위해선 희생이 따른다. 어떤 꿈을 꿀 때 그걸 잘 알고자 한다면 각성해서 주의를 기울여야 하기에, 달게 잘 시간에 깨야 할 때도 있다.

꿈의 메시지를 실천하고 또 그 메시지를 통해 하나의 인간으로 성장하기 위해서는 여러분의 삶을 바꾸어야 할 수도 있다. 꿈을 읽다 보면 여러분의 어두운 면, 이제까지 여러분 자신과 다른 이들에게 감추었던 자신의 낯선 모습을 마주하게 될지도 모른다.

즉, 꿈과 함께한다는 것은 성실과 희생을 담보하여 스스로 성장하는 것이다. 생각만큼 쉽지 않다. 때로는 그 대가로 삶의 어떤 부분을 버려야 할 수도 있다. 칼 융이 치른 대가는 학자로서의 신뢰였다. 융은 자신의 이론 때문에 학계에서 신뢰를 잃고 외톨이가 되었다. 그러니 꿈을 탐색하는 발자국을 더 떼어놓기 전에 스스로에게 다음과 같은 질문을 먼저 던져 보자.

- ∙≫ 내가 내면적 삶을 책임진다면 내겐 어떤 변화가 일어날까?
- ∙≫ 나는 꿈에 나오는 무의식을 끌어안을 준비가 되어 있을까?
- ∙≫ 나는 꼭 변화해야 하는 걸까?
- ∙≫ 내 영혼이 외치는 변화의 목소리를 따르지 않으면 어떤 일이 일어날까?
- ∙≫ 나는 왜 변화를 바라는 걸까?
- ∙≫ 지금이 내 삶에서 과연 변화가 필요한 때일까?
- ∙≫ 변화가 일어나면 나와 다른 사람들은 어떻게 바뀔까?
- ∙≫ 꿈을 탐색하면서 나는 무엇을 얻을 수 있을까?

융도 환상으로 나타난 무의식의 욕구를 끌어안기 전에 이 딜레마에 빠졌다. 융은 '있는 그대로 받아들이고 무의식에 빠지기로'(1961, 202쪽) 했다. 그리하여 무의식에 들어 있는 것이 늘 위험하지는 않으며, 오히려 의식 에너지와 무의식 에너지의 균형이 깨지거나, 무의식의 욕구가 있다는 걸 인정하지 않아 그에 휘둘리게 될 때 비로소 위험해진다는 사실을 깨달았다.

드디어 융은 자신이 환상의 모습으로 품고 있던 무의식적 욕구와 대면하는 영웅적인 여행을 떠났다. 무의식의 흐름을 알고자 한 것이 융의 인생에서 반드시 해야 할 위대한 운명이었다는 걸 잊지 말자. 융은 말했다.

"내가 그 일을 한 이유는 나 자신도 내키지 않는 일을 환자들이 하리라 기대할 수 없었기 때문이다." (1961, 203쪽)

융이 그러했던 것만큼 무의식에 깊게 들어갈 필요는 없다. 여러분은 무의식을 통해 꿈의 언어를 배우는 것이다. 꿈이 하는 말을 알면 꿈이 주는 중요한 메시지도 읽을 수 있게 된다. 꿈을 해석한다는 건 세상을 살면서 더 참된 자신에게 가까워진다는 좋은 점이 있다. 문화·사회·태고의 이미지를 간직한 원형의 영향을 덜 받고 여러분 내면의 중심, 영혼이 지향하는 곳으로 곧바로 갈 수 있기 때문이다.

구조의 중요성

꿈을 통해 자신을 발견하고자 한다면 꿈의 구조를 미리 생각하고 시작할 필요가 있다. 여러분 내면 곳곳에 숨은 그늘까지도 물리치지 않고 자신의 전체를 끌어안자면 겁이 날 때도 있기 때문이다. 특히 트라우마가 있는 사람이라면 꿈의 실체와 마주한다는 것이 더욱 감당하기 힘들 것이다. 트라우마를 겪은 의식적인 기억이 없더라도 꿈의 구조는 세워야 한다. 집단 무의식에 있는 기억이 꿈에 나올 수 있다. 이때 나타나는 원형의 이미지는 여러분에게 너무 강하고 두려운 존재일지 모른다. 때로는 신비하고 기이한 생명체인 괴물과 맞닥뜨릴 수도 있기 때문이다.

융은 자신에게 정신병이 없는지 스스로 묻고 나서 무의식의 세계에 접근했다. 융의 가정이 평온했고 자신의 직업에 만족했기에 늘 안정된 상태에서 자가 진단을 할 수 있었다. 나는 나 자신 안에 있는 상징의 언어를 깨닫는 데 오랜 시간이 걸렸다. 융은 한 특별한 친구와 함께 속속들이 내면 여행을 해서 겨우 안정을 얻을 수 있었다.

여러분은 그런 내면 여행을 함께할 친구나 가족이 있는가? 만일 없다면 상담을 해줄 사람이나 꿈을 공유할 사람들을 찾아라. 아는 것이 힘이다. 여러분이 꾸는 꿈을 꿈 일기로 쓰는 것도 힘이 된다. 일기를 쓰면 마음속으로만 알던 것을 양지로 끌어낼 수 있다. 그러면 강렬한 충격이 좀 더 줄어들 것이며, 그 에너지를 보다 더 좋은 방향으로 쓸 수 있게 된다.

꿈을 통해 내면의 삶을 있는 그대로 마주하기 전에, 그 강렬한 힘에 눌리지 않기 위해서라도 몸을 단련해야 한다. 융은 육체를 단련시키기 위해 요가를 수련했다. 호흡을 조절하는 데 있어서는 태극권이 도움이 된다. 이 미지(未知)의 영역에 들어갈 때는 객관적이고 과학적으로 접근하는 것도 좋다. 무의식에 들어가기 전에 꿈과 상징, 특히 태고적 이미지를 나타내는 원형의 상징에 관해 될 수 있는 대로 많이 알고 들어가라.

나에게 가장 큰 힘이 되었던 것은 보편적인 상징 1,500개를 편집한 책, 쿠퍼의 『그림으로 보는 세계 문화상징 사전(An Illustrated Encyclopaedia of Traditional Symbols)』이었다.

이 책을 손에 넣으니 내면의 삶을 대면하더라도 미치지 않을 자신이 생겼다. 읽고 나서 꿈에 나오는 상징에 심원한 보편적 의미가 있다는 것도 알았다. 융도 꿈을 과학적으로 접근하여 이 새로운 영역을 더 잘 탐구할 수 있었다. 융은 이렇게 썼다.

> "나는 과학의 힘을 빌어서만이 그 혼돈에서 빠져나올 수 있었다. 다른 방법으로 들어갔더라면 밀림 같은 꿈에서 덩굴손의 덫에 걸려 숨통이 죄이고 말았을 것이다. 완전히 몰입해서 이미지 하나하나, 내 정신이 창조한 것 하나하나를 보고 알려고 했다. 그리고 그것들을 될 수 있는 대로 과학적으로 분류하려 했다. 무엇보다도 나는 거기서 본 것을 현실에서도 찾으려 했다." (1961, 217-8쪽)

꿈 기억하기

잠을 자는 동안 어떤 특별한 일이 일어나지 않는 이상, 꿈을 꾸는 사람이 모두 그 꿈을 기억할 수는 없다. 2장에서 이야기한 바와 같이, 역시 잠을 잘 때 특이한 일이 벌어지지 않는 이상, 한 시간 반 정도 우리는 렘수면을 취한다. 꿈을 꾸는 것은 대부분 이 렘수면 상태에 있을 때이다.

렘수면을 취하지 못한다면 의사와 상담하는 것이 좋다. 추측건대 트라우마, 우울증, 불안, 스트레스, 병, 약물치료, 마약, 알코올, 수면 중 호흡정지와 같이 숙면을 방해하는 요소들이 꿈을 꾸는 단계로 들어가지 못하게 하기 때문이다.

삶이 만족스러운 사람이라면 꿈에 흥미가 없기 때문에 꿈을 기억하지 못할 수 있다. 혹시 예전에 '말도 안 되는 꿈'을 꾼 적이 있기 때문에 꿈을 하찮은 것으로 여길 수도 있다. 어떤 꿈은 정말 말도 안 된다. 우리는 실제로 밤에 온갖 꿈을 다 꾼다. 어떤 꿈은 그저 회사 일처럼 낮에 한 일을 '적당한 생각 서랍, 적당한 생각 파일'에 넣는 것 같기도 하여 도무지 특별한 것이 없기도 하다.

그런가 하면 다른 현실세계, 다른 공간에 온 듯한 꿈도 있다. 그러나 평소 꿈을 기억하는 훈련을 하지 않기 때문에 기억하지 못할 수도 있다. 꾸준히 훈련을 하면 유형이 다른 꿈들을 좀 더 구별하기 쉽고 자신에게 정말 중요한 꿈이 무엇인지도 알 수 있다. 꿈의 진정한 가치를 깨달으면 그 의미가 더 잘 다가오기 마련이다.

특히 자신의 꿈에만 나오는 독특한 상징을 알면 그 의미가 보다 분명하게 보인다. 꿈 기억력 훈련은 마치 몸의 근육을 쓰는 것과 같다. 근육은 쓰면 쓸수록 강해진다. 기억력도 마찬가지이다.

꿈을 중요하게 여기지 않고 기억하려고 애쓰지도 않는다면, 계속 꿈을 꾸기는 하겠지만 거기서 많은 것을 알아내지는 못할 것이다.

스트레스, 수면 부족, 트라우마나 병으로 기억력이 떨어져 꿈이 거의 기억나지 않을 수도 있다. 꿈을 기억한다는 건 뇌의 좌우 반구 등 여러 부분이 서로 반응하는 복잡한 과정이다. 우리가 꿈이라는 무의식의 흐름을 기억하는 것도 결국 뇌에서 의식을 관장하는 부분의 몫이기 때문이다.

1. 기억하려는 의지

일단 꿈을 기억하겠다는 마음부터 먹어야 한다. 꿈 일기를 쓰거나, 꿈을 꾸다가 렘수면 단계에서 깼을 때 바로 기록할 수 있도록 머리맡에 램프와 수첩과 필기구 등을 놓아두면 좋다(확실한 방법이다!). 의도적으로 렘수면 단계에서 잠을 깰 수도 있다. 자는 사람을 보면 언제쯤이 렘수면 단계인지 안다. 눈꺼풀이 떨리면 렘수면 중이다.

이 렘수면을 포착하는 것이 중요하다. 렘수면은 90분 주기로 반복되며 잠을 자는 동안 점점 더 자주 반복된다. 늦게까지 자는 날 렘수면 단계에서 깨기가 쉽다. 렘수면 단계 중 꿈을 기억하기에 가장 좋은 때는 밤에 잠을 푹 잔 다음 깨기 직전에 오기 때문이다. 사람들은 대부분 평소보다 더 편한 마음으로 늦게까지 자는 주말에 꿈이 더 잘 기억난다고 한다.

2. 잠을 잘 자기 위한 준비

숙면을 취하기 위해서는 우선 잠이 잘 오는 곳에서 자야 한다. 그리고 방의 온도가 알맞아야 한다. 잠을 잘 자도록 특히 렘수면을 잘 취할 수 있는 조건을 스스로 찾아야 한다. 뇌는 습관과 조건에 반응한다. 잠자리에 들기 전 모종의 의식을 치르는 습관을 들여라. 예전에 쓴 꿈 일기를 자기 전에 읽고, 오늘밤 꿈을 꾸어야겠다는 결론을 덧붙일 수 있다.

어떤 날은 꿈을 꾸고 나서 잘 기억이 나지 않는다면, 그날 받았던 느낌이나 생각을 적고 그날 밤 꾸는 꿈은 꼭 기억을 해야겠다는 결심으로 마무리할 수 있을 것이다. 글을 쓰면 뇌의 좌우 반구가 협응하므로, 꿈을 꾸고 기억하는 데 의식과 무의식이 협동하도록 하는 효과가 있다. 이 습관을 지속하면 자동 반사적으로 꿈이 기억난다.

다른 사람에게 꿈 이야기를 하는 것도 꿈을 기억하는데 많은 도움이 된다. 상담을 받는 사람 중에는 상담 시간마다 깊은 꿈을 꾼 이야기를 하는 이가 많다(17장 참조). 꿈 이야기를 하는 중에 내가 적절한 질문만 잘하면 마치 머릿속에서 꿈이 되살아나는 것 같다.

잠을 자기 전에는 일단 긴장을 풀어야 한다. 그러면 낮 동안 나오던 활동뇌파인 베타파가 잠이 들 때(입면몽 상태)의 뇌파인 알파/세타파로 바뀐다. 그리고 다시 델타파로 바뀌어 잠이 들고 마침내 렘수면에 이른다.

자려고 누웠을 때도 마음이 가라앉지 않고 아드레날린이 계속 나오면 뇌파가 정상적인 수면 사이클을 만들기 어려워져서 쉽게 잠을 이루지 못한다. 자면서 꿈을 꾸어야 하는데 정신이 점점 더 또렷해진다. 결국 좌절해서 잠자는 걸 포기하고 싶어질지도 모른다. 스트레스를 받아 불안하거나 흥분한 상태라면 다음과 같이 시도해보기를 권한다.

어떤 한 가지에 집중해 보자. 그러면 마음이 차분해지고 드디어 뇌 좌우반구가 서로 소통하여 반응한다. 이 방법은 확실히 도움이 된다. 누워서 잠이 들 때까지 움직이지 않는 물건을 가만히 떠올리거나 스테레오 헤드폰으로 음악을 듣거나 멀리서 나는 소리에 귀를 기울이는 것이다. 각자 맞는 방법을 쓰면 된다.

조금씩 내면세계(감정, 생각, 감각, 심상)를 자각하다가 외부의 것에 눈을 돌리는 트랜스 테크닉을 써서 뇌 좌우반구의 협응을 촉진할 수도 있다. 그렇게 하면 갑자기 어디서 오는지도 모르게 여러 이미지가 동시에 떠오를 것이다. 입면몽에서 보는 환각으로, 트랜스 상태[역주 : 잠이나 최면에 들고 깰 무렵에 겪는 몽환적 몰아(沒我) 상태]에 들 때 보이는 것이다.

이런 환상이 보이거나 머릿속이 갑자기 밝아지는 느낌이 들더라도 무슨 뜻인지 알려고 할 필요는 없다. 그냥 그대로 있으면 된다. 이 단계에 들었다는 것은 뇌 좌우반구가 동시에 작용하기 시작하여 입면(入眠) 상태에, 말 그대로 잠의 문을 열고 들어갔다는 뜻이다. 여기서는 아득하게 정신이 어렴풋해지는 것을 즐기면서 오늘밤 꾸는 꿈을 기억해 내야 한다는 사실만 잊지 말자.

나의 생각으로는, 약 2분 동안 지속되는 이 입면 상태가 의식을 다시 프로그래밍하기 가장 알맞은 때이므로 뇌가 가변성을 발휘하기도 좋은 때이다. 이때 나오는 뇌파의 주파수는 최면에 걸리는 주파수와 같다.

3. 잠을 깰 때

자명종 소리를 듣지 않고 저절로 깨는 것이 가장 좋다. 반수반성몽 상태를 거치고 잠이 깨기 때문이다. 반수반성몽은 앞에서 알파/세타 뇌파가 나온다고 한 입면몽과 같은 것이다(역주 : 입면몽은 잠이 들 때, 반수반성몽은 잠이 깰 때에 해당한다). 시간이 많아서 억지로 일찍 일어나지 않아도 된다면 꿈을 회상하는 기술을 연마하는 데 더 좋다.

반수반성몽 상태에서는 외부 세계를 느끼면서도 반은 무의식 상태에 있기 때문이다. 이 상태에 오래 있으려면 움직이거나 눈을 뜨면 안 된다. 조금이라도 움직이면 뇌파가 베타파(깨어서 돌아다닐 때 나오는 활동뇌파)로 바뀐다. 그렇게 되면 꿈을 기억하는 데 숙달된 사람이 아닌 이상 꿈을 놓치고 만다.

이완되고 아직 반쯤 잠이 덜 깬 이 반수반성몽 상태에서, 일어나서 무엇을 할지 생각하지 마라. 자면서 꾼 꿈이나 꾸었을지도 모르는 꿈을 생각하라. 그저 마음이 흘러가는 대로 내버려두어야 한다.

그래도 꿈이 기억나지 않으면, 편한 마음으로 환상 같은 그 상태를 음미하라. 꿈 회상 기술은 시간이 지나면서 나아질 것이다. 각성 전 상태는 트랜스 상태이기도 하다. 여러분은 스스로의 의식을 프로그래밍 하는 것이다. 자의로 꿈을 기억하는 것이 아직 요원한 일 같더라도, 의식적으로 알파/세타파를 불러일으키면 다른 좋은 것을 얻을 수 있다. 적어도 뇌 좌우반구의 균형은 맞추게 된다.

4. 기억력 훈련

자의로 꿈을 기억하려면 의식적으로 무의식에 들어가야 한다. 따라서 기억 메커니즘을 활성화하여 효율을 높여야 한다. 이미 이야기한 적이 있지만 스트레스, 불안, 우울증, 병 같은 것들이 기억력을 갉아먹는다. 기억 메커니즘을 돌려 기억이 나게 하는 것은 대뇌 변연계의 해마, 시각 피질 등 뇌 여러 부분의 기능이 함께 작용하는 다단계 과정이다.

스트레스를 받으면 스트레스나 자극에 대한 우리 몸의 대사와 면역 반응을 조절하는 글루코코르티코이드 호르몬이 나온다. 이 호르몬의 농도가 짙어지면 해마를 위축되게 만들어 기억력을 떨어뜨린다. 그러므로 꿈을 기억하기 위해선 스트레스를 많이 받지 않아야 한다. 시각 기억을 강화하기 위해서는, 물체를 본 다음 눈을 감고 그 물체에 대해서 생각나는 것을 모두 떠올리는 훈련이 필요하다.

낮에 몇 가지 물건을 보아 두자. 그 다음 눈을 감고 가만히 있을 수 있는 조용한 시간에 그걸 해 보는 것이다. 공원에 놀러 가서 나무 아래 앉아 도시락을 먹었다면 그 나무를 떠올려 보라. 무슨 나무였는가? 어떤 특별한 점이 있었나? 뇌 좌우반구가 서로 소통하며 조정을 해야 꿈이 기억난다. 명상할 때처럼 머릿속으로 한 물체에 집중하면 좌우반구가 동시에 움직여 협응할 수 있다.

5. 꿈 기록

꿈이 우리에게 무얼 말하는지 알기 위해 꿈을 기억하는 것은 단지 첫걸음일 뿐이다. 이제는 잠자리에 들기 전에 꿈을 기억하겠다는 의지를 다지자. 꿈을 기록하는 것도 훌륭한 방법이다. 글을 쓰면 분석을 담당하는 뇌 좌반구가 자극을 받아 꿈 기억력이 좋아지기 때문이다. 꿈 일기를 쓰면 그때그때 꾼 꿈을 기록해서 보존할 수 있고, 여러분 무의식이 나타내는 개인적인 상징, 꿈의 패턴과 주제의 흐름을 지속적으로 엿볼 수 있다.

우리의 뇌 한 쪽은 분석적이고 또 다른 한 쪽은 직관적이다. 꿈 이야기를 글로 쓰면 꿈을 기억하기 위해 우리 양쪽 뇌는 서로 돕는 작용을 한다. 처음에는 깨자마자 꿈이 기억나지 않겠지만 잠에서 깨는 순간 받은 느낌은 나중에라도 일기에 적을 수 있다. 깨면서 왠지는 모르지만 들뜰 때가 있고 기분이 나쁠 때도 있을 것이다. 그런 감정도 꿈과 관련이 있다는 걸 받아들인다면 유익할 것이다.

될 수 있는 대로 빨리 무슨 꿈이었는지 적는 것이 가장 좋지만, 나중에라도 꿈을 기억해야 한다는 것을 잊지 말아야 한다. 그 꿈의 내용이 떠오르게 하는 말이 있을 것이다. 그때 다듬으려 하지 말고 생각나는 대로 글로 옮기자. 그러면 뇌의 생각이 끼어들기 전에 기억이 단서를 쏟아낸다. 문법적 오류도 또한 무의식과 꿈을 탐색하는 데 중요한 실마리를 담고 있다.

제시카는 "꿈에서 옛 친구를 만났지만 주위에 벽이 있어 다가갈 수 없었다."고 적었다. 나중에 제시카는 이 꿈의 의미에 중대한 오류가 있다는 걸 알고 달리 해석을 했다. 친구가 볼 때 제시카 주위에 벽이 있었던 것이다.

우선 꿈의 의미를 곰곰이 생각하기 전에 일단 꿈의 내용 자체를 기억해야 한다. 꿈에 나온 것이 말이 안 된다고 해서 잊어 버려서는 안 된다. 융이 말했듯이, 지금 우리가 하고 있는 꿈을 읽는 작업은 꿈 자체가 출발점인 것이다. 꿈에서 본 것을 받아들이고 그대로 따라가자.

꿈 일기를 쓸 때 꿈에 짧은 제목을 붙이는 것도 좋다. 꿈의 주제가 드러날 뿐더러 꿈의 요점을 분명하게 깨달을 수 있으니까. 꿈을 꾼 날짜를 반드시 적는 것도 잊지 말자. 나중에 기록을 찾기 쉽고, 일정한 시기에 어떤 주제가 가장 많이 등장하는지도 알 수 있어 여러분의 꿈이 전체적으로 어떻게 흘러가는지 관찰할 수 있다.

꿈에 나온 내용을 적고 나선 그에 대한 생각과 느낌도 적는다. 스스로 깊이 생각하여 꿈을 해석하기 전에는 다른 사람에게 해몽을 부탁하지 말고 해몽 책도 보지 않기를 권한다. 글을 쓰는 것이 부담스럽다면 그냥 낙서처럼 쓰도 좋다. 낙서는 우뇌를 자극하여 꿈 회상을 돕기 때문이다.

꿈을 기억하는 일에도 다른 여느 일처럼 시간과 노력, 그리고 끈기가 필요하다. 꿈이 씨앗이라고 생각하라. 그 씨앗이 꿈의 무의식 세계에서 싹을 틔우려고 하지만, 물과 양분을 주지 않으면 말라죽는다. 쉽사리 꿈에 다가가지 못한다고 금방 지쳐하면서 "그것 봐, 어차피 잘 기를 수도 없었잖아…….'라고 말하진 말자. 끈기 있게 물과 양분을 주려고 마음만 먹는다면 꿈의 씨앗도 싹을 틔울 수 있다.

꿈의 의미

꿈에 나오는 상징이 무슨 뜻인지 다른 이에게 묻지 마라. 자신의 꿈에 나오는 상징의 언어를 스스로 읽을 수 있어야 한다. 가끔은 꿈에 나온 태고적 이미지인 원형 의미를 도대체 어떻게 해석해야 할지 전혀 모를 때도 있다. 그럴 때는 원형을 소개한 책을 참고하면 된다. 그 설명의 도움을 받더라도 설혹 꿈의 의미를 알지 못할 때도 있지만 원형의 상징에 대한 이해의 폭은 넓어지게 마련이다.

그러나 원형에 대한 정보를 참고할 때는 늘 주의해야 한다. 그

책에 쓰인 상징에 대한 해석이 여러분에게 해당되는 것인지 생각해 보라. 많은 사람이 인간의 역사에서 나온 태고적 이미지에 대한 원형을 주제로 꿈을 꾸지만, 그렇다고 여러분의 꿈에 나온 상징도 꼭 똑같은 주제를 표현한다는 법은 없다. 다음의 유용한 두 가지 질문을 생각해 보자.

⫸ 나는 왜 이 꿈을 꾸었을까?
⫸ 나는 왜 이 꿈을 '지금' 꾸었을까?

나도 꿈이 무슨 뜻인지 알 수 없을 때가 간혹 있다. 그럴 때는 무의식에게 다음 꿈에서 더 자세한 것을 보여 달라고 청한다. 꿈은 자기를 알아주는 것을 좋아하기 때문에, 이 방법이 통할 때가 많다. 다음에 꾸는 꿈에서 상징, 기호 자체는 다른 것이 나오기도 하지만 어떻게든 전에 꾼 꿈과 연결되기 마련이다. 꿈은 단막극이 아니란 걸 잊지 말자.

꿈이 단 한 번의 꿈으로 메시지를 전하는 경우는 드물다. 사람들은 하룻밤에 서너 번씩 꿈을 꾸기도 한다. 그때마다 상징이 달라지더라도 꿈을 연구하는 이들은 그 상징이 모두 같은 문제를 나타낸다고 해석한다. 꿈은 여러분에게 길을 일러 주기 위해 나오는 안내 표시판이라는 걸 기억하자. 꿈은 관심을 받기 좋아하기 때문에 주제를 공들여 표현할 때가 많다.

헬렌에게는 소중한 사람이 있었다. 그런데 그 사람과 정을 떼야 했다. 헬렌은 이 문제와 관련이 있는 꿈을 연속으로 꾸고 나서 연인과 이별할 수 있었다. 꿈에서 어떤 호스가 나왔다. 호스 끝이 애인의 수도꼭지에 꽂혀 있었다. 헬렌은 그 호스를 애인의 수도꼭지에서 빼내어 자기 수도꼭지에 꽂았다. 그 다음 꿈에서는 애인의 집에 두고 온 전화기를 도로 가지고 나왔다. 두 꿈속에서 해야 할 일을 하고 나자 헬렌은 그 사람과 헤어질 수 있었다.

7장

꿈에 나오는 상징과 이미지

처음에 이미지가 있다.
상상을 하고 나서야 깨달을 수 있으며,
환상으로 품은 것만이 현실이 된다……
우리는 꿈에 따라 만들어지는 존재이다.

—힐먼

자, 이제 꿈을 기억하기 시작했는가? 당신의 노력에 찬사를 보낸다! 아직까지는 잠에서 깨자마자 금방 기억이 나지 않더라도 꿈을 기억해내는 습관을 포기하지는 말자. 꿈을 기억한다는 건 중요한 일인 만큼 시간을 들여 노력해야 한다. 끈질기게 계속하면 성공할 것이다.

드디어 꿈을 기억할 수 있다면 과연 이 꿈으로 무엇을 어떻게 하라는 말일까, 라는 생각이 들 것이다. 마치 해독을 기다리는 암호같이 알 수 없는 꿈의 상징과 뜻 모를 메시지를 도대체 어떻게 하라는 것일까? 이런 물음이 떠오르는 게 당연하겠지만, 나는 이전에 했던 말을 또 되풀이 할 수밖에 없다. 끈기를 가져야 한다. 꿈을 잘 읽을 수 없더라도 자신에게 너그러워져라. 꿈을 읽는 것도 역시 시간을 들이고 인내심이 필요한 일이다.

내면을 나타내는 상징 언어와 각 상징의 뜻을 밝히는 일이니(혹은 잊었던 것을 새로 배우는 것인지도 모른다) 그렇게 힘들지 않겠는가? 꿈에 나오는 상징이 여전히 헷갈리기만 하고 무슨 뜻인지 몰라도 걱정할 필요는 없다. 우리는 드러난 것만큼 쉽게 숨겨진 내면의 깊은 변화를 일일이 알 수는 없는 노릇이다. 때에 따라서 상징적 이미지가 무의식의 바다에서 쑥 떠올랐다가 가라앉도록 내버려 두기만 해도 좋다. 힐먼은 상징의 의미를 한 가지로 고정시키는 일은 그 참의미를 없애는 것이라며 다음과 같이 썼다.

> "이미지가 무슨 뜻인지 알려고 하며 관념으로 해석하려는 것은 우리의 상상력에게 몹쓸 짓을 하는 것이다. 꿈속에서 구석에 똬리를 틀고 있는 뱀이 나의 두려움, 섹슈얼리티, 마더콤플렉스라고 섣불리 단정하는 것은 뱀의 참뜻을 죽이는 것이다." (1975, 39쪽)

꿈이 나타내는 상징을 이 책이 다루기도 하기 때문에 힐먼의 말이 나의 주장과 부딪힌다고 여길 수 있지만, 잘 살펴보면 꼭 그렇지도 않다. 상징에 고정 관념을 부여하는 것(고정)과 상징이 흘러가는 대로 내버려 두는 것은 전혀 다르다. 정신과 의사로서 협력하던 융과 프로이트는 상징이 무엇인가 하는 데서 의견이 갈렸기 때문에 사이가 틀어져서 결별을 고했다고 한다. 프로이트는 꿈에 나온 이미지에 고정 관념을 부여했다. 프로이트에 따르면 총이나 칼은 성적(性的)인 대상을 상징한다. 융은 이와 달리 상징이란 '무의식에 들어 있는 것이 자신을 드러낸 것'이라고 생각했다(폰타나, 1994, 41쪽)

쿠퍼는 다음과 같이 기술했다.

"상징은 절대 단순한 한 가지 형태가 될 수는 없다. 상징은 기호이다. 종교적·문화적·형이상학적인 배경을 생각하지 않고 이해할 수도 없다. 그 종교적·문화적·형이상학적 토양에서 상징이 만들어지기 때문이다. 상징 자체보다, 그 상징을 쓰는 인간보다 훨씬 더 큰 영역이 있고, 상징은 그곳에 들어가는 열쇠이다." (1984, 7쪽)

꿈을 해석하는 책들은 꿈에 한 가지 고정된 의미만을 부여하기 때문에 문제가 있다. 그 해석이 '있을 수 있는' 의미 중 하나이며 시간이 지남에 따라 다른 것으로 바뀔 수 있다는 말은 하지 않는다. 융은 다음과 같이 썼다.

"무의식의 언어는 '만약'의 언어이며, 모든 꿈은 '오늘 당신의 영혼이 이러한 모습이다'라는 전제로 시작한다." (샌포드, 1978, 18쪽)

꿈에 나오는 상징을 고정시키는 것은 그 뜻을 한 가지로 못을 박는 것이다. 그렇기 때문에 그 상징에 다른 깊은 뜻이 있더라도 살펴볼 생각조차 하지 않게 한다. 의식과 무의식의 틈을 더 가깝게 하려고 상징을 해석하는데 오히려 더 멀어지게 한다.

우리는 깨어 있을 때는 언어로 일상적인 생각을 한다. 의식은 생각에 이성적인 근거를 붙이고 보고 들은 바를 관념으로 정리하는 데 익숙하다. 그러나 무의식은 주로 상징, 이미지, 비유로 생각하고 이따금씩 언어로 생각한다. '상징(Symbol)'은 그리스어의 동사 'symballein'에서 유래한 말로, '같이 던지다'라는 뜻이다. 바로 꿈속 상징이 하는 일이다. 꿈을 꾸는 사람이 진기한 경험을 하도록 많은 상징과 여러 의미를 같이 던진다. 상징이 있고 나서야 말이 나온다. 상징은 다음과 같다.

> "상징은 가장 오래되고 근본적인 꿈의 표현 방법이다. 현실은 상징이 아닌 다른 방법으로는 꿈속에서 잘 드러나지 않는다." (쿠퍼, 1984, 7쪽)

꿈이 주로 상징을 통해 나타나는 것으로 보아 인지력의 발달 단계와는 관련이 없다는 걸 알 수 있다. 아직 뱃속에 있는 아기도 렘수면 상태에서 꿈을 꾼다는 것이 증명되었다. 상징은 단순히 무의식의 언어가 아니라 에너지로 보아야 한다. 상징은 그 자체가 생명을 지니고 움직이며 어느 상황에서나 계속 자라는 존재이다.

상징은 부분적으로 보이는 국면이 아니라 전체적인 사건으로 이해해야 한다. 상징은 현실 세계에 속하는 존재이다. 우리가 인식하고 반응하여 행동하는 것은 모두 다른 것의 상징이다. 누군가의 꿈에 나온 모든 상징에는 그 사람에게만 주는 생명력과 힘이 있다.

상징은 무의식을 초월하여 의식에 어떤 의미를 부여할 수도 있다. 알지 못하고 익숙하지 못한 것에 의미를 두어 우리가 일상적인 정신 너머의 세계를 보게 한다. 조셉 캠벨(Joseph Campbell)이 말한 대로이다.

"상징에는 멋진 네 가지 기능이 있다. 융은 그 네 가지의 중심에 또 다른 다섯 번째 '초월 기능'이 있다고 한다." (1991, 133쪽)

캠벨은 여기서 그치지 않고 더 나아간다. 사람마다 그 정신에 생각과 경험을 가두는 장벽이 있는데, 그걸 표현하는 상징이 무엇인지 알면 그 장벽을 무너뜨릴 수 있다는 것이다. 캠벨은 막히는 상황에 이르면, 여전히 자주 나타나 영향을 끼치는 적극적인 상징을 찾으라고 한다. 그 상징이 무엇인지 알아내면, 그 상징이 나타내는 문제의 장벽을 무너뜨려 초월할 수 있다는 것이다.

이와 달리 칼 융은 환자에게 상징을 깊이 생각하게 하고 말과 연관시켜 깊은 의미를 알아내라고 한다. 이런 각도에서 보면 의미가 풍부한 상징이 더 많이 떠오를 것이다. 나 역시 꿈에 나오는 상징을 편견 없이 보려고 노력했다. 그러면서 무의식이 더 자세히 풀어서 보여주기를 기다렸더니 더 다양한 상징을 체험할 수 있었다. 놀랍고 역동적인 상징을 계속 본 것이다. 그 상징들은 끊임없이 바뀌고 무의식 깊숙이 뿌리를 내리는 듯했다. 폰타나는 이 말을 다음과 같은 은유로 표현한다.

> "마치 상징이 무의식의 문을 열어 다른 상징이 나올 수 있도록 하는 듯하다."(2003, 16쪽)

상징은 육체와 영혼, 정신과 물질, 감정과 지성, 지식과 삶을 잇는 다리이다. 융은 상징이 삶과 죽음, 어둠과 빛, 통일과 분열 등 대립하는 에너지를 하나로 묶는다고 했다. 또한 인간이 생각해서 만들어내는 모든 것에 영향을 미친다고 한다. 곧 상징이 인간 의식의 바탕이 된다는 것이다. 융은 상징이 생각과 감정에 끝없이 도전한다고 생각했다.

쿠퍼는 꿈꾸는 사람 각자가 자신의 상징을 만드는 것이 아니라 보편적인 영혼이나 고차원적인 진리가 상징을 만드는 것이라고 했다. 그리고 '상징은 언어의 제약으로 표현될 수 없거나 너무 복잡해서 나타내기 힘든 것을 표현한다'고 했다(1984, 7쪽).

상징은 관념의 세계를 구체적인 이미지로 드러내는 보편적 언어이다. 우리의 무의식이 직접 표현하지 않는 지혜를 상징은 직관적으로 우리에게 보여 주기도 한다.

개인 무의식

꿈에는 여러 층이 있으며 의식의 각 단계에서 그 층이 떠오른다는 것, 그리고 때에 따라 여러 단계에서 동시에 그 층들이 나올 수 있다는 것은 앞에서 이야기했다. 단순화하는 오류를 피하기 위해, 프로이트의 마인드 모델에서 출발하여 여러분이 꿈을 더 잘 알도록 돕고자 한다. 프로이트는 꿈이 나오는 의식의 가장 낮은 단계는 의식의 바탕 혹은 전의식이라고 한다. 지금 여러분이 경험하여 기억에 저장되는 것이 이 전의식에서 꿈으로 나오는 것이다.

개인 무의식은 꿈이 떠오르는 의식 중 2단계 층이다. 이 꿈에서는 꿈을 꾸는 사람과 직접적으로 관계가 있는 상징이 많이 나와서 도움을 준다. 여기에서 나오는 꿈은 꿈꾸는 이의 인간관계, 건강, 재정 상태, 식사, 감정 등과 같은 기본적인 사항과 관련이 있는 경우가 많다.

2단계 층의 꿈의 내용과 표현은 모두 혼란스러운데, 바로 진흙탕과 같은 그 사람의 마음 상태를 꿰뚫고 있기 때문이다. 이 단계에서 나오는 꿈의 여러 상징을 연결시키면 그 진흙탕에서 헤쳐나갈 수 있다. 예를 들어, 꿈에 차가 나오면 여러분의 건강에 대해서 이야기하는 것일 수 있다. 그 차가 움직인다면 지금 여러분이 하는 일을 어떻게 하는가에 대한 이야기일지 모른다. 꿈 기술을 계속 연마한다면 한다면 꿈에 나오는 상징의 메시지를 이해하는 순간이 온다.

게슈탈트 심리학의 창시자 프리츠 펄스(Fritz Perls)는 꿈의 조각 하나하나가 중요하다고 생각하며 다음과 같이 썼다.

> "당신은 꿈의 모든 것을 이용할 수 있다. 꿈을 통해 상실한 자아를 회복할 수 있다. 꿈은 그 작은 조각 하나하나가 모두 당신의 것이다. 당신이 꿈을 정말로 제대로 활용한다면 그건 다시 당신에게 들어오고, 당신은 빈궁하지 않고 풍요로워질 것이다."(피어슨, 1997, 71쪽)

다음 장에서 나올 예를 통해 시작해 보자. 상징의 네 가지 요소인 흙, 물, 공기, 불은 각각 육체, 감정, 지성, 영혼에 대해 이야기한다. 짐승, 새, 음식, 건물, 옷과 탈것도 다룰 것이다.

이 책이 그런 상징이 무엇을 의미한다고 제시하더라도, '있을 수 있는' 단지 한 가지 예일 뿐이다. 자신의 꿈에 나온 상징이 무슨 뜻인지는 스스로 찾아야 한다. 그렇게 의미를 찾으면 그 의미가 맞는지 스스로에게 물어 보라. 매일 꾸준히 꿈 일기를 쓴다면 머지않아 여러분의 꿈이 쓰는 상징의 언어를 잘 알 수 있을 것이다.

8장

꿈을 이루는
네 가지 요소

바람은 우주의 숨결인 영혼,
곧 생명을 지탱하는 영혼의 힘이다.
바람과 연관되는 상징은 끈, 줄, 실이다.

—쿠퍼

인간은 무척 복잡한 존재이다. 육체로 세상을 살아가고 동시에 감정, 지성, 영혼을 통해서도 살아간다. 이 네 가지 상태는 유대교 카발라(Qabalah) 등 비전(秘傳)이나 신비주의적인 문헌에서 흙, 물, 공기, 불의 다른 요소로 각각 표현된다. 꿈에서는 네 상태 중 하나에 대한 이야기를 하기 위해 그에 대응하는 요소가 나온다. 이 요소들을 알면 자신이 삶의 여정을 어떻게 헤쳐 나가고 있는지 알 수 있다.

흙 : 육체

꿈을 통해 흙에서 비롯된 이미지나 상징을 본다면 건강, 신체 발달 상태를 알 수 있다. 이 육체적인 여정은 자신이 어떤 상태로 하고 있는지도 알려 준다. 결국 인간은 모두 흙과 연결되어 있다. 흙은 인간의 고향이다. 죽으면 모든 육신은 흙으로 돌아간다.

꿈을 꾸고 나서 무슨 뜻인지 알았다면 꿈에 나오는 중요한 상징의 의미를 스스로 부여한 것이다. 오랫동안 꿈을 풀이하기 위해 해몽서가 많이 나왔고 몇몇 해몽은 널리 퍼져 있다. 그러나 여러분의 꿈에 나오는 이미지와 상징을 해석하는 것은 어디까지나 여러분의 몫이다. 나는 다른 사람들과 내 꿈을 통해 어떤 상징에 무슨 뜻이 있는지 대응시켰지만 단지 예는 예일 뿐이다.

꿈이 여러분에게 어떤 메시지를 전달하고자 한다면, 그 메시지가 어떤 상징으로 꿈에 나올지는 아무도 모른다. 자신의 상징은 스스로가 만드는 것이다. 각자가 살아온 인생, 처세하는 방법은 자기밖에 모른다. 따라서 꿈에 나타나는 상징이 어떤 의미를 지니는지도 자신만이 안다.

꾼 꿈을 떠올려서 그 목소리에 귀를 기울인다면 마치 미지의 세계에 온 듯할 것이다. 낯선 곳에 간 사람은 먼저 주변을 둘러보기 마련이다. 꿈이라는 새로운 곳에 들어간 여러분도 주변을 기웃거리며 길을 찾기 위해 다음과 같은 질문이 도움이 되리라.

- 땅이 어떤 모습이었는가?
- 산이나 언덕은 있었는지?
- 골짜기가 보였는가? 그렇다면 깊은 골짜기였나?
- 협곡이 있었는가?
- 어떤 지형이었는가?
- 척박한 땅이었나, 아니면 비옥한 땅이었나?
- 나무가 많았나?
- 숲이었나?
- 무엇인가를 밟고 있었나? 아니면 어떤 곳 안에 들어가 있었나?
- 있던 곳이 흙, 진창, 바위, 아니면 늪이었는가?
- 흙이었다면 어떤 흙이었는가?
- 돌이나 바위가 있는 곳이었는가? 수정 같은 보석도 있었는가?
- 꽃이 있었는가?
- 있었다면 무슨 꽃이었는가? 무슨 색이었나?

에드가 케이시는 꿈에 진흙탕이 나왔다면 그 사람의 생활에 토대가 없다는 뜻이라고 한다. 신상에 위험이 닥쳤다는 신호일 수도 있다. 실비아는 결혼이 파경을 맞을 무렵 집이 진창 위에 있고, 큰 비단뱀이 그 진흙탕 밑에 있는 꿈을 꾸었다. 실비아는 견실하지 못한 토대 위에서 크레이그와 결혼했다. 실비아의 무의식이 알맞은 상징을 불러내어 꿈에 넣은 것이다. 몇 년 뒤에 실비아는 또 다른 꿈을 꾸었다.

"진흙 웅덩이가 있었는데 수영장의 물이 빠지듯이 물이 엄청나게 빨리 빠졌어요. 물이 그렇게 빨리 빠져나가니 필터도 요란하게 돌아갔어요. 누군가가 저더러 물이 다 빠지면 곧 다시 찰 것이니까 거기서 나와 층계를 올라오라고 했어요."

배경 상징은 때때로 위험한 장면, 예를 들면 절벽 끝에서 떨어지려고 하는 당신을 보여줄 수도 있다. 물리적인 위험을 피하라는 경고이거나 건강을 돌보라는 메시지일 수 있다.

산과 언덕

산과 언덕은 인생의 수직적인 변화를 나타낸다. 산과 언덕이 보이면 인생에서 어떤 목표에 다가가거나 목표에서 멀어질 때이다. 언덕보다 산이 오르기 더 힘들다. 꿈에서도 산에 오르는 것은 더 힘든 목표에 도전하는 것을 뜻한다. 장애물을 극복하고 정상에 올랐다면 더 큰 성공을 의미할 수 있다. 꿈에 산이나 언덕이 나온다면 다음에 유의하자.

⫸ 어딘가에 올라가는 꿈과 내려오는 건 그 의미가 다르다. 올라간다면 중요한 목표를 이루기 위해 노력하고 있다는 뜻이고, 산이나 언덕 꼭대기에 있다면 목표를 성취했다는 뜻, 내려가

는 것은 목표를 달성한 다음 이전의 일상적인 생활로 돌아간다는 뜻이다.

- 》 길이 막혔는가, 장애물 없이 뚫려 있었는가?
- 》 혼자 길을 갔는가?
- 》 동행이 있었다면 누구였는가?
- 》 길이 얼마나 가팔랐는가?
- 》 산 아래 있었는가 아니면 능선에 있었는가?

실비아의 결혼이 파탄 나고 가장 친한 두 친구를 잃었을 무렵 꿈에 산이 자주 나온 것도 이상한 일이 아니다. 그 중 한 명은 갑작스러운 심장마비로 세상을 떠났다. 실비아는 그때 꿈 내용을 꿈 일기에 적었다.

"다른 사람들과 함께 산에 올라가고 있었어요. 하지만 일행은 아니었고 저는 혼자 가는 것이었어요. 정상에 올라가니까 우리 집과 가족이 보였어요."

앞날을 예언하는 꿈이다. 후에 실비아는 가족과 떨어져서 새 삶을 위한 치유를 시작했다. 어느 정도는 함께하는 사람들이 있었지만 얼마 동안 혼자인 것이나 마찬가지였다. 이때 실비아는 나에게 가족이 말 그대로 바람에 뿔뿔이 날아갔다고 했다. 새 집을 살

수 없었기 때문에 세를 들어야 했다. 실비아가 자신의 내면에 있
는 산꼭대기에 오르고 나자, 가정생활이 조금씩 다시 자리를 잡았
고 새 집도 마련할 수 있었다.

나무

공기, 흙, 물의 세 영역을 아우르는 나무는 의미가 강한 보편적
상징이다. 나무는 땅에 뿌리를 박고 하늘로 가지를 뻗으며 물을
빨아들인다. 그래서 나무의 꿈은 개인 무의식과 집단 무의식에서
모두 나올 수 있다.

집단 무의식은 뒤에 3부에서 이야기할 예정이다. 그때도 말하
겠지만 집단 무의식은 꿈에서 강력한 태고적 이미지의 원형이 지
배하는 곳이다. 나무에 대한 태도나 나무에 부여하는 의미는 각자
다르다. 개인 무의식은 여러분의 태도와 여러분이 부여하는 의미
에 따라 꿈을 내놓을 것이다. 꿈에 나무가 나왔다면 몇 가지 기초
적인 질문을 생각해 보자.

⟫ 이름을 아는 나무였는가?
⟫ 그렇다면 무슨 나무였는가?
⟫ 당신에게 그 나무는 무슨 뜻인가?
⟫ 나무가 컸는가, 작았는가?

•))) 나무가 잘 자라고 있었나? 에드가 케이시는 잘 자라는 나무는 꿈꾸는 사람이 바람직하게 성장한다는 것을 나타내고, 마르고 시들어가는 나무는 영적인 부분을 소홀히 하는 사람에게 영혼이 피폐해지고 있으니 돌아보라는 메시지를 준다고 한다.

•))) 주로 나무의 어느 부분이 보였는가? 나무의 몸체는 사람의 몸, 뿌리는 무의식, 가지는 영적인 열망을 상징한다고 한다.

•))) 잎이 달렸는가 아니면 앙상한 나무였는가?

•))) 열매가 있었는가? 케이시는 열매를 맺은 나무는 결실 있는 삶을 상징한다고 한다. 열매는 목표 달성을 암시하기도 한다.

•))) 가지는 있었는가? 나무의 가지는 꿈꾸는 사람의 성장 과정뿐만 아니라 성격과도 관련이 있다. 넓게 퍼진 가지는 애정을 표현하는 성격을, 벌어지지 않고 모인 가지는 폐쇄적인 성격을 나타낸다.

•))) 뿌리를 보았는가? 뿌리는 어머니 대자연과의 관계를 의미한다.

•))) 뿌리가 있었다면 자란 뿌리가 땅 표면으로 드러났는가, 아니면 땅속 깊이 박혔는가?

다음에 나오는 실비아의 꿈에서, 실비아는 자신의 상처받은 감정을 추스르기 위해 외부와 접촉하지 않으려 한다. 하지만 다음에서 말하는 꿈을 꾼 뒤에는 세상으로 다시 돌아오게 된다.

"저는 나무 아래 공터에 있었어요. 거기가 제 집이었어요. 그런

데 어떤 발자국이 나타났고 저는 그 발자국을 따라 공터 밖으로
나왔어요."

▶) 나무는 하나뿐이었는가 아니면 여러 그루였는가?
▶) 밀림이었는가? 케이시에 따르면 밀림은 혼란이다.

필립은 복잡한 문제에 많이 부딪혔을 때 다음의 꿈을 꾸고 꿈
일기에 이렇게 적었다. '그 꿈은 내가 의심과 불안을 떨치고 우선
순위를 되찾을 수 있다는 걸 보여주었다.' 다음은 필립의 꿈이다.

"집이 온통 나무에 둘러싸여 있었어요. 아주 크게 자란 나무들
이 집에 바싹 붙어서 빽빽하게 얽혀 있었어요. 저는 집이 완전히
숲에 묻히지 않게 나무를 베야 했지요."

▶) 어디에서 나무를 보고 있었는가? 떨어져서 보고 있었는가 아니
면 나무에 오르고 있었는가? 나무에 올라가고 있었다면 여러
분이 목표에 어떻게 다가가고 있는지 보여주는 꿈일 수 있다.

식물

나무, 꽃과 같은 식물은 삶과 죽음의 순환을 나타낸다. 원래 씨
앗이라는 건 싹을 틔워 자라 다시 새 씨앗을 뿌린 다음 썩는다. 식

물은 흙에서 자라므로 흙이 있어야 한다. 식물 상징은 대지, 다산과 초목의 여신인 어머니 대자연과 관련이 있다. 식물이 나오는 꿈은 '모든 것은 변하며 변하지 않는 것은 세상에 없다'는 진리를 일깨운다. 다음의 질문을 통해 꿈에 나온 식물의 성질을 보자.

- 어떤 식물이었는가?
- 잘 자라고 있었는가?
- 손질이 잘된 것이었는가?
- 마르거나 썩고 있었는가?
- 사람 손길이 닿지 않고 버려져 있었는가?
- 줄 지어서 자라거나 하여 보기에 좋았는가?

꿈에 나오는 식물은 삶과 죽음에 대한 여러분의 삶에 대한 태도, 삶을 어떻게 살고 있는지를 나타낼 수 있다. 또는 여러분의 창의성, 타인이 그 창의성을 인정하는지 무시하는지도 말해 준다.

조안은 집을 아름답게 꾸미는 데 정성을 쏟는 창의적인 여인이었다. 그러나 다음 꿈에서처럼 남편과 시어머니는 그 재능을 인정해 주지 않았다.

"제가 가꾼 멋진 채소밭에 있을 때 남편 브라이언과 시어머니가 저를 부르는 소리를 듣고 숨었어요. 가족들이 제 재능을 무어라고 칭찬해 주면 좋겠지만 알지도 못한답니다."

꽃

꽃을 좋아하지 않는 사람은 없을 것이다. 누군가에게 꽃을 받으면 사랑받는 것이며, 다른 사람에게 애정이 있어야만 꽃을 주기 마련이다. 꿈에 나오는 꽃은 자신에게 주는 꽃이다. 그 아름다움, 섬세하고 약함, 일찍 시드는 특성으로 여성미, 젊음, 생명력, 덧없음을 상징하기도 한다.

에드가 케이시는 꽃에서도 나무와 같이 영혼의 상태를 볼 수 있다고 생각했다. 많은 꽃에는 각기 다른 꽃말이 있다는 걸 주목하자. 장미는 아름다움과 사랑, 연꽃은 영혼의 깨달음, 백합은 죽음과 부활이다. 꿈에 나오는 꽃의 이름에 따라 그 꽃말을 알아보고 내가 잘 살고 있는지, 창의적인 행동을 하는지를 알아 보자. 실비아는 파혼하고 삶이 공허해졌을 때 다음과 같은 꿈을 꾸고 큰 힘을 얻었다.

"꿈에 텃밭이 나왔어요. 채소를 기를 수 있는 밭이었지만 잡초는 없고 깨끗한 땅이었어요. 여기에 무엇을 심어 기를까 생각했어요."

실비아는 이 꿈을 통해 '죽음'과 같은 나락으로까지 떨어졌지만 자신이 선택한 길로 다시 삶을 시작할 기회가 있다는 걸 깨달았다. 잡초 없는 깨끗한 땅(Soil) 혹은 영혼(Soul)은 실비아가 바라는 것을 무엇이든(앞으로 심을 것) 할 수 있다는 걸 보여준다. 힐먼은 '영혼 만들기'를 위해서는 공허하고 황량한 무(無)에서 출발해야 한다고 했는데, 실비아는 꿈을 통해 자신에게 그런 여백이 있다는 걸 알았다. 앞날은 실비아가 바라는 대로 만들어 갈 수 있는 무한한 가능성이 있는 공간이었다.

돌, 바위, 보석

돌과 같은 광물 성분은 인체가 생명을 유지하는 데 필수적인 흙의 요소이다. 돌로 집을 짓고 담을 쌓아 안전한 공간을 누릴 수 있다. 도로를 포장해 단단한 길을 만들기도 한다. 현자의 돌과 같이 연금술에서의 변화를 나타내는 상징도 있다. 수정은 연금술에서 가장 높은 단계를 나타낸다.

쿠퍼가 말한 대로 수정은 '순수, 흠 없는 영혼, 스스로를 밝히는 지식'(1984, 48쪽)이다. 꿈에 나오는 돌과 보석은 끝없는 영혼의 순환에서 여러분이 어디에 와 있는지 알려 준다.

수정은 지금 여러분에게 있는 문제를 극복하고 살아남기 위해 앞으로 찾아야 할 길을 상징한다. 실비아는 자신이 앞으로 계속 잘 살아갈 수 있을지 어떨지 자신이 나타나지 않는 꿈에서 수정을 보았다.

전체가 온전히 수정으로 된 것도 있었고 아직 결정(結晶)이 되고 있는 수정도 있었다. 실비아는 모든 것이 다 잘 될 것이라고 믿었다.

"눈부신 수정이 한 줄로 늘어서 있었어요. 선명한 무지갯빛, 보라, 녹색이었어요. 단단하게 굳은 수정 옆에 젤리 같은 수정도 있었는데 꿈에서는 그게 이제 결정이 되는 수정인 줄 알았어요."

물 : 감정

펠리시티는 이혼하기 몇 년 전에 길 끝에서 물이 솟는 꿈을 꾸었다. 남편 사이먼과 이별한 뒤에 펠리시티는 전에 겪지 못한 온갖 감정의 홍수에 시달렸던 만큼 시기적절한 꿈이었다. 꿈속의 물은 그 사람의 감정이나 경험을 의미한다.

물이 고여 있는지 흐르는지가 감정 상태를 보여준다. 흐르는 강물은 넘치는 감정, 댐은 평정, 바다와 웅덩이는 깊고 얕은 감정, 모든 것을 집어삼키는 파도는 격정이다. 펠리시티가 남편과 헤어지기 전까지 파도가 몰아치는 꿈을 많이 꾼 건 어쩌면 당연한 일이다.

"온가족이 차에 타고 있었는데 집채만 한 파도가 쳐서 휩쓸렸어요. 하지만 물에 빠지지 않고 빠져나왔어요."

"다른 꿈에서도 큰 파도 때문에 죽을 뻔했지만 살아 나왔어요."

둘 다 펠리시티와 가족이 견디기 힘든 감정에 사로잡히지만 극복하리라는 꿈이었다. 펠리시티는 이혼하고 나서도 다시 물이 나오는 꿈을 꾸었다. 이번에는 당시를 돌아보고 전환의 시기였다는 걸 회상했다.

"전남편 사이먼까지 가족들이 다 집에 있었어요. 아이들은 전처럼 어렸어요. 꿈에 나온 바다는 잔잔했지만 저는 무언가 오고 있고, 가족들과 함께 될 수 있는 대로 높은 층으로 피해야 한다는 것을 알았어요. 아니나 다를까 폭풍이 몰아치더니 바닷물이 밀려올라왔어요. 제가 식구들을 빨리 위층으로 올려 보냈어요. 달려 올라가는 중에도 바닷물이 넘쳐 거의 위층까지 닿을락말락했지만, 그 전에 안전하게 도망쳐 사람이나 살림살이들도 다 무사했어요. 이윽고 폭풍이 멎고 빠져 죽은 사람들이 꽁꽁 언 채로 떠올랐어요. 다이애나 왕세자비(작고한 웨일스 왕세자비)도 있었는데 시신들이 곧 녹아버릴 것만 같았어요."

펠리시티는 이 꿈을 꾸고 나서 이혼하기까지의 지난 시간을 회상하면서 온가족이 받은 심대한 영향을 생각해 보았다고 한다. 이혼으로 가족이 뿔뿔이 흩어지게 된 책임도 느꼈다. 다이애나 비의 시체가 언 것은 결혼에 대한 펠리시티의 마음의 상태, 즉 얼어붙은 마음을 나타냈다. 그러나 주변에 있는 두꺼운 얼음이 녹는 건 깊이 응어리진 자신의 마음도 언젠가는 풀릴 거라는 걸 알게 해 주었다.

융은 바다의 꿈은 무의식과 연관이 있다고 했다. 꿈에 바다가 나왔다면 자신의 무의식 흐름을 바라볼 준비가 되었다는 뜻이다. 깊은 바다에서 나오는 괴물은 내 안에서 해방되기를 바라는 태고적 이미지의 원형이 보여 주는 힘이다. 다음의 꿈 역시 펠리시티가 이혼하기 전에 꾼 것이다.

"물에서 거대한 문어가 나와서 모두 겁에 질렸어요."

당시 펠리시티는 이 꿈이 무슨 뜻인지 생각해 보려 했다. 하지만 의식의 수준에서는 알 수 없었다. 무섭더라도 더 깊은 곳에 있는 에너지를 대면해야 한다는 걸 나중에서야 깨달았다. 꿈을 통해 내면을 성찰하고자 할 때에는 의식 수준에서의 뜻은 생각할 필요가 없다. 의식적으로 알지 못해도 꿈은 꾼다. 그러나 의식적으로 알 수 있다면 의식과 무의식 사이에서 에너지가 잘 흐른다는 의미다.

물이 나오는 꿈에서는 내가 물에서 어떻게 하고 있는지가 중요하다. 물에서 헤엄을 치고 있다면 감정을 잘 다스리고 있다는 뜻이다. 반면에 물에 빠졌다면 현실에서 급히 상황을 타개해야 한다는 의미다. 배를 타고 간다면 감정 조절을 잘하는 것으로 해석할 수 있고, 잠수함에 타고 있다면 무의식적으로 깊은 감정을 겪고 있다는 걸로 생각할 수 있다. 다음에 나오는 셜리의 꿈도 비슷하다.

"저는 다른 여자와 함께 있었고 만(Bay) 건너편에 놀랄 정도로 큰 배가 있었어요. 선실이 세 개는 되는 것 같았어요. 배가 나갈 때 우리 옆에 있는 웅덩이에서 크고 납작한 물체가 눈에 띄었어요. 제가 지나가다가 무언가를 밟아서 부순 모양이었는지 아주 작은 자재가 물 위에 떠 있더군요. 잠수함 상판에 있는 부품 같았어요. 제가 옆에 있던 여자에게 그 물건을 건져야겠다고 했고, 그 사람이 그걸 건지려고 헤엄쳐 갔어요. 그때 왼쪽을 보니 일곱 살쯤 된 여자아이가 땅에 누워 있었는데 온몸이 거미 떼로 덮여 있었어요. 돌봐 주는 사람 없이 죽어가는 것 같았어요. 같이 있던 여자와 함께 아이에게 가서 거미를 다 떼어내고 일으켰어요. 그러고 나선 작은 텐트를 찾았죠. 작은 남자아이 말고는 그 여자아이와 함께 있는 사람이 없었어요. 우리가 아이를 돌봐 주었고 아이는 곧 보답을 했어요."

깊은 바닷속을 다니는 잠수함은 당신이 한 번도 들여다보지 못한 개인 무의식 가장 깊숙한 곳에 있는 감정을 드러낸다. 셜리의 꿈에서는 큰 배가 다가와서 무언가 굉장한 일이 벌어질 것을 암시한다.

그러나 그 전에 셜리에게는 자신이 아는 것보다 더 크게 손상 받아서 구해 내야 하는 자신의 일부가 있다. 배에 선실(탄생)이 세 개 있다는 것도 특기할 점이다(역주 : '선실'은 'berth'로, 'birth'와 발음이 같다). 셜리는 세 번 태어날 것을 암시한다. 꿈은 언어유희와도 비슷한 것이다!

앞에서 난도질당한 아이의 꿈을 꾼 로빈이 뉴 사우스 웨일스에서 생활이 엉망이 되었을 때 꾼 꿈은 당시의 자신과는 상관이 없는 듯했다. 로빈은 이 꿈을 '물로 올라가는 험난한 길'이라고 했다.

"뉴 사우스 웨일스에서 무슨 이유에서인지 친구와 잠시 헤어져 차 때문에 물을 구해야 했어요. 그런데 깜박 잊고 어디서 다시 만날지 정하지 않았어요. 하지만 멋진 곳에서 만나리라는 것을 알았어요. 물을 찾아다니면서 경관이 기막히게 좋은 언덕과 계곡을 보았어요. 그때 차를 몰고 올라가서 물을 구할 수 있는 곳을 보았는데 아주 가팔랐어요. 좁고 길고 흔들리기까지 하는 다리를 건너야 했어요. 주유소까지 갈 수 있도록 7달러어치를 넣었어요. 그곳 아가씨한테 물은 보통 공짜인데 왜 이렇게 비싸냐고 했더니 순수한 물이라서 그렇다고 했어요. 어떻게 도로 내려가느냐고 물으니 내려가는 것은 아무것도 아니고, 자기는 늘 다니는 길이니까 자기가 대신 운전해 주겠다고 했어요."

로빈은 이 꿈을 시작으로 고향 멜버른으로 돌아가는 꿈을 연속으로 꾼다. 꿈을 통해 고향으로 돌아갈 결심도 서고 경비도 생기리라 확신이 든다. 로빈의 무의식은 전혀 계획치 않았고 생각해 보지도 않은 일이 일어나리라는 것도 알려 주었다.

공기 : 지성

공기는 의사소통, 생각, 지력 등의 정신 활동을 상징한다. 보통 이 영역은 깨어 있을 때 의식이 주관한다. 마리온은 몇 달 동안 생각을 모으고 자료를 연구하며 책을 썼다. 다음의 꿈에서 마리온은 자기 자신이 온통 지적(知的) 활동에 빠져 있다는 사실을 깨달았다. 그러나 자신의 발밑에 튼튼한 기초가 있어서 겁이 나지는 않았다.

"큰 회색 금속 판자를 타고 경사진 비탈을 내려갔어요. 절벽이 나왔어요. 아래를 내려다보았다가 놀라서 자빠지면서 떨어지지 않으려고 뒤에 있던 무엇인가를 잡았어요. 아래는 아무것도 보이지 않는 천 길 낭떠러지였어요. 그리고 한없이 펼쳐진 하늘뿐이었지요. 급히 뒤로 물러섰을 때 겁이 나지는 않았어요. 너무 빨리 달렸기 때문에 절벽이 얼마나 높은지 몰랐어요. 그런데 제 옆에 누가 편안히 누워 있었어요. 노란 스웨터를 입고 있었는데 제가 자빠진 것이 재미있는지 저를 보고 웃었어요. 저는 그 사람에게 절벽이 높아서 무섭지는 않고, 이렇게 높은 곳에서 무언가를 볼 줄 알았다면 좀 더 천천히 왔을 것이라고 말했어요. 그랬다면 놀라지도 않았겠지요."

공기가 나오는 꿈에서 주목할 점은 대기의 상태이다. 다음의 질문들이 도움이 될 것이다.

- 바람이 불었는가? 센 바람이었는가? 폭풍이 불었는가? 바람이 몰아친다면 불안하다는 뜻이다. 돌풍은 자신이 열정적으로 옹호하는 원칙을, 북풍은 신변이 위협받는다는 것을 나타낸다.
- 대기가 평온했는가? 산들바람은 평화, 고요, 기쁨을 상징한다. 또한 여러분이 품고 있던 생각이나 관념에 따라 움직일 거라는 걸 나타낸다.
- 구름이 끼어 있었는가?
- 그렇다면 어떤 구름이었는가? 케이시는 구름의 종류에 따라 뜻이 다르다고 한다. 구름은 바람에 따라 끊임없이 모양이 변한다. 케이시는 새털구름 같은 구름이 나오면 꿈이 경고를 하는 것이라고 한다.
- 물기가 많아 빽빽한 구름이었는가 아니면 성긴 구름이었는가?

공기 없이는 살 수 없다. 케이시는 공기가 또한 생명의 숨결을 상징한다고 한다. 꿈에서 누군가에게 새 숨결을 불어넣는다면 더 높은 차원의 의식과 통합하는 것이다. 심리학적으로 말하자면, 바람이 부는 꿈은 새롭고 더 깊은 자기성찰을 의미한다. 꿈에서 회오리바람을 만났다면 여러분의 생각이 급격하게 바뀔 것이라는 암시일 수 있다.

쿠퍼는 바람이 다음과 같은 것을 나타낸다고 한다.

"바람은 우주의 숨결인 영혼, 곧 생명을 지탱하는 영혼의 힘이다. 바람과 연관되는 상징인 끈, 줄, 실을 가리킨다." (1984, 192쪽)

공기는 비행의 매개이기도 하다. 하늘을 나는 꿈을 꾸었다면 정신 활동을 통해 어떻게 '여행하고' 있는지 알 수 있다. 하늘을 나는 꿈은 여러분의 인지 방식에 대한 무엇인가를 보여주며, 어떻게 나는지는 그것과 여러분의 관계를 알려 준다. 다음을 살펴보자.

◉⟫ 어떻게 날았는가?
◉⟫ 왜 날았는가?
◉⟫ 여러분 마음대로 날았는가 아니면 통제가 되지 않았는가?

다른 것도 생각할 수 있다.

◉⟫ 그 꿈에서 나는 것이 즐거웠는가?
◉⟫ 그 비행이 뜻하는 바가 무엇이었는가?

불 : 영혼

불은 에너지이다. 몸과 집을 데워 준다. 따뜻한 불을 쬐면 기분이 좋다. 불은 남성적인 에너지로서 개방적이고 활동적이고 의식적인 것을 표상한다. 영혼을 나타내는 것이 불이다. 꿈에서는 새기회를 약속하는 상징이다. 불은 정열이다.

이 정열의 불은 우리를 집어삼키기도 한다. 꿈에 나온 불이 걷잡을 수 없이 번졌다면 그 사람은 정열, 분노, 야망의 고삐를 단단히 쥐어야 할 것이다. 폴은 몇 년 동안 일에서 좌절을 겪었다. 다음의 꿈을 꾸고 나서 더 늦기 전에 무언가 손을 써야 한다는 걸알았다.

> "어떤 비행기가 큰 기름통을 집 정원에 떨어뜨렸어요. 새지 않도록 단단히 봉한 아주 튼튼한 통이었어요. 그러나 그 속에서 불이 타올랐고 통이 튼튼하더라도 곧 터질 것 같았어요."

다이안은 어머니에게서 받은 내면화된 부정적인 메시지를 정리하면서 다음과 같은 꿈을 꾸었다.

> "집이 불탔어요. 제가 집을 빠져나오니까 어떤 사람이 어머니가 죽었다고 했어요. 어머니는 집 다른 쪽에서 구식 손수레에 오므리고 탄 채 죽어서 나왔어요."

다이안이 어머니에게 받아서 내면화한 메시지를 마음속에서 버려야 한다는 꿈이었다. 꿈에서 본 구식 손수레처럼 그 메시지는 이제 낡아서 쓸모없는 것이었다.

불이 나온 꿈에서는 다음의 사항들을 살펴보자.

- ⫸ 어디에 불이 붙었는가?
- ⫸ 어떻게 탔는가?
- ⫸ 불을 껐는가?
- ⫸ 불을 껐다면 그것은 무슨 뜻인가?
- ⫸ 불이 꺼지면서 불과 함께 사라지는 가치는 무엇인가?
- ⫸ 그 가치를 없애고 싶은가?

몇 년 전 로빈이 연인과 헤어질 무렵 꿈에 불이 자주 등장했다. 그 사람을 잃고 감정이 너무 혼란스러워서 추스를 수 없다고 했다. 심신이 황폐해져서 견딜 자신이 없었다. 그러나 로빈은 뒤돌아보니 그 사람이 자신에게 준 상처를 치유하는 과정을 통해 변화하고 성장하는 자신을 볼 수 있었고, 자신에게 있는 영적인 힘을 깨닫게 되었다고 했다. 더 '완전'해지기 위해선 감정적인 나락으로 떨어져서 내면의 악마를 보아야 했다. 한동안 로빈의 꿈이 불로 가득 찬 것도 이상할 것이 없었다.

"마른 풀이 덮인 가파른 내리막길을 걸었어요. 첫눈에 봐도 불이 잘 붙을 것 같았어요. 오른쪽에 있는 아주 경사 급한 길로 내려가기로 했어요. 내려가는데 불꽃이 타올랐어요. 그때까지 제가 갖고 다니던 호스에서는 물이 나오지 않았고 주위에도 물이 없었어요. 원래 있던 곳으로 올라가 피하는 수밖에 없었죠. 거기 가서 다른 쪽 아래를 내려다보니까 커다란 냉장고가 있었어요. 봅슬레이를 하듯이 냉장고를 타고 내려갔어요. 제 뒤로 높은 벽이 생겨 불을 막아 주었어요. 그렇게 도망칠 수 있었죠."

이 꿈은 영적으로 힘든 시간을 보내든가 혹은 죽든가 선택해야 한다는 걸 알렸다. 살자면 고독하고 냉혹하여 고통스러운 나날들을 만나겠지만 살아야 했다. 처음에 내려갔던 길은 걷잡을 수 없는 슬픔에 사로잡히는, 자기 파괴에 이르는 길이었다.

이 꿈은 몇 달 뒤에 글자 그대로 실현되었는데, 초를 켜 놓고 명상하다가 사고로 집을 태울 뻔한 것이다. 로빈은 이때 죽어가는 자신의 영혼을 살리겠다고 결심했다. 그 뒤로도 이어지는 꿈을 여러 번 꾼 로빈은 자신이 내버리고 다시 찾지 않으리라 생각한 예전의 삶으로, 가정으로 돌아가야 한다는 걸 알았다.

멜리사는 내면의 힘과 자신의 능력을 깨달아야 했지만 그럴 수 없었을 때 다음과 같은 꿈을 꾸었다. 꿈에는 두 딸과 어머니, 동생이 나왔다.

"엄마 집에 불이 났어요. 엄마 집은 외따로 있는 집이었어요. 우리는 집에서 빠져나왔지만 불길이 쫓아왔어요. 그래서 언덕 아래에 있는 호수로 달려 내려갔어요. 호수에서는 다리를 건너야 했어요. 그런데 어떤 '남자'가 앞을 막았어요. 우리는 그 사람을 밀어젖히고 손을 잡은 채 뛰어내려서 호수 반대편의 굳은 땅을 밟을 수 있었어요."

이 꿈에는 의미가 깊은 상징이 많다. 흙(굳은 땅), 물(호수), 불이 모두 다 꿈에 들어 있다. 그리고 어떤 남자가 멜리사 가족이 다리를 건너지 못하도록 막으려 했다. 이 모든 것을 통해 멜리사는 자신 안에 억압된 남성의 메시지에서 자유로워져야 한다는 걸 알았다.

요약

흙, 물, 공기, 불 가운데 어느 한 요소가 꿈에 나왔다면 그에 해당하는 몸, 감정, 지성, 영혼을 들여다보는 셈이다. 그 영역에서 스스로가 잘하고 있는지 꿈이 보여주는 것이다. 지금처럼 살아가면 안 된다는 경고의 메시지가 담긴 꿈일 수도 있다. 셜리는 잠수함을 타는 꿈을 꾸고 나서 무의식의 메시지를 벗어던지고 새 길을 가야 한다는 걸 깨달았다. 로빈은 불의 모습으로 분노가 나온 꿈을 꾼 다음 그 격노를 떨쳐버리고 살아남을 결심을 했다.

9장

꿈에 나오는 사람들

더 넓게 말하자면,
꿈이란 교묘히 변장한 수없이 많은 모습의
자기 자신을 만나는 것이다.

—케이시

꿈을 꿀 때마다 여러분이 감독이자 연출자가 되어 여러분의 인생을 연극으로 무대에 올린다고 상상해 보자. 극본에는 모든 의식 층에서 떠오른 온갖 주제가 다 들어가 있다. 캐스팅된 인물들은 여러분의 모습과, 여러분이 세상과 맺는 관계를 보여준다. 배우들 중에는 여러분이 아는 사람도 많다. 지금의 당신과 아주 가까운 사람도 있고 옛날에 알았던 사람도 있다. 각자 출연한 이유가 있다.

전의식에서 떠오른 배우라면 여러분이 근래에 있었던 일의 매듭을 짓게 하거나 눈앞의 미래를 준비하게 하는 사람들이다(71쪽 참조). 개인 무의식에서 나왔다면 여러분이 모르는 특수한 성품을 깨닫거나 갖추어야 할 성품을 기르도록 하는 이들이다. 보통 꿈의 출연진이 비추는 것은 여러분에게 달갑지 않아 다른 사람에게 투사하는 성품이다. 리치몬드(Richmond)는 이렇게 말한다.

> "사람들은 가장 중요한 인간관계에는 신경을 쓰지 않는다. 바로 자신과의 관계 말이다." (2000, 112쪽)

누구나 여러 얼굴이 있다. 인격과 에너지도 하나가 여러 개이고, 각각에 주의를 기울여야 하며, 궁극적으로는 통합해야 한다. 이건 다중인격장애와는 다르다. 다중인격장애는 인격이 여러 개 있는 사람의 인격 한 가지가 드러날 때, 자신의 다른 인격들을 전혀 인식하지 못하는 것이다. 이 병에 걸린 사람은 그 여러 인격과 에너지를 서로 소통하여 조정할 수 있는 자아가 없다.

나는 우리 각자에게 여러 가지 에너지가 있어서 그때그때의 상황, 건강 상태, 사회적 위치에 따라 나타난다고 여긴다. 이 에너지는 '기분'이라고 할 수 있고, 특수한 경우에 뚜렷해지는 '성격' 중 하나라고 할 수도 있다. 칼 융은 자신의 성격을 '성격 1'과 '성격 2'로 구분했다. 성격 1은 실용적이고 과학적이어서 그가 연구 활동을 하는 데 필요한 면, 성격 2는 신비적이고 캐묻기 좋아하는 면이었다.

13세기의 시인이자 신비주의자인 루미(Rumi)는 다음의 시에서 이것을 아름답게 노래했다.

나그네가 찾는 집이라네.

아침마다 새 손 들어오고

기쁨, 낙담, 천박함,

덧없는 깨달음이

불청객으로 왔다 간다네.

꿈에 다른 사람이 나오면 여러분의 어떤 면을 살펴보라고 말하는 것이다. 그러므로 그 인물이 다른 사람이든 여러분의 어떤 모습을 나타내는 거울이든 왜 그 사람이 나왔는지를 알아야 한다. 인물에 관한 꿈에서는 다음의 질문들을 생각해 보자.

⫸ 나온 사람은 모두 몇 명인가?

⫸ 그들은 조용히 이야기하고 있었는가, 아니면 다투었는가? 메리가 꾼 꿈에서는 메리의 남성성이 여성성에게 충고를 하고 있다.

"사랑하는 사람 무릎을 베고 있었어요. 그런데 그 사람이 갑자기 일어나서 나를 두고 가려고 했어요. 왜 그러냐고 했더니 누구 앞에서도 무릎을 꿇으면 안 된다고 했어요. 그게 모히칸 족에게는 목이 잘릴 사형수가 취하는 굴종적인 자세라나요."

⫸ 서로 어떻게 이야기했는가?

- ➡️ 꿈에 나온 사람들이 여러분과는 어떤 관계였는가?
- ➡️ 한 명만 나왔다면 그 사람은 여러분에게 얼마나 중요한 존재인가?
- ➡️ 그 사람과 있는 것이 편했는가?
- ➡️ 꿈에서 그 사람이 좋았는가?
- ➡️ 그렇다면 어떤 면이 좋았는가? 그것이 여러분이 깨닫거나 갖추어야 할 자질이다.
- ➡️ 그 사람에게서 싫은 면을 보았는가? 그렇다면 그것이 바로 여러분이 인정하기 싫지만 인정해야 하는 성격이다.
- ➡️ 요즘 보는 사람인가 아니면 예전에 보았던 사람인가? 과거의 인물이라면 그때 해결하지 못한 무슨 일이 있었거나, 그때 여러분이 썼던 기술이나 힘을 지금도 발휘해야 한다는 걸 나타낸다.
- ➡️ 나이가 어느 정도였는가? 꿈에서 젊은이를 만났다면 여러분이 나이를 먹고 나서 잃어버린 삶에 대한 열정, 에너지, 순수함 같은 옛 모습을 보여주는 꿈일 수 있다. 반대로 나이 많은 사람을 보았다면 성숙하지 못한 자세로 처신하는 지금의 당신을 비추는 것일지 모른다.
- ➡️ 꿈에 등장한 사람이 여러분의 일과 관계된 인물인가? 여러분의 일이나 여러분이 처리해야 할 일에 대해 이야기했는가?
- ➡️ 남자였는가, 여자였는가? 애슐리는 자신이 아는 사람이 꿈에서 여자 옷을 입고 나왔다고 한다. 애슐리는 나에게 자신이 꿈

에서 그 사람을 약하게 만들려고 여자 옷을 입혔다고 말했다.

다이안이 꾼 다음의 꿈은 꿈에 나오는 사람들의 모습이 곧 우리가 자신을 어떻게 바라보는지를 나타내는 것이라고 한다.

"관객 앞에서 연극을 하고 있었어요. 제 대사에 연극의 골자가 들어 있었어요. 그런데 조명이 너무 어두워서 똑바로 읽을 수가 없었어요. 그래서 연극을 망쳤어요. 새로운 방법으로 계속해 보려고 했지만 사람들은 벌써 다 나갔어요."

돌이켜보면 꿈이 말하는 바는 명백했다. 애슐리는 나에게 자신이 참되지 못한 가짜 삶을 산다고 말했다. 안타깝게도 그때 애슐리는 의식적으로는 알지 못했다. '새로운 방법으로 계속해 보려고'만 했던 것이다. 애슐리는 꿈 일기에 적었다. "계속 '가짜' 대본으로 연극을 했다면 나 자신을 망쳤을(관객이 나갔다) 것이다."
제니는 비슷한 꿈에서 자신을 일깨우는 목소리를 듣고 꿈 일기에 다음과 같이 썼다.

"삼십 대 중반인 여자에게 무슨 일을 시키고 있었어요. 이 안젤라라는 여인과의 안면은 우리가 사는 동네의 문제를 다루는 군위원회에서 본 것이 전부였어요. 어쩌다가 말을 하는 것도 사교적인 이야기는 없이 그저 필요한 말만 했으니 잘 모르는 사람이었어요. 그런 안젤라에게 일을 시키는 중이었지요. 저는 물이 바위를 휘돌아 흐르는 경관 같은 자연 풍경을 좋아했어요. 안젤라에게 그런 경관을 만들어내라고 했어요. 그러자 주변이 바뀌었어요. 안젤라는 미국이나 퀸즐랜드에 있는 값싼 유원지 같은 풍경을 만들어냈어요. 독창성은 없었고 어디서나 볼 수 있는 싸구려 분위기가 났어요. 다시 말해, 영혼이 없었어요. 기분이 나빴어요. 안젤라를 쳐다보고 왜 내가 시킨 대로 하지 않는지 물었어요. 그러자 뻔뻔스럽게 군(郡)에서 허가를 받았다고 대답하더군요. 허가받은 대로 했다는 거예요. 안젤라는 제가 시킨 일을 이해하지 못했지만 그걸 몰랐어요. 자기 생각에는 자기만 옳았어요. 안젤라가 1,200달러짜리 청구서를 내밀었어요. 저는 넋이 나갔어요. 이 여자는 시킨 일은 제 창의적인 바람과 정반대로 이상하게 했으면서 돈은 엄청나게 들여서 저를 빚더미에 앉힌 거예요. 수렁에 빠진 것 같았어요. 나 자신의 모습이 제자리에서만 맴돌고 빠져나가지 못하는 모습이 보였어요."

제니는 그 꿈에 대해 다음과 같이 이야기했다.

"물이 흐르는 자연 풍경은 나의 참된 성격(영혼)이에요. 내가 안젤라에게 시킨 것은 의식하지 못한 채 계속 참되지 못한 조건에 맞추어서 가짜 모습으로 살고 있는 내 자아의 일부에게 내 영혼이 시키는 것이었죠. 그 가짜 나는 사회가 요구하는 대로 이른

바 정상적인 삶을 살고 있었어요. 꿈은 그것이 내가 얼마나 싫어
하는 것인지를 일깨워 주었어요. 안젤라가 준 청구서는 조건에
구애받지 않고 내 참모습대로 살려면 어떤 대가를 치러야 하는지
보여주는 것이었어요. 나는 지금까지 조건에 따라 행동할 때마다
올라오는 역겨움을 억지로 참고 있었던 셈이죠."

요약

　　　　　다른 사람이 나오는 꿈을 통해 여러분이 다른 사람들
과 어떻게 지내는지는 물론 여러분 자신과 어떤 관계를 맺고
있는지 볼 수 있다. 무의식이 적절한 사람을 골라 꿈에 출현시켜 내가
알아야 하는 내 자아의 한 부분을 일깨운다. 메리는 자신과 관계가 있는
남자들에게 자신의 힘을 다 써버린다는 것을 깨달았다. 다이안과 제니
는 자신들이 참모습으로 살지 못한다는 것을 알았다. 세 여인 모두 꿈
에서 그 사실을 통찰한 이후부터는 근본적으로 다른 삶을 살았다.

10장

꿈속의 동물

동물은 자아의 부분 중
가치를 인정받지 못했거나 억압된 것을 나타낸다.
그리고 집단 무의식 깊은 곳에 있는
변화의 에너지와 접촉할 수 있게 해준다.

―폰타나

꿈에 나오는 동물의 역할은 여러 가지이다. 본능을 인정하게 하며, 환경과의 관계를 보여주기도 하고, 여러분에게 있지만 아직 계발하여 쓰지 않았거나 혹은 갖추어야 할 동물적 능력을 나타내기도 한다. 꿈에 나오는 동물이 두려움, 불안, 나약함의 상징일 때도 있다. 여러 문화에서 보편적인 의미를 지니는 동물은 특히 강한 힘을 발휘한다.

샌포드는 의식적 자아와 '본유의 자아'의 괴리가 문명의 발달 때문에 생겼다고 했다. 두 자아의 차이로 불안, 긴장, 노이로제에 시달린다. 샌포드는 이 괴리를 동물이 꿈에서 보여주며 그걸 보고 우리는 무엇을 해야 할지 알 수 있다고 했다(1978, 136쪽).

폰타나는 다음과 같이 말한다.

"동물은 자아의 부분 중 가치를 인정받지 못했거나 억압된 것을 나타낸다. 그리고 집단 무의식 깊은 곳에 있는 변화의 에너지와 접촉할 수 있게 해준다."(1994, 140쪽)

꿈속의 동물은 우리가 자연과 연결되어 있다는 것과 모두 그 보편적인 에너지에 속해 있다는 걸 일깨운다. 융은 다음과 같이 생각했다. '정신의 원자핵이 온 세상에 녹아 들어가 있기 때문에 자아가 주변 환경, 심지어 우주와도 연결된다'(1978, 220쪽). 요정 이야기와 신화에 자주 등장하는 짐승과 새는 영웅이 가는 길을 인도한다.

인간은 모두 그러한 영웅의 길을 간다. 아이가 태어나 인생의 각 단계를 거치면서 직업을 갖고 세상에 적응하는 것이 바로 그 영웅의 길이다. 나도 꿈에서 길잡이가 되는 동물 친구들을 많이 만났다. 그 친구들을 통해 내가 앞날을 헤쳐 나가는 데 필요한 지혜를 얻기도 했고, 이제 어떤 힘이 필요하다는 것을 깨닫기도 했다.

동물이 나오는 꿈에서는 다음의 질문들을 생각해 보자.

◦◦◉ 동물과 어떤 관계였는가?
◦◦◉ 동물이 여러분을 도와주었는가?
◦◦◉ 그렇다면 어떻게 도왔는가?
◦◦◉ 그 짐승이 두려웠는가?
◦◦◉ 그렇다면 달아났는가 아니면 두려움을 물리치고 짐승을 마주

했는가?

- ·》 그 동물이 강한 점은 무엇이었는가? 특색이 있었는가?
- ·》 껍질이 있는 동물이었는가?
- ·》 야생이었는가, 길들여졌는가?
- ·》 동물에게서 배운 점은 무엇이었는가?
- ·》 동물은 무엇을 하고 있었는가?

다음은 동물의 특징이다. 이를 근거로 해서 꿈을 해석할 수는 없지만 참고하여 출발점으로 삼을 수는 있다. 인간처럼 동물도 장점과 단점이 있고 각각의 동물은 두 가지 면을 지닌다. 죽은 고기만 먹는 자칼은 죽음만 쫓아다니는 듯하지만 찌꺼기를 청소하기 때문에 병이 퍼지는 것을 예방하기도 한다. 사자는 인간의 용기를 시험하고, 인간이 능력을 발휘하는지 그렇지 못하는지를 조명하기도 한다. 이처럼 동물마다 특색이 있다.

그러므로 꿈에 나온 동물에 대해서 보편적으로 알고 있는 이미지만 생각할 것이 아니라, 그 동물이 여러분의 꿈에 어떤 뜻으로 나왔는지를 생각하라. 동물과 여러분의 관계가 중요하다. 다음을 참고할 수 있다.

- ·》 곰 : 힘
- ·》 황소 : 정력과 생식
- ·》 고양이 : 감각과 여성성

- 암소 : 젖, 양육과 같은 여성성, 모성
- 개 : 충성
- 코끼리 : 인내, 오랫동안 잊지 않는 기억력, 충성, 힘
- 염소 : 에너지와 생명력
- 고슴도치 : 불편한 상황이나 인물
- 말 : 에너지와 기동력
- 캥거루 : 모성, 도약력
- 양 : 결백
- 사자 : 위엄, 힘과 용맹을 상징하나, 지나치게 두드러지는 에고와 인간의 잔혹한 면을 표상하기도 함
- 원숭이 : 장난기, 어린아이 같은 모습, 성숙하지 못한 사람
- 쥐 : 소심하고 수줍음
- 수소 : 힘
- 토끼 : 다산

바바라는 학대받았던 관계를 끊고 크게 상심했을 때 다음의 꿈을 꾸고 일기에 적었다.

"어떤 사람이 내 거북이를 죽였다. 내 거북이가 다른 거북이의 목을 쓰다듬었기 때문에 그 사람은 내 거북이를 산산조각낸 것이다. 그러자 내 거북이는 아기로 변해 그 사람을 보고 웃었다. 그 사람은 아기도 죽이려고 했다. 그렇게 예쁜 아기를 왜 죽이려고

할까? 나는 아기를 그 사람 손에서 벗어나게 해주었다."

바바라의 개인 무의식이 그녀가 학대받았던 시절을 집약해서 꿈으로 나타냈다. 바바라와 관계가 있었던 사람이 그녀의 재능을 언제까지나 인정해 주지 않았기 때문에 바바라는 자신을 지키기 위해서 그와 헤어져야 했다. 바바라는 자신을 거북이와 동일시했다. 무의식은 바바라에게 그 사람과 헤어져서 존엄을 지키고 창의력을 보존하라고 했다. 그 꿈은 아주 긴박해서 즉시 반응해야 했다.

존은 코끼리 꿈을 꾸기 전까지 이렇다 할 것을 이루지 못했다고 생각했다. 그런데 꿈에 나온 코끼리가 존도 많은 것을 이루었지만, 단지 존 자신이 그것을 성취로 여기지 않을 뿐이라는 걸 알려주었다. 존의 꿈을 보자.

"열여덟 살짜리 아이와 같이 있었어요. 그 애가 새 차를 보여줬어요. 뒤쪽을 보니 유틸리티 차량 같았어요. 제가 시승을 했어요. 놀랍게도 핸들, 기어같이 운전하는 데 꼭 있어야 할 것들이 다 조수석에 있는 것이었어요. 이런 차가 어떻게 갈 수 있을까요? 그런데 그 애가 차에 타니까 가더군요. 저는 비로소 그게 차가 아니라 큰 회색 코끼리라는 걸 알았어요."

차는 우리가 삶이라는 길을 어떻게 가고 있는지를 상징한다. 존은 실제로 열여덟 살에 처음 차를 가졌고 꿈속의 청년이 자기 자신이었다. 비록 존은 더 이상 그때의 젊은이가 아니지만 나이를 먹으면서 인내력과 지혜, 내적인 힘을 얻었다는 걸 코끼리가 보여 준다.

한편, 타냐는 자신만의 공간과 프라이버시를 빼앗길까 봐 늘 걱정했다. 양육시설에서 자랐기에 어린 시절에 개인 공간이나 자유가 거의 없었기 때문이다. 그 뒤로도 심장병을 앓으면서 이 걱정은 커졌다. 자신이 하는 일의 성격상 남을 도우면서 자신을 지킬 수 있어야 했다. 이것이 꿈에서는 자기 주위에 담을 쌓거나 문을 닫아 다른 사람이 들어오지 못하게 하는 것으로 나타났다.

타냐는 어렸을 때 살아남기 위해 정신적으로 넘어서 들어갈 수 없는 아주 높은 담을 쌓았다. 자라서도 한 곳에서 많은 사람을 보살피는 사회복지사가 되었는지라 최소한의 사적인 공간을 확보해야 했다. 그러지 않으면 자신에게 딸린 사람들의 내밀한 문제까지 몽땅 도맡게 되어 자신의 일을 돌볼 겨를이 없어지는 셈이었다.

타냐의 담은 두 가지 일을 한다. 그러나 그런 담을 쌓아 스스로 갇히는 것은 건강한 인간관계를 맺는 데는 좋지 않다. 그리하여 그 담을 허물면서도 강한 자아를 지키는 것이 타냐의 과제가 되었다. 자기치유를 하는 사람이라면 아는 것이지만 쉽지 않은 일이었다. 타냐는 다음의 꿈을 꾸고 다른 사람들에게 마음을 열게 되었고, 그러면서도 불안하지 않았다.

"밤이 되어서 어떤 사람과 함께 문을 다 닫는데 딸이 밖의 히터를 켰어요. 히터를 끄려고 문을 열고 밖으로 나가니까 원숭이가 안으로 들어왔어요. 한 마리가 아니라 원숭이 떼가 집안으로 쳐들어오려고 캑캑대고 있었어요. 서둘러 문을 닫으려는데 어디서 사자가 나타나더니 원숭이들을 전부 몰아냈어요."

꿈의 의미는 분명했다. 사자는 마음을 표상한다. 타냐는 감정의 발달 단계에서 마음의 문을 연 채로 개인적인 면과 직업적인 면 둘 다 상처받지 않고 마음을 열 수 있는 단계에 이른 것 같았다. 이 꿈은 자신이 '사자의 자질'을 얻을 수 있다는 걸 알려준다고 생각했다(사자는 마음을 표현하기도 한다).

그 뒤에 다른 사자 꿈을 꾸었는데 여기서는 자신이 버려야 할 성격을 보았다.

"노란 사자와 어느 여인, 어린아이가 같이 있었어요. 갑자기 사자가 흉포해져서 여인과 아이를 잡아먹으려고 했어요. 제가 둘을 구해 주었어요. 무슨 이유에서인지 이 사람들을 사자 아가리에서 칼로 건져 내야 해서 세 번으로 나누어 했어요. 먼저 여인의 큰 부분, 작은 부분, 그리고 아이를 빼냈어요. 어린애를 꺼낼 때 좀 힘이 들기는 했지만 마침내 해냈어요. 아주머니의 셋째 부분을 빼내려다가 깼어요. 아주 훌륭한 일을 한 것 같았어요."

사자는 개인 무의식에서 떠오른 상징이기도 하고 그보다 훨씬 더 심원한 태고적 이미지의 원형 표상이기도 하다. 사자는 동서고금의 여러 신화와 종교에서 상징으로 자리 잡았다. 사자도 양면이 있다. 힘, 충성, 정의, 용기 같은 긍정적인 면이 있는 반면 잔혹함과 전제 권력과 같은 부정적인 면도 있다.

크리스틴의 꿈에서는 오랫동안 고양이가 많은 역할을 했다. 어느 날 꾼 꿈에서는 크리스틴 자신이 새끼고양이였는데 어떤 여자가 밟았다. 다른 꿈에서는 하얀 고양이가 검은 뱀 주위를 즐겁게 돌았고, 또 다른 꿈에서는 어떤 왕의 침상에 고양이가 많이 모여 있었다. 모두 크리스틴의 내면을 보여주는 꿈이다. 다음에 나오는 꿈에서는 누가 세게 내던진 고양이가 크리스틴의 이마에 부딪치고 새끼를 낳는다.

"베란다에 앉아서 경치를 감상하는 중이었어요. 어디서 작은 고양이가 날아와서 이마에 부딪쳤어요. 새끼를 밴 그 고양이는 부딪칠 때 날카로운 소리를 냈어요. 머리가 따뜻하다 싶을 때 하얗고 커다란 세포 덩어리가 나타났어요. 넋을 잃고 그 안에서 생명의 조각들이 떠다니는 걸 봤죠. 염색체가 헤엄치는 것도 봤어요. 한가운데에는 하얗고 정방형 같은 것이 있었는데 처음에는 수정인가 했어요."

이 꿈에서는 두 가지가 크리스틴의 새 출발을 알린다. 새끼를 밴 고양이와 새 세포가 생기는 것이 그러하다. 꿈이 뜻하는 바를 크리스틴도 알았지만 정말로 삶에서 무엇이 바뀌리라고 생각하지는 않았다. 그러나 날아온 고양이에게 머리를 세차게 맞은 것에서 알 수 있듯이 그 변화는 반드시 찾아올 것이었다. 말 그대로 코앞에 닥친 것이다.

요약

꿈속의 동물은 본능적인 면을 보여주고 세상을 헤쳐 나가기 위해 필요한 자질을 일러 준다. 아직 발달하지 않은 부분을 나타내기도 한다. 타냐의 꿈에 나온 사자는 타냐의 모순을 상징한다. 첫 번째 꿈의 사자는 유약함과 수동성, 두 번째 꿈의 사자는 공격적인 면을 보여준다. 타냐는 자신에게 이런 모순이 있는 걸 인정하고 나에게 자신이 다른 이들과의 관계에서 수동적이기도 하고 때론 공격적이기도 한다고 말했다. 꿈에 등장하는 동물들은 때로 그 사람의 모습을 불편할 정도로 솔직하게 보여주지만, 그런 꿈은 변화를 시도할 수 있는 기회를 준다.

11장

꿈속의 새

우리는 영혼이 있는 인간이 아니라
인간성을 지닌 영혼이다.

—피에르 테이야르 드 샤르댕

　새는 여러 문화에서 보다 높은 차원의 자아를 상징한다. 꿈에서 새를 만나는 사람은 아름다움, 기쁨, 사랑, 영적인 자유를 얻는다. 샤머니즘에서 영혼을 의미하는 새는 하늘로 영혼을 데려가기도 한다. 새에게는 마법과 신비한 힘이 있다. 영혼의 상징으로서 밝고 어두운 면이 동시에 있다. 힘든 시기나 삶의 변화를 겪는 사람은 꿈에서 자주 새를 만난다.

　새의 종류, 새가 하는 것, 여러분이 새와 어떤 관계였는지를 보라. 지빠귀 같은 텃새가 나오는 꿈은 독수리가 등장하는 꿈과 다를 것이다.

　다음의 질문들이 유용할 것이다.

- 무슨 새였는가?
- 새가 무엇을 하고 있었는가?
- 새를 보고 어떤 생각이 들었는가?
- 텃새였는가?
- 높이 날았는가 아니면 낮게 날았는가?
- 바닷새였는가?
- 태고적 이미지를 가진 원형의 새였는가?
- 마음대로 날고 있었는가 아니면 갇혀 있었는가?
- 죽은 새는 아니었는가?
- 무슨 색이었는가?
- 한 마리였는가 아니면 무리였는가?

새는 영적인 면에서 여러분에게 일어나는 일을 보여준다. 영적으로 성장하기 위해 거쳐야 할 변화를 일러 주기도 한다. 지금 벌어지는 일을 정확하게 알려주는 꿈, 필요한 변화를 거부하는 사람에게 어떤 일이 생길지를 틀림없이 말해 주는 꿈도 있다. 크리스틴은 연결되는 새 꿈을 다섯 번 꾸고 자신이 변화하리라는 것을 알았다.

불멸과 부활의 보편적 상징인 신비한 불사조처럼 크리스틴도 불에 타 없어졌다가 재에서 다시 태어나야 할 것 같았다. 그러자면 먼저 어느 의미에서 '죽어서' 떨어지는 신비한 여정을 떠나야 한다. 용기, 희생, 자신에 대한 굳은 믿음이 있어야 한다. 내 주변과 내 안에서 무슨 일이 생길지 모르기 때문이다.

크리스틴은 첫 번째 새 꿈을 꾸고 자신이 어떤 의미로 '죽을' 것이라는 걸 알았다. 실제로 1천 킬로미터 밖에서 일어나서 크리스틴에게 영향을 끼칠 일과 관련된 예언적인 꿈이었다. 그리고 크리스틴이 곧 영적으로 올라갈 것을 알리는 풍부한 상징체계도 있었다.

"기차를 타고 가면서 창밖을 보고 있었어요. 부엉이가 박쥐를 잡았어요. 박쥐는 또 다른 작은 새를 입에 물고 있었는데 그건 죽은 것이었어요. 부엉이가 차창 안으로 날아들어 와서 제 무릎에 앉았다가 죽은 새만 놓고 날아갔어요. 그때 오른쪽을 보니 복도 바닥에 있는 종잇조각에 손톱만 한 새끼고양이가 있었어요. 바로 저였어요. 그런데 어떤 여자가 다가오더니 고양이를 발로 꽉 밟고 지나가더군요. 고양이한테서 연기인지 액체인지 모를 넋이 흘러나오고 죽은 고양이는 점점 줄어들어서 없어졌어요. 그때 잠이 깼는데 정말로 밟힌 것처럼 아팠답니다."

쿠퍼에 따르면, "양면적인 부엉이는 지혜의 새이기도 하고 어둠과 죽음의 새이기도 하다"(1984, 124쪽). 크리스틴의 꿈에 나온 부엉이가 바로 그랬다. 간밤의 일로 크리스틴은 한동안 진수(眞髓)가 빠진 사람 같았다. 이 꿈을 신호로 크리스틴은 궁극적으로 더 많은 지혜를 얻도록 이끄는 힘을 따라갔다. 어두운 곳으로 떨어지는 내면의 여정에 나서게 된다.

몇 달 뒤에 꾼 꿈에서 크리스틴은 영적으로 성장하기 위해 노력하고 그에 책임을 져야 한다는 걸 알았다. 당시에 일상생활에서 급격한 변화를 겪었기에 현실에 관한 꿈인 줄 알았다. 나중에 가서야 현실의 변화는 더 깊은 영혼의 변화를 일으키는 촉매였다는 사실을 깨달았다. 현실의 삶과 영적인 삶은 연결되어 있지 않던가. 다음의 꿈을 꾼 다음 크리스틴은 정말로 그렇게 노력하게 된다. 금전적인 비용도 따랐다. 크리스틴은 이 꿈에 '큰 새장'이라는 이름을 붙였다.

"답답할 정도로 조그마한 새장에 작은 새가 들어 있었어요. 그렇게 조그만 데 갇혀 있다니, 새가 너무 불쌍했어요. 그래서 돈을 모아서 더 크고 깨끗한 새장을 사 주기로 했지요. 그 새장은 높이가 1미터도 채 안 됐거든요. 높이는 1.8미터 정도 되고 너비는 지금 것의 세 배가 되는 새장을 골랐어요. 더 깨끗하고 주위에 다른 새들도 있고, 전망도 좋았어요. 지금 있는 새장 옆에는 짐승들밖에 없었어요. 새가 짐승하고 이야기할 수는 없는 노릇이지요. 120달러짜리였어요. 한 주일에 10달러씩 12주 할부로 하면 될 것 같았어요. 새장 이야기를 친구 메리에게 했더니 메리는 새 모이로 무얼 주는지 물었어요. 새한테 뭘 먹여야 하는지는 한 번도 생각해 본 적이 없었지요. 그러고 나서 새장을 보니 전의 주인이 모이를 주던 나무판자 같은 것이 있더라구요. 창피했어요. 하지만 어찌되었든 새가 더 넓은 공간에서 조금이라도 더 자유롭게 지내도록 해 주는 것이니 그걸로 위안을 삼기로 했어요."

크리스틴은 꿈을 꿀 당시에는 왜 메리가 새 모이에 신경을 쓰는지 몰랐다. 메리가 어떤 친구냐고 물어봤더니 영혼의 변화와 성장을 피하지 않고 감당한 강인한 여인이라고 했다. 크리스틴은 무의식적으로 메리를 자신의 자아의 일부로 여기고 있었다.

이제까지 자아의 그런 모습을 성찰한 적이 없었던 크리스틴도 앞으로는 메리처럼 강해져야 했다. 그나마 세상이 자신을 지탱해 주었으니 크리스틴은 운이 좋았다. 그때는 어디를 가든지 비좁은 새장에 갇힌 것 같아서 '더 큰 새장'으로 나가고 싶었다. 그러나 더 넓은 곳으로 간다 해도 완전한 자유는 없고 계속 갇혀 있어야 했다. 분명히 구속은 필요했다.

아직 영적인 변화는 하지 않았으나 현실에서 변화했을 때 세 번째 새 꿈을 꾸었다. 집단 무의식이 크리스틴에게 이 꿈을 보여 주어 영적인 힘을 되찾아야 한다는 걸 깨닫게 했다. '천둥새'라는 제목이 붙은 꿈이다.

"들판을 가고 있는데 저보다 훨씬 더 큰 독수리가 제 주위를 맴돌았어요. 무서워서 기도했어요. 계속 따라오는 새를 보니까 아즈텍 사람들이 그린 독수리 그림이 생각났어요. 천둥새처럼 깃을 쫙 세운 독수리요. 아주 힘이 센 새일 거예요. 그러다가 길에서 어떤 독수리 그림을 그려 놓은 종이쪽지를 줍고 집으로 가려고 했어요. 그런데 어떤 사람이 나타나서 그 종이가 자기 것이라 고 했어요. 종이에 표시를 했다면서 그 표시를 보여주고 가져갔어요. 그 사람은 가져가면서 그 쪽지가 2만 달러 정도 된다든가 하는 말을 하면서 내일 시내에서 만나자고 했어요. 그러면서도 몇 시에 어디서 만나자는 말은 안 했기 때문에 정말 만나려는 것인지 아닌지 알 수 없었어요."

이 꿈을 꾼 일 년 뒤부터 크리스틴의 삶은 더 크게 변했다. 그리고 또 꿈을 꾸었다.

"딸아이와 함께 물을 건너야 했어요. 딸한테는 말이 있었어요. 딸애가 둘 중 한 가지 방법으로 말이 물을 건널 수 있다고 했어요. 꽤 큰물이었어요. 그런데 우리가 끌어 주어야 할 것 같은 수레가 있었어요. 수레 안에는 독수리가 있었는데, 그 독수리는 수레 뒤쪽으로 날아가지 못하게 붙들려 있었어요. 새는 계속 날갯짓을 하면서 달아나려고 했어요. 수레가 어디로 가는지는 몰랐어요. 하지만 무슨 일을 만날지 모르니 독수리가 퍼덕이는 것은 힘만 빼는 짓이었죠. 아주 힘이 센 녀석이었어요. 날개가 까맣고 아주 컸어요."

이맘때는 그전까지 지냈던 곳과 좋았던 사업을 뒤로 하고 고향으로 돌아와야 했다. 돌아와야 할 이유는 많았다. 그러나 돌아와서도 무엇이든 월급을 받는 일을 해서 돈을 벌어야 했다. 그 당시 크리스틴이 받았던 갇힌 느낌과 좌절을 꿈이 기가 막히게 잘 표현한 것이다. 그러나 이때는 운명이 크리스틴을 위해 다른 계획을 마련했는지, 그녀를 다른 곳으로 데려갔다. 그저 잘되리라 믿고 되는 대로 흘러가는 수밖에 없었다.

2년 뒤에 다섯 번째 꿈을 꾸었다. 제목은 '자유를 찾은 까마귀'였다.

"굽이치는 나선형 길을 내려가고 있었어요. 다른 사람들은 다 반대로 올라가기만 해서 이상했어요. 그런데 반대쪽 오른편에서 시끄러운 소리가 들렸어요. 누가 어떤 큰 새를 잡으려고 소란을 피웠어요. 새는 까마귀였는데 그 사람한테 다시 잡히지 않고 날아올라갔어요. 그런데 새장이 날아와서 까마귀를 덮치는 거예요. 하지만 까마귀는 보란 듯이 새장 뚜껑을 쪼아서 부수고 다시 달아났어요. 얼마나 시원하던지요. 그런데 멀리서 또 우당탕 하는 소리가 났어요. 이번에는 왼쪽이었는데, 어떤 여자가 무언가 좋은 날을 맞은 듯했어요. 풍선을 날리고 음악을 연주했어요. 옆에 있던 사람한테 저 분 오늘 무슨 날이냐고 물었더니 '무슨 날 같으냐?'라고 되물었어요. 아마 결혼하는 것 같았어요. 그러다가 아까 잡힐 뻔했던 새 생각이 났고, 궁궐 같은 어떤 저택이 눈에 띄었어요. 거기는 사방에 커다랗고 하얀 고양이들이 있었어요. 그 고양이들이 까마귀랑 어떤 관계인지 잘은 몰랐지만 아마 그 새의 다른 모습인 것 같았어요. 고양이 한 마리는 임금님 침상에 누워 있었어요. 다 좋은 고양이 같아서 마음이 놓였어요."

까마귀 하면 죽음을 떠올리는 문화권이 많다. 까마귀의 출현은 세상에서의 일을 마감한다는 징조이고 그리하여 '죽음의 신'으로 여기기도 한다. 까마귀는 예언을 하고 전쟁을 경고할 때도 있다. 그러나 꿈꾸는 사람에게 변화가 일어나거나 영적인 탐색의 길을 떠날 때 꿈에서 곧잘 까마귀를 볼 수 있다. 조셉 캠벨은 자신이 이야기로 엮은 에스키모 신화 『천의 얼굴을 가진 영웅(The Hero with a Thousand Faces)』을 통해 그러한 때에 등장하는 영웅적인 까마귀를 소개한다.

크리스틴도 꿈에서 비슷한 경험을 했다. 크리스틴은 까마귀를 보았지만 흔히 생각하듯이 흉조라 여기지 않고 자신이 무엇인가에서 벗어나 자유를 얻을 징조로 알았다. 까마귀가 새장에 다시 갇히지 않고 자신의 힘으로 자유를 찾은 것이 기뻤다. 연금술 같은 변화가 있는 것인지, 크리스틴은 결혼식에도 까마귀와 고양이가 연관되었으리라 생각했다.

크리스틴의 첫 번째 꿈에서는 죽은 새가 크리스틴의 무릎에 떨어지고 나서 새끼고양이가 밟혀 죽었고, 마지막 꿈에서는 고양이 떼가 풀려난 까마귀와 관계가 있다. 흥미로웠다. 크리스틴이 무슨 뜻인지 알 수 없는 부분은 있었지만 자신이 꿈의 뜻을 알든 모르든 무의식에서 어떤 일이 일어난다는 것쯤은 알았다. 잠에서 깰

때 문득 좋은 일이 생길 것 같다는 느낌이 들었다. 그것이 중요한
점이었다.

요약

영혼의 여정을 나타내는 꿈속의 새는 의미가 강
하다. 여러분이 세상에서 참된 자신의 모습으로 사는지 그
렇지 않은지를 새가 말해 준다. 고대 이집트와 같은 여러 고대 문명이
따오기, 피닉스처럼 꿈에 나오는 새를 경건하게 보고 큰 비중을 두었다.
크리스틴이 잇달아 꾸는 꿈에서 새가 크리스틴의 영혼이 가는 길을 계
속 비추었다. 아주 의미가 강한 꿈들이었다.

크리스틴은 좋지 않은 일로 트라우마를 겪고 몇 년 동안 '죽은
곳'에 갇힌 것처럼 지내다가 새가 나오는 꿈을 처음 꾼다. 이 꿈에
서는 자신이 보잘것없었고 짓밟힌 듯했지만 부활을 예감했다. 그
녀는 이때 자신의 영적인 면을 의식하고 영혼을 가꾸기 시작한다.
그러나 두 번째 새 꿈에서 나타난 것처럼 아직 자신의 힘을 믿지는 못
한다.

두 번째 꿈의 독수리(크리스틴의 힘)는 가고 싶지 않은 곳으로 끌려간
다. 세 번째 꿈에서 마침내 새가 해방되고 하얀 고양이들과의 통합을
이룬다. 이렇듯 꿈에 나오는 새를 통해 영혼을 통찰할 수 있을 뿐만
아니라 앞을 가로막는 장애를 헤아릴 수 있다.

12장

꿈속의 음식

하나님이 편협한 시각과 뉴턴의 잠에서
우리를 지켜 주시기를…….

—윌리엄 블레이크

　조(Jo)가 사과를 베어 먹는 꿈 이야기를 하지 않았더라면 음식 이야기는 넣지 않았을 것이다. 조는 꿈에서 사과를 베어 물 때 그 거대한 사과가 자신의 내면의 힘과 관계가 있으리라 생각했다. 꿈에서 깰 때 아주 기분이 좋았다고 한다.

　이 꿈이 자신의 삶에서 정말 중요한 일이라 생각한 것이다. 나는 그 이야기를 듣자마자 인간 영혼의 여정에서 가장 강력하고 중요한 상징체계가 사과에 있다는 걸 알았다. 여자의 상징 이브가 금단의 사과를 맛보고 남자의 상징 아담에게 주었을 때 인간은 무의식으로 가는 여행을 떠났다. 그 사과를 먹고 나서 인간은 선과 악, 빛과 어둠, 남과 여를 포함한 인간 존재의 모든 영역을 탐구할 수 있게 되었다.

조는 이 꿈을 '사과 베어먹기'라고 했다.

"외계인이 쳐들어왔어요. 그 중 세 명은 아주 크고 엄청난 힘이 있었어요. 그 중 '정상'인 것 같은 어떤 여인이 다가와서 저와 춤을 추었어요. 그 여자가 제게 막강한 힘을 지닌 셋 중 둘은 차원이 높은 영혼의 소유자이므로 두려워하지 않아도 된다고 말했어요. 그게 중요한 점 같았어요. 다음 장면에서 부엌에 있었는데 그 여자가 농구공만 한 사과를 주었어요. 한 입 베어 먹었는데 그때까지 먹은 사과 중에서 제일 달고 맛있었어요. 다른 사람들도 맛을 볼 수 있도록 어떻게 하면 이런 사과를 기를 수 있는지 알려 달라고 했어요. 그런데 그때 밖에서 그 영적인 사람들이 숲으로 쫓겨 가는 소리가 들렸어요. 그 사람들은 어두운 숲속에 들어가서 제3의 눈에서 정신파(精神波) 광선을 내뿜었어요. 그 광선은 보호막이 되기도 하고 한편으론 추격자들을 볼 수 있도록 해주었어요. 덕분에 마음이 놓이더군요."

조는 이 꿈을 꾸고 자신에게 있는 내면의 지혜를 좀 더 잘 들여다볼 수 있게 되리라 생각했다. '제3의 눈'이 지켜 주었으므로 위험을 걱정하지 않게 되었다. 꿈을 통해 내면의 삶을 들여다볼 수 있으면 직관적인 지혜를 얻을 때가 많다.

금단의 열매 사과에는 양면이 있다. 지식, 예지, 지혜, 다산, 사랑, 기쁨을 상징하는가 하면 기만과 죽음의 상징이기도 하다. 역사상 가장 의미가 강한 태고적 이미지가 담긴 원형의 상징으로 사과는 수많은 신화와 전설, 민담에 두 가지 의미를 모두 지니고 등장한다. 백설공주는 독사과를 먹고 잠이 들어 100년 동안 깨어나지 못했다.

안데르센은 이 이야기에서 영적인 죽음과 부활을 아름답게 그렸다. 마녀 계모는 백설공주에게 독사과를 먹여 공주가 더 나은 존재로 변신할 수 있는 싹을 잘라낸다. 그러나 진실한 사랑이 마법에 걸린 공주의 잠을 깨운다. 그리스 신화에서도 사과는 승리, 강건, 불사의 중요한 상징이다.

사람은 먹어야 살 수 있다. 생존, 건강, 희락을 위해 먹는 것이 빠질 수 없다. 음식은 몸, 감정, 지성, 심령이라는 인간의 네 존재의 생존, 건강, 희락에 모두 필요한 것이다. 빵과 같은 기본적인 양식이 있어야 몸이 살아갈 수 있다. 꿈에서는 젖과 채소가 기본적인 양식의 상징으로 나올 때가 많다. 펠리시티는 이혼하고 나서 경제적으로 위기에 빠졌을 때 다음과 같이 채소를 기르는 꿈을 여러 번 꾸었다.

"꿈에서 크기가 2미터나 되는 감자를 보았어요. 이 감자만 있으면 한동안 버틸 수 있겠구나 생각했어요."

그런가 하면 케이크는 사치스러운 음식이다. 18세기에 마리 앙투아네트는 프랑스 백성이 왜 봉기했는지 몰랐기 때문에 단두대에서 목이 잘렸다. 왕비는 백성이 얼마나 곤궁한지 전혀 몰랐기에 "빵이 없으면 케이크를 먹으면 되지 않나요?"라고 천진난만하게 되물었다고 한다. 어머니에게서 억압된 부정적인 메시지를 받은 다이안은 다음의 꿈을 들려주었다.

"다시 아이가 된 저는 학교에서 집으로 돌아가는 길이었어요. 집에는 동생이 있었는데 집안이 지저분했어요. 먹음직스러운 크림케이크 한 접시가 있었지만, 저한테는 그런 집안 꼴이 숨 막히도록 싫기만 했어요."

스텔라가 꾼 케이크 꿈에는 다른 메시지가 들어 있다.

"건포도랑 땅콩이 든 초콜릿케이크를 샀어요. 저는 케이크가 아주 마음에 들었는데 빵집 점원이 내키지 않는 듯이 케이크를 줬어요."

이 꿈은 상징을 고정시켜서는 안 된다는 것을 보여준다. 상징은 저절로 여러 가지 모습으로 뻗어 나가도록 내버려 두어야 한다. 꿈에 음식이 나올 때 생각할 질문을 보자.

⤳ 생존에 필요한 기본적인 양식이었는가?
⤳ 그렇다면 감정, 지성, 심령에 필요한 것이었는가?

- 맛이나 상태가 어떠했는가?
- 다른 사람과 나누어 먹었는가?
- 여러분이 음식을 마련했는가 아니면 다른 곳에서 받았는가?
- 꿈에서 원형의 메시지를 받았는가? 알은 전 세계적으로 생명의 잠재력을 나타내는 심원한 상징이다. 자궁과 같은 것이며 탄생, 불사가 알로 표현된다. 과일은 먹고 사는 문제를 해결한 사람들이 누릴 수 있는 풍요이며, 창조와 다산을 상징한다. 이런 이유로 성공을 가리킬 때 '열매를 맺는다'고 한다.

마리온은 저서를 완성하고 출간을 앞두었을 때 다음의 꿈을 꾸었다.

"푸르고 잎이 무성한 망고나무를 보았어요. 크고 작은 열매가 다 같은 높이에 달려서 덩어리같이 되어 있었어요. 제가 보고 있자니 큰 것, 작은 것 모두 익었어요. 푸른 망고가 노랗게 익는 것이 눈에 보였죠. 완전히 노랗게 익은 것은 못 보았지만 제 느낌에 아주 빨리 익는 것 같았어요."

꿈에서 과일이 나올 때는 다음 질문이 도움이 된다.

- 무슨 색이었는가? 붉은색은 사랑, 욕망, 다산을, 태양을 암시하는 오렌지색은 행운과 번영을 상징한다.

•)) 어떤 모양이었는가? 둥근 과일은 대지와 영속을 나타낸다. '북아프리카에서는 대추야자는 둥근 모양과 열매가 많이 나는 점 때문에 생명과 결실을 상징한다고 여긴다. 대추야자는 남성의 생식력을 표상한다[브루스-미트포드(Bruce-Mitford), 1996, 48쪽].

•)) 열매를 만졌을 때 어떤 느낌이었는가?

•)) 얼마나 컸는가? 포도같이 작았는가 아니면 수박처럼 큰 과일이었는가?

•)) 씨가 있었는가? 석류와 같이 씨가 많은 과일은 다산을 상징한다.

요약

음식이 나오는 꿈을 꾸었다면 그 의미는 개인적일 수도 있고 태고적 이미지가 담긴 원형일 수도 있다. 꿈을 꾸었을 당시의 생활수준에 따라 사는 데 반드시 필요한 양식이 나올 수 있고 기호식품이 나올 수도 있다.

생활고에 허덕이던 펠리시티는 꿈에서 채소만 보고도 안정된 생활을 할 수 있겠다고 안심했고, 삶이 공허했던 다이안에게는 맛있는 케이크도 별 감동을 주지 못했다. 망고 꿈을 꾼 마리온은 조만간 성공할 것을 알았다. 조의 꿈에 나온 사과는 원형의 의미가 있는 것으로서 조가 학업을 계속하도록 격려해 주었다.

13장

꿈속의 건물

꿈에 천막이 나오면
정착하지 못하고 떠돌아다녀야 한다는 의미다.
삶의 터전을 어디에 잡는다 하더라도
잠깐일 뿐이고 뿌리를 내리지 못한다.

—볼

　건물은 여러분의 활동, 몸에 관한 것이나 여러 수준의 의식을 나타낸다. 건물의 용도 또한 단서가 된다. 자신이 사는 집의 꿈을 꾸는 사람은 대부분 그냥 집이라고만 생각하지만, 그 집을 하나의 은유로 보면 지금의 경험이나 발전에 대해서 무엇인가를 알려준다고 생각할 수도 있다.

　꿈에서 자신의 집을 볼 경우, 만일 집 그 자체를 보여주는 꿈이 아니라면 여러분 자신과 여러분이 살아가고 있는 모습을 알 수 있다. 이러한 꿈을 몇 번 꾸다 보면 건물의 의미에 대해서 조금씩 감이 온다. 꿈 일기를 쓰는 사람이라면 꿈의 내용이 변하는 것을 한눈에 볼 수 있어 진전이 더욱 빠를 것이다. 다음과 같은 건물의 상징을 알고 출발하자.

◀)) 법정 : 판단력

◀)) 박물관 : 기억, 또는 과거에 했던 활동과 생각

◀)) 공장 : 창의성

◀)) 도서관 : 지식을 얻는 능력

◀)) 교회 : 영적인 면

◀)) 천막 : 불안정 혹은 자유를 향한 열망

◀)) 소방서 : 다스려야 할 정열과 에너지

◀)) 쇼핑센터 : 에너지와 생각의 교환

건물에는 기능에 따라 여러 가지 방이 있으며 이 방들은 사람 몸의 부분과 그 기능에 대응한다. 부엌과 식당은 먹는 곳, 침실은 자는 곳, 거실은 잠을 자고 여가를 즐기는 곳이다. 복도, 계단, 문은 여러 방을 연결한다. 피터는 다음과 같은 꿈을 꾸고 과거의 생각을 정리해야 한다는 걸 깨달았다.

"부모님 집에 들어갔는데 갑자기 오토바이 한 대가 지나가다가 방향을 틀더니 우리 집으로 들어왔어요. 순식간이어서 어떻게 해야 할지 몰랐어요. 오토바이를 타고 온 사람은 제가 손보던 천장을 살펴보았어요. 그때 천장에 새 페인트를 막 칠한 참이라 끈적끈적했지만 면이 평평하게 잘 마를 것 같았어요. 제가 수리한 넓은 부분(큰 장방형), 좁은 부분이 다 보였어요."

건물의 여러 층은 인간 의식의 여러 층에 대응한다. 다락방이나 맨 위층은 영혼, 거실은 의식, 지하실은 무의식을 나타낼 때가 많다. 여러분의 성격이나 인간관계는 창이 닫혀 있는지, 잘 닦였는지, 문은 닫혀 있는지, 잠그거나 자물쇠를 채웠는지, 천장에서 비가 새는 곳은 없는지, 화장실은 깨끗한지 등 꿈에서 집이 어떤 모습인지로 표현된다.

융은 집에 층이 있는 것에 착안하여 집단 무의식 이론을 세웠다. 융은 낯설 수도 있고 익숙할 수도 있는 곳으로 집을 기술했다.

꿈에 나온 건물과 그 세부가 어떤 모습인지를 보고 자신을 알 수 있다. 다음의 질문을 생각하자.

⫸ 건물의 용도는 무엇이었고 어떤 모양이었는가?
⫸ 건물의 상태는 어떠했는가?
⫸ 건물 안에 있었는가, 밖에 있었는가?
⫸ 건물이 몇 층이었는가?
⫸ 건물 안에 있었다면 몇 층에 있었는가?
⫸ 정원과 정원으로 가는 길이 있었는가?
⫸ 입구의 상태는 어떠했는가?
⫸ 안에서 밖을 내다보는 창은 어떤 창이었는가?
⫸ 완공된 건물이었는가 혹은 짓고 있는 중이었는가?
⫸ 방을 연결하는 복도가 있었는가?
⫸ 내부에 마감이 덜 돼 손을 더 봐야 하는 방이 있었는가?

- 천장, 바닥, 벽의 상태는 어떠했는가?
- 문이 눈에 띄었다면 어떤 점에서 그러했는가?
- 방이 많았는가?
- 드러나지 않도록 입구를 숨긴 방은 없었는가?
- 오래된 건물이었는가?

꾼 꿈을 회상하면서 여러분에게 떠오른 질문을 추가할 수도 있다. 나는 오랫동안 꿈에서 건물과 정원에 관심을 기울였다. 집을 보고 그때마다 처한 상태와 문제를 돌아볼 수 있었다. 다른 사람과 함께 살고 있으면 꿈에서 그대로 나올 수 있고, 그 사람과 헤어지면 꿈속의 집 풍경도 바뀐다. 펠리시티는 결혼 생활을 끝내기 전에 집이 나오는 꿈을 여러 번 꾸었다. 당시의 결혼 생활을 보여주고 곧 닥칠 이혼을 예고하는 꿈이었다. 다음은 그 꿈 중 하나이다.

"꿈에서 우리 집은 모래밭처럼 아주 약한 기초 위에 있었어요. 비가 많이 왔을 때 곧 무너지겠구나 했어요. 보고 있는 동안에 정말로 무너졌어요."

펠리시티는 이혼하고 나서 2년 뒤에 다음의 꿈을 꾸었다.

"기둥 위에 함석지붕이 덜렁덜렁 얹혀 있었어요. 무너진 집의 잔해였지요. 살던 집은 다 날아가 버렸어요. 사람들은 그래도 그 기둥이 튼튼해서 거기에다 다시 집을 지으면 된다고 했어요."

몇 년 뒤에 다음의 꿈을 꾼 펠리시티는 헤어진 끝난 관계는 이제 잊고 자기 자신의 일에 신경을 써야겠다고 마음먹었다.

"어떤 사람이랑 같이 길을 가고 있었는데 그 사람이 말했어요. '저 분이 어머니 아니세요? 많이 닮았네요. 나이가 들면 어머니처럼 되실 것 같아요.' 보니까 어머니였어요. 저희 집으로 오시는 거예요. 그래서 청소를 했어요. 화장실에는 스테이크 조각이 있고 그 바닥에는 오줌이 고여 있었어요. 부랴부랴 씻어내는데 어머니가 (화장실로) 들어오시지 뭐예요. 어쩔 줄을 몰랐어요. 거실 탁자에는 또 빈 병이 수두룩했어요. 머리가 어지러웠어요. 그 사람들이 우리 집을 난장판으로 만들어서 치우는 게 보통 일이 아니었어요. 우리 집을 아주 무시하는 사람들이었어요."

펠리시티는 위의 꿈을 통해서 자신의 일뿐만 아니라 물려받은 일도 마저 정리해야 한다는 걸 알았다. 결국 두 가지를 구별할 수 있게 되었다. 위의 꿈을 보면 펠리시티가 무력감과 절망에 사로잡히는 듯하지만 몇 달 뒤에 꾼 다음의 꿈에서는 이 힘든 과제를 상당히 많이 해결한 듯 보인다.

"아주 오래되고 큰 오픈하우스에 있었어요. 지저분했어요. 모르는 사람들이 들어와서 자기 집인 양 행세했어요. 샌드위치를 만들 었는데 어떤 아줌마가 와서 자기 거라면서 먹는 거예요. 다른 사 람들은 무얼 하든 내버려두고 저는 깨끗이 치우고 정리하기나 해 야 할 것 같았어요. 싹 청소하고 나니까 기분이 한결 나아졌어요. 부엌을 보니까 아까 그 아줌마가 빵 두 개를 남기고 갔더군요."

몇 년 동안 꿈 일기를 꾸준히 쓴 펠리시티는 화장실을 씻어내 는 것처럼 집을 청소하는 꿈에서 중요한 상징이 있다는 걸 알았 다. 마지막 꿈에서는 피해 의식을 던져 버리고 자신의 것을 되찾 았다. 적극적으로 행동하고 노력한 덕에 빵 두 개라는 보상까지 받지 않았던가. 로빈이 꾼 집 꿈은 펠리시티와 달랐다. 당시 로빈 의 내면을 상징하는 것은 단순한 모양으로 지은 티피(역주 : 아메리 카 원주민의 천막집)였다. 로빈의 꿈을 보자.

"무슨 일인가를 할 만한 곳을 찾아 돌아다녔어요. 그런데 여기 저기가 막 어질러져 있어서 다니기가 힘들었어요. 그러다가 어떤 티피 안에 다른 세 사람하고 같이 있었어요. 둘은 남자, 하나는 여자였는데 내면을 적나라하게 보여주려는 듯이 벌거벗고 있었 어요. 세 명이 같이 티피를 걷는 일을 도와 주었어요."

펠리시티는 당시 부지가 넓은 곳에서 지내고 있었는데, 그곳에 는 전에 살던 사람이 들어가서 명상을 하던 티피가 있었다. 로빈은 단순하고 자연스럽게 살고 싶었는데 티피의 간단한 모양이 그것을 상징했다. 주변은 평온했지만 그때 로빈의 삶은 혼란스러웠다. 티피가 어떤 점에서 장애가 되고 있었다.

위의 꿈은 티피를 걷어 버리고 정말 도움이 되는 것을 찾으라는 말을 하고 있었다. 그리고 정말 실제로 펠리시티는 티피와 평화롭던 그 주변을 버리고 내면의 평화를 찾아 떠났다.

볼(Ball)은 꿈에 천막이 나오면 다음과 같은 뜻이라고 한다.

"정착하지 못하고 떠돌아다녀야 한다. 어디에 자리를 잡는다 하더라도 잠깐일 뿐이다. 뿌리를 내리지 못한다." (2000, 468쪽)

로빈이 스스로를 돌이켜 보자, 자신의 꿈에 나온 천막에도 바로 그런 의미가 있었다. 뿌리내릴 곳을 찾아야 했다. 외부로부터 보호받아야 내면도 안정될 수 있을 것 같았다. 유연하고 자유로우면서도 차분하게 살 수 있는 곳을 찾아 계속 떠돌아다녔다.

꿈에서 보듯이 로빈은 무슨 일에 부딪치든 열린 마음으로 안정을 찾아야 했다. 다음의 꿈에서 오픈하우스를 지으면서 로빈은 열린 마음과 믿음으로 새 출발을 하는 기분을 느낀다.

"막 뼈대를 세운 집에 있었어요. 아직 골조만 있고 천장에도 뼈대만 있는 채 지붕은 얹지 않았어요. 집은 직사각형이고 천장이 높았어요. 전에는 남편 찰스랑 같이 살았지만 이제는 여기가 제 집이었어요. 비가 올 거라고 해서 허름한 판자 아래라도 잠깐 비를 피할 곳을 찾았더니 뜻밖에 아주 따뜻하고 아늑했어요."

바이올렛은 그맘때쯤 직장에서 큰 스트레스를 받아 왔으며, 남편과는 이혼할 판국이었다. 법원에서 재산 처분 판결이 나오기 전에 다음의 꿈을 꾸었다.

"저는 큰 3층짜리 집에 살고 있었는데 천장에 금이 갔어요. 지붕이 서서히 내려앉아서 그 아래층 방들에서는 문이 열리지를 않았어요. 3층짜리 콘크리트 덩어리가 무너진다고 생각하니 아찔했어요. 옛날 저택이어서 채광창이 크고 넓은 접대실이 있었는데, 거기 있으면 집이 무너져도 다치지는 않을 것 같았어요."

통찰력이 있던 바이올렛은 나중에 받은 법원 판결과 이 꿈을 바로 연결시켜 꿈 일기에 적었다.

"넓고 확 트인 접대실은 피상적인 나를 가리키는 듯했다(여러 층이 아님). 원래 튼튼하고, 집이 무너지더라도 안전할 것이었다. 창이 있고 천장에는 스테인드글라스 채광창까지 있어(!) 밝고 바람이 잘 통했다. 위험한 곳은 안쪽에 있는 방들이었다. 방 위의 천장에 금이 간 것이 건물의 구조상 위험하기 때문에(내면 자아에서 뛰쳐나오거나 들어가는 것), 천장에 금이 가는 것은 곧 나의 근본이 쪼개지는 것을 의미하므로 훨씬 더 끔찍한 일이었다. 온갖 걱정과 스트레스, 세상의 무게가 '자아'를 내리눌렀고 내 신경은 곧 끊어질 것만 같았다. 바깥세상이 험할 때는 자기 자신에게서 안식을 찾기 마련이지만 나는 나 자신이 두려웠다.(자살하려는 생각은 없었다. 꿈속에서 무너지는 집처럼 심신이 아주 불안할 뿐이었다). 영혼이 아무리 큰 고통을 받더라도 내 안에 들어가 문을 걸어 잠그는 최후의 수단을 쓸 수 있었건만 지금은 그것도 여의치 않았다. 스트레스를 너무 오래 받아 문제가 생겼기 때문에 그 꿈을 꾼 것 같았다. 거기에 연구하던 것과 앞으로 받을 판결 걱정도 한 몫한 것이다. 3층짜리 콘크리트가 언제 무너질지 모르는 안쪽의 방으로는 가지 않고, 평온한 접대실에 틀어박히는 시간이 많아졌다. 연구는 하지 않았다. 집 안쪽에서 해야 하는 일은 아무것도 하지 않았다. 친구들을 불러다 정원 같은 곳에서 놀기만 할 뿐 두려움을 환기시키는 곳으로는 걸음을 떼지 않았다. 그러나 해결할 방법은 곧 찾아졌다."

교회

교회처럼 예배를 드리는 곳은 중요한 원형 중 하나이다. 꿈에서 교회에 다녀온 사람은 무엇인가 심원한 경험을 한 듯하다. 심리학자이자 미술치료사인 섀넌이 그러한 꿈을 꾸었다. 꿈에서 교회를 본 뒤로 창의성이 더 풍부해졌다. 몇 년 뒤에까지 섀넌은 이 꿈이 자신이 성숙하도록 하는 것과 관련이 있다는 사실을 알았다.

"국립공원 같은 곳에 가면 맨땅을 밟지 말라고 소나무 원목으로 통로를 깔아 놓았는데, 그 통로를 따라 늘어선 양쪽 벽감에는 그림이 들어 있어요. 한 화가가 어떤 주제나 미술 사조를 모티브로 그렸는지 그림 체계를 살필 수 있어요. 모두 아름답고 눈에 흡족했어요. 힘이 있는 곳이었어요. 벽은 두꺼웠고 벽감도 그림이 적당하게 들어가도록 잘 파 놓았어요."

요약

건물이 나오는 꿈에서는 여러분이 하는 활동, 건강, 정서적·심리적 안녕과 더불어 의식의 여러 층이 표현된다. 누군가가 어떤 일을 하고 있으면 의식이 그 일에 맞는 건물을 상징으로 하여 꿈에 보여준다. 소송에 휘말린 사람은 법정이, 학업 중인 사람에게는 강의실이 나온다. 집이 나오면 탈 없이 잘 지내는지를 혹은 주위와의 관계를 돌아보라는 것이다.

펠리시티가 연속으로 꾼 꿈이 그러한 것이다. 결혼 생활을 보여준 첫 번째 꿈에서는 '모래밭처럼 아주 약한 기초 위에' 세운 집이 곧 무너졌다. 펠리시티는 부모에게서 일그러진 자아상을 물려받았다. 한 번도 바로잡지 못했던 그 자아상이 두 번째 꿈에서 나왔다. 세 번째 꿈에서는 주변을 깔끔하게 정리했다. 피터의 꿈도 비슷했다. 피터는 역시 부모로부터 물려받은 부정적인 생각까지 떨쳐 버릴 수 있었다.

14장

꿈속의 의복

구멍은 공(空)이며
깊은 것과 높은 것을 함께 상징한다.
땅에 있는 구멍은 여성의 생식력을 나타내며
속이 빈 모든 것과 상징체계를 함께한다.

—쿠퍼

옷을 입는다는 건 보여주고 싶은 것을 보여주고 감추고 싶은 것은 감춘다는 인간의 의식을 투영한다. 사회·경제 수준, 가치관, 시대상, 개인적인 패션 취향, 개성이 풍부한지 빈약한지, 기분, 직업 등을 옷을 통해 볼 수 있다.

특별한 장소에선 무슨 옷을 입어야 하는지를 사회적 규약으로 정해 놓았기 때문에 어떤 자리에서 그에 어울리지 않는 복장과 마주치면 거북하다.

기준에 맞추어 그때그때의 유행에 따라 무난하게 입는 사람이 있는가 하면, 기준에 얽매이기 싫어서 혹은 개성을 표현하기 위해 독특하게 입는 사람도 있다. 옷으로 치부를 가리고, 추위나 더위에서 보호를 받으며, 경우에 따라 재해나 사고를 면하기도 한다.

옷을 어떻게 입었는지 보고 그 사람을 평가한다. 개인 무의식도 꿈에서 옷을 통해 자신과 다른 사람을 정말로 어떻게 생각하는지 깨닫게 해준다. 반대로 다른 이에게 어떻게 보이고 싶은지, 저렇게 비치고 싶지는 않다는 이미지도 알려 준다.

그러므로 꿈에 나오는 옷은 곧 우리의 페르소나, 즉 세상에 보여주고 싶은 얼굴이라고 할 수 있다. 에드가 케이시는 꿈속의 옷이 그 사람의 의식을 표상한다고까지 말했다.

옷 꿈에서는 다음의 것들을 살펴보자.

⋙ 특수한 목적이 있는 옷이었는가?
⋙ 그렇다면 몸을 보호하는 옷이었는가 혹은 무엇인가를 보여 주는 옷이었는가?
⋙ 몸 일부를 드러냈거나 완전히 벌거벗었는가?
⋙ 벌거벗었다면 부끄러웠는가 아니면 편안했는가?
⋙ 옷은 어떤 소재였는가?
⋙ 특정한 목적이 있는 옷을 입었는가? 수영복은 물, 즉 감정과 관련이 있고 소방관복은 불꽃 같은 정열과 관련이 있다.
⋙ 여러분의 가치관, 처세 태도를 나타내는 옷을 입고 있었는가? 성직자들이 쓰는 모자는 종교를, 챙 있는 모자는 그 사람의 마음과 사고방식을 나타낸다. 발을 보호하는 신발은 세상에서 안전하게 다닐 수 있게 해주며 외투와 장갑은 추위를 막아 준다.

·»》 낡은 옷이었는가, 새 옷이었는가? 새 옷은 여러분의 이미지가 바뀌거나 새로운 역할을 맡는다는 의미이고, 낡은 옷을 입었다면 이미지를 쇄신하고 생활방식을 바꿀 필요가 있다는 걸 나타낸다.

·»》 성별이 있는 옷이었는가? 이성의 옷을 입었다면 이성의 역할이나 자질을 얻을 것이라는 뜻이거나 자신의 어떤 면을 바꾸어야 한다는 걸 암시한다.

·»》 헐렁하거나 조이지 않고 옷이 몸에 맞았는가?

·»》 요즘 사람들이 입는 옷이었는가, 다른 시대, 다른 문화의 옷이었는가?

·»》 과거 다른 시대의 옷이었다면 여러분이 그 시대, 그 문화와 관계가 있다는 의미이다. 어떤 이들에게는 전생을 뜻하기도 한다.

·»》 꿈속의 상황에 맞는 옷을 입었는가?

·»》 그 옷을 입고 있을 때 기분이 어떠했는가?

·»》 꿈에서 옷의 색, 촉감, 디자인이 중요한 요소였는가?

·»》 그렇다면 어떤 색, 촉감, 디자인이었는가?

펠리시티는 이혼하기 6주 전에 다음의 꿈을 꾸었다.

"집 한가운데 크고 깊은 구멍이 났어요. 제 까만 슬랙스까지 옷가지들이 그 구멍으로 빨려들어 갔어요. 저 옷을 다 잃어버리면 무얼 입어야 하나 깜깜했어요."

펠리시티는 이 꿈을 꿀 당시 체중이 늘었다. 바지 중에 맞는 옷은 까만 슬랙스밖에 없었다. 입을 옷이 없어서 외부 위험에 그대로 노출될 것이 두려웠다. 펠리시티의 페르소나가 큰 변화를 겪을 것이라는 조짐이기도 했고, 변화가 왔다.

펠리시티는 극렬하게 '자신을 버렸다.' 이제까지 세상에 자신의 모습으로 보여주던 가면은 더 이상 쓸 수 없었다. 펠리시티의 정체성은 몇 년에 걸쳐 극적으로 바뀌었다.

흥미롭게도 쿠퍼는 구멍을 다음과 같이 이야기한다.

"구멍은 공(空)이며 깊은 것과 높은 것을 함께 상징한다. 땅에 있는 구멍은 여성의 생식력을 나타내며 속이 빈 모든 것과 상징 체계를 함께한다." (1984, 83쪽)

펠리시티는 이혼하고 나서 쇠약해졌다. 철분이 너무 많이 떨어진 것이었다. 그런데 철분이 떨어진 것을 알기 전에 원기를 회복하리라는 꿈을 꾸었다.

"다시 20대로 돌아가서 미니스커트와 재킷으로 된 빨간 투피스를 입었는데 기분이 아주 좋아졌어요."

몇 년 뒤 펠리시티는 또 다른 꿈을 꾸고 아직 더 비워야 하는 자아가 있다는 걸 깨달았다. 혹은 자신에 대한 인식을 바꾸어야 하는지도 몰랐다.

"버스를 타고 어디로 가고 있었는데 멀리 가지 않아 트렁크에서 물건을 꺼낼 일이 생겼어요. 열어 보니까 온통 쓸데없는 것밖에 없었어요. 순전히 옛날 옷뿐이고 입을 수 있는 걸 찾을 수 없었죠. 웬 철사 옷걸이가 들어 있지 않나, 정작 입을 것이 없어서 다시 집으로 가고 싶었지만 그럴 수는 없었어요. '왜 어젯밤에 짐을 싸 놓지 않았을까? 왜 싸지 않아도 된다고 생각했을까?' 하는 후회만 들었어요."

첫 번째 꿈을 꾸고 몇 년 뒤에 두 번째 꿈을 꾸었다. 변화는 힘든 일이지만 하루아침에 오지 않고 오랜 시간이 걸린다는 의미이다. 펠리시티는 꿈 일기에 다음과 같이 적었다.

"꿈을 꾸었을 때 첫 번째 든 생각은 새 출발을 하거나 변해야 한다는 것이다. 두 번째는 '잡동사니'를 치워야 한다는 것이다. 필요 없는 것은 다 버려야 한다."

펠리시티의 개인 무의식이 이 꿈을 통해 앞을 내다보게 해주었다. 펠리시티는 새 삶을 살아야 할 것이었다. 몇 주 뒤에 시골로 이사했고 그곳에서 자연과 친해졌다.

그러나 실재적으로나, 감정적으로나 철저하게 준비를 하고 나서야 이사할 수 있었다.

조는 다음의 꿈에 나온 옷을 통해 자신의 영혼에 대해 알고 자신이 무엇을 바랄 수 있는지 알게 된다.

"위험에서 벗어나려면 영혼을 끌어안아야 한다는 걸 알았어요. 큰 얼음 조각이 녹고 있었어요. 나중에 물을 마시려면 지금 얼음이 녹지 않게 해야 했어요. 그때 어떤 아가씨가 달라이 라마에게 드리려고 만든 것이라면서 옷을 몇 벌 보여 주었어요. 하나를 골라서 찬찬히 살펴 보았어요. 푸른색이 섞인 금색이었는데 정말 멋있었어요. 다음 순간 달라이 라마가 그 옷을 입고 있었어요."

파멜라 볼(Pamela Ball)은 '꿈에 구루(역주 : guru ; 종교적 지도자, 선승, 도사)가 나오면 무의식의 지혜가 나타난 것이다'라고 했다 (2000, 216쪽).

마이라는 다음 꿈에서 위험으로부터 자신을 지키기 위해서는 무슨 옷을 입어야 하는지 알게 되었다.

"커다란 뱀이 쫓아왔어요. 손녀가 이상한 말을 하니까 뱀이 지나쳐 갔어요. 누구냐고 물었더니 자기는 '밝은 빛'에서 온 사람이 아니라 자유를 상징한다고 했어요. 그러다가 제가 날고 있었어요. 무슨 일을 하고 있었는데 어떤 남녀가 도와주었어요. 남자는 머리가 없는데 담배를 피우고 있었죠. 여자에게 이상하다고 했더니 다른 여자가 도우러 왔어요. 저는 보라색 카디건을 입고 처음에 저를 도왔던 여자는 붉은 카디건을 입었어요. 새로 온 여자의 옷도 보라색 카디건이었어요. 그 여자에게 이 일을 하려면 아주 진한 보라색 옷이 있어야 한다고 말해 줬어요."

이 꿈은 마이라에게 왕관의 색이자 '이마 차크라'(편집자 주 : 제3의 눈이라고도 하며, 양 눈썹 사이의 특정 부위.)의 색이며, 영성과 보호를 의미하는 색인 보라색 옷을 입으라고 한다.

꿈에 나오는 신발은 탈것과 마찬가지로 꿈을 꾸는 이가 삶의 여정을 얼마나 잘 헤쳐 나가는지를 보여준다. 실비아는 다음 꿈에서 자기 신발을 보고 무엇인가가 잘못되었다는 걸 깨닫는다.

"처음에는 크레이그랑 같이 어떤 성 같은 곳에 있었어요. 아마 저택이었을 거예요. 다음에는 야자나무 다섯 그루 밑에 저 혼자 앉아 있었어요. 집에 갔지만 우리 집은 날아가 버리고 없었어요. 큰 그릇 하나랑 담요만 남았고 저는 갈 데가 없었어요. 어떻게 할지 막막했는데 그 다음에 갑자기 제가 우아한 부인으로 변하여 다른 부인과 이야기를 하고 있었어요. 그 부인은 제게 신발만 아니면 더 우아해 보일 거라고 했어요. 제 신발을 보니 정말 너덜너덜하더군요."

실비아는 꿈 일기에 신발은 바꾸어야 하는 어떤 패턴을 나타낸다고 기록했다.

요약

꿈에서 여러분이나 다른 사람이 입은 옷에 관심을 갖고 보게 되었다면 그때 어떤 기분이 드는지 생각해 보자. 꿈에서 입은 옷이 마음에 든다면 세상에 보여주는 여러분의 모습에 만족한다는 뜻이다. 옷을 너무 많이 입거나 덜 입지는 않았는가? 참신한 디자인을 입었는가 아니면 유행을 따라가는 옷을 입었는가? 입을 옷이 없어서 곤란하지는 않았는가?

펠리시티는 변화를 겪을 때 까만 슬랙스가 구멍으로 빨려 들어가는 꿈을 꾸었다. 꿈에서 입을 옷이 없다는 것은 과거의 자기가 죽어서 새로운 정체성을 만들어야 한다는 의미이다. 조는 달라이 라마가 입은 옷이 마음에 들었다. 조는 달라이 라마처럼 되고 싶었지만 쉽지 않았다. 꿈에서 '정말 멋있는' 옷을 입은 사람은 조가 아니라 달라이 라마였던 것이다.

15장

탈것과 여행

크게 꿈꾸고
대담하게 살라.

—프랑크 징기스

　케이시는 이혼하기 전에 몇 가지 꿈을 꾸고 그 중대 사건에 대비할 수 있었다. 별거와 이혼을 하기 전에 기록한 다음의 꿈은 예언몽으로 앞으로 닥칠 이별을 상징하는 것이었다.

　"아이들을 데리고 기차를 타러 갔죠. 남편 알렉스를 떠나기로 결심했거든요. 기차는 좀처럼 올 것 같지 않았지만 결국 왔어요. 짐을 싣고 타기가 너무 힘들었어요. 정말 꿈 같은 일이라서 믿기지가 않았지만 기차는 출발했어요."

　정확히 이 꿈대로 되었다. 알렉스에게 헤어지자고 말하기까지 몇 년이 걸렸고, 절차를 밟아 이혼하기까지 또 7개월을 기다려야 했다. 그 고통스러운 7개월 동안 남편과 케이시는 초현실적인 곳에 함께 있는 듯했다. '꿈 같은 일이라서 믿기지 않았다.'

기차

앞의 꿈에서 케이시의 무의식이 '기차'라는 상징으로 나타나 그녀 삶의 여정을 보여준 것이 흥미롭다. 무의식이 만든 탈것의 상징을 보면 문제의 상황이 어떻게 전개될지 알 수 있다. 기차는 정해진 선로로만 가고, 역에 정차해야만 내릴 수 있다. 기차 꿈에선 흔히 자신이 승객으로 나오지, 기관사가 되는 사람은 별로 없다. 기차는 자동차같이 쉽게 컨트롤할 수 없는 특성이 있고, 곧 숙명을 상징한다. 알렌도 이혼하기 2주 전에 이와 비슷한 꿈을 꾸었다. 알렌이 붙인 이 꿈의 제목은 '달리는 기차에서 크리켓 하기'였다.

"달리는 기차에서 크리켓 시합이 벌어졌고 제가 심판이었습니다. 투수가 복도를 따라 공을 던지면 타자가 치는 식이었죠. 경기를 하기에는 주변상황이 별로 좋지 않았습니다. 기차에는 사람이 많았고, 선수들도 넘치는 짐에 묻혀서 공이 안 보인다고 야단이었습니다. 기차는 많은 요트들이 경주를 하는 물길을 건넜는데, 설상가상으로 저는 그 경주의 심판도 보아야 했지요. 그러는 중에도 기차는 멈추지 않고 계속 앞으로만 달려갔습니다."

알렌은 이혼과 같은 힘들고 복잡한 일을 해야 한다는 뜻이라고 이 꿈을 해석했다. 아주 혼란스러운 일이었지만 컨트롤할 수 있다고 생각했다. 여러 가지 일로 정신이 없었지만 갈 길로 가고 있는 것 같았다. 기차는 방향을 틀지 않고 계속 앞으로 가지 않았던가.

그리고 머지않아, 이혼하기 사흘 전에 다른 꿈이 찾아왔다. 제목은 '에밀리와 함께한 기차 여행'이었다.

"기차 꿈을 또 꾸었습니다. 저는 열여섯 살 난 딸 에밀리를 데리고 다른 사람 차에 타고 있었습니다. 누가 운전하는지는 몰랐지만 멜버른 교외로 보이는 곳에 내려서 기차를 타고 집으로 가도록 해주었습니다. 기차를 타려면 긴 커브길에서 기차를 밀어야 했는데, 반쯤 밀었을 때 기차가 옆으로 쓰러지면서 저희를 칠 뻔했습니다. 출발하려는 다른 기차가 또 있었습니다. 사람이 많이 몰리기는 했지만 그 기차에 올랐습니다. 자리가 딱 두 개 남았는데, 2인승 차 좌석 같았습니다. 새로 탄 사람들이 다 그 자리에 앉으려고 몰려들었지만 결국 저희가 차지했고 기차는 출발했습니다."

알렌은 11일 전에 첫 번째 꿈을 꾸고 일기에 적은 뒤로 무엇인가 중대한 변화가 일어날 거라고 생각했다. 이 꿈의 의미는 먼저 꿈보다 더 분명했다. 알렌은 딸을 데리고 여행하면서 딸과의 관계를 회복하는 것이 관심사였다. 딸과의 사이가 처음에는 위험할 정도로 아주 좋지 않지만, 두 번째 꿈에서 두 개만 남은 좌석에 딸과 같이 앉을 수 있었기에 다시 함께한다는 의미였다. 중대한 변화는 바로 그것이었다.

꿈을 꾼 때가 이혼을 한 시기였으므로 기차가 혼란과 난관을 상징한다고 생각할 수 있지만, 이제는 분명히 좋아졌다.

자동차

꿈에서 인생 여정을 보여주는 탈것으로 차가 나왔다면 무슨 의미일까? 차는 기차와 달리 도로만 있으면 어디로든 갈 수 있고 마음대로 방향을 바꿀 수 있다. 길을 잘못 들더라도 별 탈 없이 돌이킬 수 있다. 기차같이 많은 사람들 틈에 끼어 타지 않아도 좋다. 차는 신체를 상징하기도 한다. 꿈에 나오는 차는 기차와는 그 의미가 많이 다르게 해석된다.

다음의 질문을 통해 차에 탄 꿈에서 여러분의 여정과 심신의 상태를 살펴볼 수 있다.

-))) 누가 운전했는가?
-))) 여러분은 승객이었는가?
-))) 같이 탄 사람은 누구였는가?
-))) 차가 얼마나 빨리 달렸는가?
-))) 불안하지 않았는가?

꧰⟫ 차에서 내릴 수 있었는가?

꧰⟫ 내리고 싶었는가?

꧰⟫ 타이어, 브레이크 같은 차의 상태가 어떠했는가?

꧰⟫ 무슨 색이었는가?

꧰⟫ 도로 상태는 어땠는가?

꧰⟫ 목적지까지 갈 만큼 연료가 있었는가?

꧰⟫ 도로에 장애물은 없었는가?

꧰⟫ 도로에 신호등이 있었는가? 있었다면 무슨 색이었는가?

다음은 펠리시티가 이혼하기 몇 년 전 꾸고 기록한 꿈이다.

"남편 사이먼과 함께 차에 탔고 제가 우리 동네 길에서 운전을
했어요. 갑자기 도로 끝까지 끔찍한 장애물이 나타났어요. 길 끝
에는 물이 있었어요. 조심조심 차를 몰아서 끝까지 가기는 했지
만 무서워서 혼났어요."

꿈에서 펠리시티가 운전을 했다. 따라서 이혼하자는 말은 펠리
시티가 해야 하는 걸 암시했다. 펠리시티는 앞으로 넘기 어려운
장애물이 많을 것이고, 그것 때문에 힘이 부칠 거라는 걸 이 꿈을
통해 알았다. 펠리시티의 꿈은 앞날이 오랫동안 어두울 것이라는
걸 보여주었다. 꿈이 예견한 대로 펠리시티가 이혼 이야기를 꺼냈
고 힘겨운 장애물이 많이 생겼다. 이혼을 하고 나서도 오래도록

펠리시티는 어두운 나날을 보내야 했다.

버스

펠리시티는 남편과 헤어지기 몇 달 전에 다른 꿈을 꾸고 이혼의 전조를 보았다. 이번에 무의식이 꿈에서 보여준 탈것은 버스였다. 다음은 펠리시티의 기록이다.

> "제가 탄 버스가 가파른 언덕을 총알같이 내려갔어요. 갈라진 곳이 많고 여기저기 깊이 패인 길이었지만 버스 기사는 마치 편편한 길을 가는 것처럼 막 달렸어요. 지금 멈추거나 천천히 가면 더 위험하다고 하면서 속도를 늦추지 않았어요."

정말로 이혼을 하게 되자 펠리시티는 괴로워서 미칠 것 같았다. 삶이 손에서 빠져나가는 것 같았고 되는 대로 흘러가는 수밖에 없었다. 돈은 떨어졌고 감정도 닳았고 몸도 약해졌다. 그래도 계속 가야 했다. 이전의 삶으로 돌아가고 싶었지만 그럴 수는 없었다. 이번 꿈에서는 버스가 상징으로 나왔다. 버스도 기차처럼 사람이 많이 탄다. 펠리시티의 별거와 이혼 또한 많은 이들에게 영향을 끼쳤다. 또 기차에서처럼 보통 승객이 되어, 운전사처럼 우리가 손 쓸 수 없는 요소들이 도와주어야 안전하게 목적지까지 갈 수 있다.

제이미는 펠리시티와 다른 버스 꿈을 꾸었다. 아버지가 돌아가시기 한 달 전에 열여섯 살 된 제이미가 꾼 다음의 꿈은 아버지를 잃고 나서 겪을 불안을 알려 준다.

"버스에 탄 것은 기억나지 않지만 바퀴만 금속이고 나머지는 다 누비로 된 버스에 타고 있었어요. 누비는 부드러웠는데 무늬가 없는 하얀 색이었어요. 차체 벽, 바닥은 얇은 누비였지만 좌석은 쿠션이 있고 튼튼했어요. 다른 사람은 아무도 누비 버스라는 것을 몰랐어요. 바닥이 꺼져서 땅에 닿을까 봐 불안했어요."

트럭

트럭이 나오는 꿈은 그 느낌과 의미가 여러 가지이다. 도로를 힘차게 달리는 트럭은 어떤 사람들에게는 힘을 표상한다. 나는 삶이 고단할 때 트럭 꿈을 꾼다. 내 꿈에서 트럭은 육중하고 거추장스럽고 시끄럽지만 힘이 세다. 나는 트럭을 운전해본 적이 한번도 없다. 만일 트럭을 몰고 좁은 내리막길을 내려가라고 하면 정말 겁이 날 것이다. 과중한 스트레스와 혼란으로 버거웠던 시기에 다음의 꿈이 그걸 훌륭하게 표현했고, 극복할 수 있다는 희망을 안겨주었다. 다음이 내 꿈이다.

"트럭으로 좁은 내리막길을 가고 있었다. 어디로 가는지 알 수 없었다. 경찰이 차를 세우더니 전조등을 살펴보았다. 그리고 무슨 불을 켜는가 싶더니 갑자기 환해졌다. 햇빛이었다. 앞에 도로가 보였다. 순탄한 길이었다."

꿈에 나오는 경찰은 보다 높은 차원의 지혜로운 자아이다. 이 자아는 여러분이 마음만 먹으면 여러분을 인도하고 보호할 수 있다. 내면의 경찰이 무의식의 불을 켜서 앞에 있는 도로를 비추어주었다. 당시에는 난관을 이겨낼 자신이 없었기 때문에 이 불빛만으로도 큰 힘이 되었다. 거기다가 순탄한 길이었으니 더 든든했다. 사실 이 꿈에서 중요한 것은 트럭이 아니라 전조등을 켜지 않았다는 사실이다.

다른 것으로 갈아타기

꿈속에서 다른 것으로 바꾸어 타는 수도 있다. 이는 변화가 임박했다는 걸 나타낸다. 로빈은 진지하게 고려하여 뉴사우스웨일스에 정착하기로 계획하고 나서 빅토리아로 가기 전에 다음의 꿈을 꾸고 '방향 전환'이라고 이름 붙였다. 그리고 몇 주 뒤에야 꿈의 의미를 알았다.

"다른 사람을 판단하길 좋아하던 캐릭터로 기억 속에 남아 있던 콜린이 자기 집으로 데려다 달라고 했어요. 하지만 그 동네가 변해서 내가 길을 찾지 못하자 콜린은 킬킬거렸어요. 전 차를 돌릴 만한 곳을 찾아다녔어요. 그러자 콜린이 말했어요. '멍청하긴! 어떻게 돌리려고 그래?' 그리고 보니 차가 오토바이로 바뀌어 있었어요."

로빈은 이 꿈을 꾸고 석 달 뒤에 또 이사를 했다. 꿈에는 이사를 한 간단한 방법까지 나와 있다. 로빈에게 오토바이는 경쾌하고 깨끗하며, 더 바랄 것 없는 자유였다. 오토바이는 차가 갈 수 없는 곳도 갈 수 있다. 꿈에서 차 대신 오토바이를 탄 것처럼 짐을 줄이면 이사를 할 수 있을 것이다. 빅토리아로 돌아갈 때 짐은 아주 조금만 지녔고 자리를 잡을 때까지 가구는 보관 회사에 맡겼다. 꿈에서 본 대로 간편하게 움직이는 것이 중요했다. 이 주제는 다음의 꿈에서 더 자세히 나온다.

"아직 차에 타면 안 되었지만 급했기 때문에 탔어요. 브레이크가 말을 듣지 않았어요. 가파른 언덕길이 나왔지만 차를 세울 수 없어서 그대로 내려가다가 가까스로 풀밭에서 멈추었어요. 차를 거기다 두고 나왔어요. 나중에 보니까 차가 오토바이로 변했고 손 부분을 니트로 짠 베이비 점프가 두 벌 덮여 있었어요."

배와 기타 수중교통수단

꿈에 나온 배와 다른 수중교통수단은 다른 차원의 여정을 보여준다. 배가 물 위를 가르는 모습은 여러분이 삶의 여정에서 겪는 감정 변화를 나타낸다. 로빈이 '방향 전환' 꿈을 꾸고 정확히 2주 후에 무의식이 또다시 무사히 고향으로 돌아가리라는 것을 알려주었다. 꿈에서 멜버른 스트리트 디렉토리(Melways)가 중요하기 때문에 '멜버른으로 가는 길'이라고 이름을 붙였다.

"다른 사람 몇 명과 함께 바지 유조선에 타고 있었어요. 볼 수는 없었지만 배 밑에 바퀴가 있는 것을 알았어요. 승객이었지만 배가 어디로 가는지는 몰랐어요. 멜버른 스트리트 디렉토리, 멜웨이가 도움이 되리라는 말을 들었는데 옆에서 누가 큰 C타워를 보라고 했어요. '홈 센터'라는 뜻으로 '센터 링크'라고 했는데 지나가는 배가 다 그 탑을 보고 길을 찾았어요. 별안간 탁 트인 수로로 나왔어요. C타워는 보이지 않았지만 훤히 트인 물이었고 주위에 배도 몇 척 없었어요. 배 밑의 바퀴는 없어진 것 같았지만 이제는 힘들이지 않아도 인생이 제 갈 길로 갈 것 같았어요."

로빈은 멜버른에 가자마자 직장을 구했다. 처음에는 출근하려면 도심 한가운데를 가로질러야 했다. 거의 매일같이 시티 링크를 타고 멜버른 시내를 지나가야 했다. 일 년 반 뒤에 시골로 직장을 옮기고, 시끌벅적한 곳에서 떨어진 조용한 숲에 땅을 샀다. 꿈에 나온 '훤히 트인 맑은 물'은 로빈이 나중에 숲에서 누리는 평온을 암시해 주었다.

마리온은 책을 출간하기 전에 다음과 같은 꿈을 꾸었다.

"개인 유람선을 타고 있었는데 아주 멋졌어요. 맨 위층 갑판에 앉아 있자 사람들이 제 주위에 서 있었어요. 남자들이었던 것 같고 그 중에 제 아들 팀(Tim)이 있었어요. 구름 한 점 없는 날이었어요. 아무런 걱정도 없었죠. 누워도 되냐고 물었더니 괜찮다고 했어요. 그런데 육지 쪽으로 가야 할 것 같았어요. 배가 아주 빨리 가고 있었거든요. 제가 넘어지지 않는 것도 이상했고, 속도가 높아서 계속 파도에 세게 부딪힐 텐데도 배에는 충격이 없는 듯했어요. 돌아보니 배는 어느덧 바다에서 강으로 들어와 있었어요. 물결은 거칠었지만 여기서도 작게나마 부딪치는 느낌도 없었고 속도를 늦추지도 않았어요. 강을 거슬러 올라가는 이 배를 누가 조종하는지는 모르지만 정말 빨리 가는 듯했어요. 오히려 이제까지보다 두 배는 더 빠르게 항구로 들어갔어요. 육지가 휙휙 지나가는 것 같았죠. 배가 이렇게 빠른지 몰랐어요. 항구에서 오른쪽으로 커브를 돌았어요. 저는 계속 누워 있었기 때문에 괜찮을 것 같았지만, 속도 자체가 워낙 빨랐기 때문에 난간을 잡았어요. 약간 당기는 느낌이 들었을 때 놓았어요. 기분은 무척 황홀해졌어요."

마리온은 자고 일어나서 꿈을 잘 기억하는 사람이 아니지만 이 꿈은 너무 두드러져서 신경을 쓰게 되었다. 삶이 급격히 변할 것이라는 생각이 들었고 잘 적응할 수도 있을 것 같았다. 이제 곧 책도 나오리라는 걸 알았다.

비행기

꿈에 나오는 비행기는 그 속도, 꿈꾸는 이의 목표(운명) 등 보여주는 것이 많다. 하늘을 날기 때문에 우리의 생각을 반영하기도 한다(133쪽 참조). 낡고 부정적인 생각을 고치려던 에바는 다음의 꿈을 꾸고 말 그대로 자신을 뜯어고치게 된다.

> "배우 탐 크루즈와 함께 경비행기를 타고 위험한 곳에서 탈출하려고 했어요. 탐 크루즈가 조종을 했는데 이륙하고 나서 짙은 안개에 싸였어요. 아무것도 보이지 않아서 안개를 헤치고 잘 날아가리라고 기대하는 수밖에 없었어요. 이윽고 안개가 걷혔을 때 저는 비행기 안에 있지 않았어요. 탐 크루즈는 비행기로 공중제비를 했는데 산에 가까이 다가갔다가 부딪히기 전에 아슬아슬하게 기수를 돌렸어요."

에바는 당시 몇 가지 변화를 계획하고 있었기 때문에 이 꿈이 상징적인 것이라고 보았다. 탐 크루즈는 영화 〈탑 건〉에서 에이스 조종사로 나왔기 때문에 무의식이 그를 꿈에 데려온 것이 아닌가 생각했다. 이 꿈을 꾸고 나서 에바는 변화로 가는 길에 어떤 위험이 닥치더라도 잘 극복하리라는 자신이 생겼다. 이 꿈을 꾸고 나서 앞으로 어떻게 될지 잘 알 수는 없었지만, 자신이 생각한 바대로 간다면 문제를 헤쳐 나갈 수 있을 것이라는 믿음이 생겼다.

요약

여러분이 꿈에서 타고 가거나 바라보는 탈것은 그 종류에 따라 꿈을 꾸는 사람이 삶을 어떻게 사는지를 보여 준다. 보통 기차나 버스를 탔다면 숙명에 이끌려 가는 것을 의미하고, 스스로 운전할 수 있는 자동차를 탔다면 앞일을 손 쓸 수 있다는 뜻이다. 오토바이는 자유롭게 다닐 수 있지만 위험하기도 하다. 물을 가르고 나가는 배는 감정의 추이를 나타낸다.

꿈의 중요한 네 요소 중 공기와 관련이 있는 비행기는 목표를 향해 나갈 때 여러분이 하는 생각을 조명한다. 그러나 이것은 일반적인 경우이다. 누비 버스가 열여섯 살 된 제이미의 불안을 상징한 것처럼, 창의적인 무의식은 여러분에게 의미가 있는 것이라면 꿈에서 어떤 상징이라도 보여줄 수 있다.

16장

꿈속의 죽음

죽지 않으면 살 수 없다.
늙은 생명이 죽지 않으면 새 생명이 나올 수 없다.
죽음은 삶을 빼앗기는 것이 아니라
한 의식에서 다른 의식으로 옮겨가는 것이다.

―세크리스트

죽음은 변천의 상징

죽는 꿈을 꾸었다고 해도 정말로 죽는 것이 아니라 삶의 변천을 나타낼 때가 많다. 변화는 모두 죽음이라고 생각할 수 있다. 낡은 것이 없어져야 새것이 나오는 것이다. 두 사람이 결혼할 때도 독신으로 지낼 때의 생활 방식을 버려야 한다. 삶과 죽음은 떨어질 수 없다. 태어나는 것은 자궁 안에서의 삶을 마감하는 것이다.

꿈에서 죽음을 보았다면 장래에 도전이 있거나 혹은 새로운 것에 적응할 필요가 있다는 걸 나타내는 것이다. 생각이 바뀌거나, 사춘기에서 벗어나 성숙해지는 것처럼 성장의 어느 관문을 넘는 것을 의미하기도 한다. 죽음은 한 의식에서 다른 의식으로 옮겨가는 것을 일깨우기도 한다. 웨인이 2주 동안 세 번 꾼 꿈을 통해 이를 살펴볼 수 있다.

"첫 번째 꿈에서 가족과 함께 바깥을 걷고 있었어요. 누구누구 였는지 확실히 기억나지는 않지만 아버지와 아내는 그 중에 있었던 것 같아요. 건물로 들어가려 할 때 햇빛이 어두워졌다가 다시 밝아졌다가 하더군요. 무엇인가가 삼키는 것처럼 태양의 오른편 아래가 시커멓게 되었어요. 또 흑점이 생겨 한 군데를 가렸어요. 태양이 폭발하는 줄 알았어요. 두려웠지만 완전히 정신이 나갈 정도는 아니었지요. 어떻게 손을 쓸 수 없었지만 가족들에게 어두워지는 해를 보라고 말했어요."

웨인은 어떤 건물의 바깥에 있었다. 꿈은 웨인의 의식 단계에서 나왔으며, 그 건물은 웨인의 자아를 상징할 것이다. 웨인이 들어가려던 건물과 태양에 이 꿈의 상징이 있다. 태양은 의식적이고 활동적인 남성을 상징한다. 많은 신화에서 태양은 남자의 에너지이고 우주의 힘이며 여호와나 제우스와 같은 보편적 아버지 상(像)이다. 반면, 달은 여성적이다. 완전히 찬 보름달은 위대한 어머니이다.

해는 어둠의 비단뱀을 죽인다. 그러나 이 꿈에서는 그 어둠이 해를 먹는다. 여성적이고 무의식적인 면이 커진다는 뜻이다. 검은색은 여자의 직관을 나타낸다. 태양이 폭발할지 모른다는 것은 웨인의 정신에 급격한 변화가 일어나리라는 의미이다.

다가올 변화가 어떤 것인지 웨인은 모른다. 손쓸 수 없을 것 같아 불안하지만 '가족들에게 해가 어두워지는 것을 보라고 한 것'처럼 변화를 감당하고 다른 사람들을 도울 수 있게 된다는 걸 암시한다.

다음 꿈에 나오는 상징으로 웨인은 내면의 변화에 대비해 무엇을 해야 하는지 알게 된다.

"감옥이었어요. 폴 뉴먼이 죄수복을 입고 있었고, 어떤 여자가 소매가 긴 18세기 식 갈색 코르셋을 입고 있었어요. 둘 다 챙이 큰 모자를 쓰고 있었죠. 두 사람은 막 탈옥하려는 순간이었어요. 제가 폴 뉴먼이 되었어요. 역시 옛날식으로 입은 간수가 쫓아와서 도망갔어요. 여자는 절벽에서 떨어져 죽었고 저는 기차가 오는 철길로 냅다 뛰었어요. 그러고는 열차 맨 뒤에 매달린 덮개 없는 화물차에 올라탔어요. 무조건 탈옥해야 한다는 생각뿐이었죠. 열차 안에 이동식 화장실이 있는 것을 보고 들어갔어요. 드디어 탈옥에 성공했어요! 이 꿈에서는 내내 방관자 같은 느낌이었기에 두렵지는 않았어요."

이 꿈을 보면 웨인은 구시대적인 생각을 고수하고 있었던 것 같다. 아니면 자신을 표현하는 방법이 구시대적이었는지도 모른다. 그것이 바뀌었다. 몸에 꼭 끼는 18세기 말의 코르셋을 입고 챙이 큰 모자(생각)를 쓴 여자는 웨인의 아니마(내면의 여성성)나 또는 웨인이 여자를 대하는 태도가 바뀌어야 한다는 걸 암시한다. 꿈에서 폴 뉴먼으로 체험했던 것처럼 새로운 사람이 되려면 웨인이 품은 옛날 여성상(像)은 여자가 절벽에서 떨어져 죽었듯이 사라져야 한다. 화장실에 숨어 있다가 탈옥하는 것은 웨인의 구시대적인 태도나 이제까지 자신을 표현하던 방식을 버려야 한다는 걸 의미한다.

폴 뉴먼은 배우답게 탈옥하여 공개 무대로 나선다. 배우는 다양한 역할을 맡는다. 웨인이 폴 뉴먼으로 분한 것은 세상에서 좀 더 공개적인 역할을 하게 되리라는 것, 혹은 앞으로 내면을 더 밝게 드러내 보일 미래를 뜻한다. 웨인이 스스로를 가둔 감옥에서 탈출하고 태양의 흑점이 점점 커지는 것과 같이 직관적인(어두운) 내면을 양지로 끌어낼 때, 자신의 옛 모습을 버리고 거듭날 수 있을 것이다.

2주 뒤에 웨인은 마지막 꿈을 꾸고 변화(꿈에선 '죽음'으로 상징되었다)가 임박했다는 걸 알았다.

> "꿈 해설서를 들고 있는 사람을 만났어요. 해를 본 제 첫 번째 꿈이 무슨 뜻인지 물었어요. 어떤 꿈이었는지 자세히 말하지 않아도 그 사람은 아는 것 같았어요. 책을 찾아보더니 말했어요. '그것은 죽음에 속한 것이다.'"

가필드는 다음과 같이 말한다.

"꿈에서 누군가가 죽는 것을 보았다면 그 죽음은 보통 더 이상 제 역할을 하지 못하는데도 여러분이 계속 지니고 있는 것을 상징한다. 여러분의 어떤 부분이 활동하지 않고 죽은 것이다."
(2001, 42-3쪽)

이 말은 샌디가 기록한 다음 꿈에서도 분명히 나타난다.

"십대 여자아이 세 명이 도망치고 있었어요. 그 소녀들은 바다에 뛰어들어 헤엄을 쳤어요. 그 중에 제일 순진하게 생긴 아이가 깊은 물로 들어가기 겁이 났는지 물가를 맴돌았어요. 결국 다른 아이들을 따라 바다로 나갔지만 이미 늦었어요. 알 수 없는 폭발음이 들렸고 무엇인가가 그 아이를 잡아먹었어요."

샌디도 10대였을 때 순진무구하고 겁이 많았다. 그러나 겁 많은 어린아이의 모습을 벗고 어른이 되어야 했다. 샌디는 굳세게 마음을 먹고 나서야 비로소 바다, 즉 자신의 무의식에 뛰어들 수 있었다고 나에게 털어놓았다.

꿈에서 누가 죽었다면 다음의 질문을 생각해 보자.

⫸ 누가 죽었는가?

•⟫ 그 사람은 나에게 어떤 의미였는가?

•⟫ 어떤 사람이었는가?

•⟫ 죽는 것을 보고 마음이 어땠는가?

•⟫ 그 사람이 싫었는가 아니면 좋았는가? 그 이유는 무엇인가?

•⟫ 왜 그 사람이나 혹은 그것이 죽어야 하는가?

•⟫ 그 대상이 죽으면 나의 삶은 어떻게 달라질 것인가?

•⟫ 죽지 않고 계속 있으면 어떻게 될 것인가?

　여러분 안에 사라져야 하는 그 무엇이 있을 때, 게으르거나 모르거나 아니면 다른 이유로 죽이지 못하고 내버려 둘 때가 있다. 이때 꿈이 이 사실을 드러내는 덕분에 늦기 전에 조치를 취할 수 있다. 너무 늦은데다가 그 대상이 죽어버리는 꿈을 꾸었더라도 조치를 취할 수는 있다. 누구든지 그 사람을 이루는 각 부분은 각각의 에너지가 있고, 그 에너지는 죽지 않는다. 그러므로 꿈에 나온 사람이 죽었다면 추가로 다음의 질문을 떠올려 보자.

•⟫ 그 부분을 계속 활동하지 않고 쉬는 채로 두고 싶은가?

•⟫ 벌써 그 부분이 죽었는가? 그리하여 새 생명을 얻어야 하는가?

•⟫ 그것이 죽는 것을 볼 때 기분이 어땠는가?

•⟫ 신경을 쓰지 않으면 아주 중요한 부분이 죽을 것이라는 경고
　를 받았는가?

도린은 'CEO'라고 이름 붙인 다음의 꿈을 꿀 때 위의 질문을 생각했다.

"제가 쓰레기를 치울 때 누군가가 도와주었어요. 저는 빈 화분을 상자에 담고 그 사람은 트럭에 가구를 실었어요. 그때 어떤 CEO가 회사에서 집으로 성큼성큼 걸어서 퇴근하는 것을 보았어요. 왠지는 몰랐지만 제가 그 사람 집에서 그 가족한테 이야기를 하고 있었어요. CEO가 집에 와서 자동 유리문 앞에 섰어요. 그런데 가족들은 문을 열어 주지 않았어요. 그래서 뒷문으로 갔지만 그래도 열어 주지 않았어요. 그러고 보니 방에 감옥 창살이 있었어요. 이 집 식구(모두 여자)들은 어디 나갈 때면 CEO를 감옥에 가두었던 거예요. 창살 위에 내려서 덮씌울 수 있는 벽도 있었어요. 그 벽이 내려오면 그 안에 누가 있는 줄은 아무도 모르게 되었어요. 얼마나 가슴 아픈 일이었던지요! 그런데 그때 TV에서 그 부자(CEO)가 죽었다는 뉴스가 나왔어요. 다들 충격을 받았어요. TV에서 그 사람 집의 접대실이 나왔는데 제가 그 집에서 본 방이 아니라서 놀랐어요."

도린은 이 꿈을 꾸었을 때는 자기 회사 CEO가 아니라 자신이 부정하는 자신의 한 부분(감옥에 갇힌)이라고 여겼다. 그런 부분이 있다는 것을 도린이 인정하고 해방시키지 않으면 그 자아는 죽을 것이었다.

그러나 시간이 가면서 이 꿈을 일, 인간관계, 자신의 행동이 적극적일 때와 수동적일 때, 자신의 참 모습 등 여러 면에서 달리 해석했다. 의미가 여러 가지였으니 도린은 그 모순적인 남성 에너지가 죽은 것을 어떻게 생각해야 할지 알 수 없었다.

어찌 생각하면 그 에너지가 활동을 멈추어야 할 것 같고, 또 어찌 보면 그러면 안 될 것 같았다. 여기서 짚고 넘어가야 할 것이 있다. 우리가 꿈을 어떻게 해석하든지, 무의식은 그 의미를 올바로 알아내어 필요한 일을 한다는 것이다. 복잡한 꿈이 무슨 뜻인지 생각하느라 애쓰는 것보다 꿈이 흘러가게 내버려 두는 것이 좋을 때도 있다.

변천으로서의 죽음의 상징

변천으로서의 죽음의 상징은 태고적 이미지가 담긴 원형일 때가 많다. 배를 타고 물빛이 어두운 강을 건넜다면 스틱스 강(Styx River, 편집자 주 : 그리스신화에 나오는 이승과 저승의 경계를 이루는 죽음의 강)을 건너는 것이고, 피닉스(Phoenix, 편집자 주 : 불사조 ; 수백 년 동안 살다가 스스로를 불태운 뒤 그 재 속에서 되살아난다는 전설적인 새)가 나오는 꿈을 꾸었다면 불에 타 죽고 나서 다시 태어난다는 뜻이다.

검은색은 죽음이나 변천의 의식을 나타낸다. 검은 옷이나 커튼은 이제 삶에서 필요가 없는 부분은 사라져야 한다는 암시다.

다음의 꿈에서 이렌은 내면의 어느 단계에서 죽음의 경고를 받는다.

"바다에서 머리가 불쑥 솟아올랐어요. 그녀는 죽어 있었어요."

경고하는 꿈

꿈에서 죽음이 나오는 것은 인생의 변화를 알리는 경우가 대부분이지만, 어떤 위험이나 실제로 죽을 수 있다는 사실을 경고할 때도 있다. 역사적으로 유명한 사람들 중 자신의 죽음을 꿈에서 보았거나 다른 사람의 꿈을 통해 안 사람이 많다.

링컨은 침대 거울에 두 명의 자신이 비친 꿈을 꾸었다. 한 명은 건강한 모습이었고 또 한 명은 죽은 유령이었다. 꿈에서 경고를 들으면 걱정하지 말고, 그 꿈이 암시하는 게 상징인지 아닌지를 먼저 생각하자. 변화나 성장을 상징하는 꿈이라면 여러분을 그 방향으로 인도할 것이다. 웨인의 꿈이 그러했다.

그러나 경고를 말하는 꿈같다면 그 사인을 놓치지 말아야 한다. 그런 꿈에선 흔히 무언가 급박한 느낌이 들어 불안 속에서 잠을 깰 것이다. 나는 고맙게도 그런 경험이 많다. 몇 년 전에도 경고를 주는 꿈을 꾸어서 나는 물론이고 다른 사람들의 목숨도 여럿 구했다. 당시 나는 숲이 울창한 시골에 살고 있었는데, 그날 출근하기 전에 다음 꿈을 꾸었다.

> "큰 차를 운전하고 있었는데 갑자기 차가 제멋대로 갔다. 차가 여기저기 부딪치면서 차 뒤에 맨 줄이 끊어졌다. 그러자 뒤에 매달았던 것들이 다 쏟아졌다."

이 꿈 때문에 불안해서 그날 출근길에는 평소보다 더 조심해서 운전을 했다. 눈앞의 도로만 뚫어지게 보고 가느라 늘 감상하며 지나가던 양옆의 멋진 숲에도 눈길 한번 주지 않을 정도였다. 코너 한 군데를 돌 때 갑자기 캥거루가 한 마리 튀어나왔다. 하지만 천천히 가던 덕분에 무사했다. 반사적으로 핸들을 180도 꺾어서 캥거루와 부딪히지 않았다. 속력을 줄여서 가던 덕에 차가 미끄러져서 뒤집히는 일도 없었다. 만약에 조심하지 않았더라면 내 뒤에 차가 많았고 러시아워였기 때문에 여러 사람이 다치는 큰 사고가 날 뻔했다.

죽음의 준비

아직까지 사람들은 죽음이라는 화제를 터놓고 이야기하는 걸 껄끄러워한다. 당사자에게 무슨 말을 해야 할지 모르기 때문에 거북한 마음이 드는 것이다. 그래서 죽음을 앞둔 사람은 주위와 더 단절되곤 한다. 의사와 호스피스조차 죽는 이야기를 끄집어내기는 꺼린다. 생명을 살리고 조금이라도 더 오래 살게 해주는 데 의료행위의 목표가 있는 풍조에서 사람이 죽는 것은 곧 의술의 실패이기 때문이다.

의료인은 단지 의학지식만 배울 뿐이지 치료가 실패할 때 죽음을 앞둔 사람과 함께하는 법을 배우지는 않는다. 자신도 모르게 현대 과학과 공모하여 당사자에게 죽음을 교묘히 부정하도록 해서 환자가 자신의 삶을 되돌아볼 시간을 빼앗기도 한다. 당사자는 죽기 전에 풀고 가야 할 숙제들을 풀지 못하게 된다. 남는 사람들도 그 기회를 잃고 더 큰 슬픔에 빠지게 마련이다.

죽어가는 환자에게 무슨 꿈을 꾸는지 묻는 의사가 얼마나 있겠는가? 죽음을 목전에 둔 사람이 그 꿈을 이야기할 시간이 있다면 자신은 물론 주위 사람들에게도 모두 좋은 일이다. 서로 꼭 말해야 할 사연들을 털어놓아 이 세상 떠나기 전에 맺을 것은 맺고, 풀 것은 풀면 죽음에 대비할 내면의 힘도 얻을 수 있다.

앞서 이야기했듯이 누군가가 죽을 것이라는 사실이 알려지면 대화가 끊겨 관계가 소원해질 수 있다. 하지만 가족이 그 사람과 꿈 이야기를 나누면 그의 삶의 여정에 동참할 수 있고 관계는 다시 돈독해진다. 한편 죽어가는 사람의 가족도 자신의 꿈 이야기를 주변에 들려준다면 슬픔이 한결 줄어들 것이다.

애니는 삶이 꽉 막힌 것 같았다. 동생이 죽게 되었을 때 애니는 자신의 꿈 이야기를 하며 동생을 떠나보낼 마음의 준비를 하고 자신의 삶도 새롭게 열 수 있었다. 애니는 불치병에 걸린 동생 데이빗이 말기에 이르기까지 오랫동안 수발을 들어왔다. 죽어가는 동생을 보며 풀리지 않는 자신의 삶을 생각하면서 애니는 말할 수 없이 심한 마음고생을 했다.

애니와 나는 다음의 꿈을 실마리로 삼아 상담을 시작했다.

"제 애완 비단뱀 에미(Emmy)를 데리고 있는데 다른 뱀이 두 마리 나타났어요. 어미와 새끼 뱀이었는데 독사였어요. 이 독사들이 에미를 물려고 해서 제가 에미를 끌어당겼어요. 독사들 때문에 에미가 죽을 것만 같아서 방으로 뛰어가서 옷장을 열고 옷걸이에 걸린 하얀 가방에 에미를 넣었어요. 숨이 막히지 않도록 약간 틈을 벌려 놓고 그 독사 두 마리를 잡으러 복도로 나갔어요. 그리고 나서 두 마리를 다 잡아서 집 밖으로 풀어 주었어요. 그제야 마음 놓고 에미를 꺼내 줄 수 있었어요."

애니는 이 꿈에 대한 자신의 느낌을 다음과 같이 분석했다.

"에미는 데이빗을 상징하는데, 나는 데이빗에게 무슨 일이 일어나지 않도록 막고자 한다. 다른 두 뱀은 물론 죽음이다. 하얀 가방은 완전함이자 평화의 상징이다. 데이빗은 평화로운 곳에서 편안히 눈을 감아야 한다. 내가 이제까지 그 아이를 보살피지 않았으면 동생은 정신을 추스르지 못한 채로 벌써 허무하고 고통스럽게 죽었을 것이다. 하얀 가방은 독사들이 넘보지 못하는 높은 곳에 있었다. 데이빗도 그렇게 죽음을 이길 수 있을까? 꿈에 나온 집은 할아버지가 계시던 집같이 옛날 집이었다. 에미를 가방에 넣고 나온 복도는 길고 어두컴컴했고, 양탄자가 깔려 있었는데 벽에는 검은 나무판을 붙여 놓았다. 독사를 잡을 때 겁이 나서 용기를 내야 했다. 하지만 에미를 넣은 옷장은 환하게 밝았다."

이것이 애니가 처음으로 꿈을 기록하고 나에게 말한 내용이다. 처음 꿈을 기록하는 것 같지 않게 내용을 풍부하게 적었다. 애니의 무의식은 풍부한 상징으로 애니에게 일어난 일, 애니가 두려워한 일, 해야 한다고 생각한 일을 표현했다. 이 꿈은 애니가 세운 목표를 이룰 수 있다는 것도 보여주었고, 애니는 꿈을 꾸고 나서 마음의 그늘을 벗어던질 수 있었다.

유방암을 앓던 여성이 죽기 4주 전에 자주 꾸는 꿈이라면서 하얀 색과 검은 색 얼룩고양이가 자기 무릎에 안기는 꿈 이야기를 해주었다. 그 고양이 덕분에 꿈속에서 마음이 편안해지는 걸 느꼈다고 한다.

어떤 다른 분은 꿈에 자신이 지옥 문 앞에 있는 악몽을 꾸는 나머지 잠들기도 두렵다고 했다. 다행스럽게도 요양원에 함께 있던 사람 중 한 명이 기지를 발휘하여 가톨릭 신부에게 종부성사를 청하면 어떻겠느냐고 말했다. 도움이 됐는지 악몽에 시달리던 이분은 성사를 마치자마자 편안히 숨을 거두었다. 그가 꾼 꿈이 죽음에 대한 두려움을 표현했고, 평화로운 죽음을 맞을 기회를 마련해준 셈이다.

사별의 꿈

지인이나 사랑하는 사람을 잃은 뒤에 얼마나 슬플지는 알 수 없다. 둘 사이가 어떤 관계였는지, 또 얼마나 친했는지, 그 사람이 어떻게 죽었는지, 우리의 관계가 어떤 방향으로 변할 수 있었는지 등에 따라 다를 것이다. 다음과 같은 내용들이 꿈에 나오면서 감정이 정리된다.

⫸ 그렇게 맺어질 수 있었으나, 생전에 몰랐던 관계를 꿈에서 깨닫는 경우
⫸ 상충되고 불편한 감정을 정리한 경우
⫸ 꿈을 통해 그 사람의 죽음을 받아들인 경우
⫸ 그 사람 없이도 살아갈 각오를 한 경우

아홉 살 하신타는 증조할머니가 돌아가실 때 반대되는 두 감정 때문에 괴로웠다. 한편으로는 헤어지고 싶지 않았고 다른 한편으로는 새 삶을 찾아 떠나고 싶었다. 꿈에서 풍선이 날아가 버리는 걸로 하신타의 마음을 정리해 주었다. 다음은 하신타의 글이다.

"꿈에서 증조할머니를 뵈었어요. 풍선을 갖고 놀았는데 날아가서 잡으려고 달려갔어요. 그러다가 할머니를 봤어요. '안녕하세요' 하고 인사를 했는데 그 순간 할머니는 이제 안 계신다는 사실이 생각났어요. 너무 슬퍼서 엉엉 소리 내며 크게 울었어요. 무서웠지만 그렇게라도 뵐 수 있어서 좋았어요."

카트라이트(Cartwright)와 램버그(Lamberg)는 마가렛 게르느(Margaret Gerne)가 사별한 여인의 꿈 이야기를 모은 것을 기술한다(1992). 이야기는 세 가지 단계로 되어 있다. 첫 번째 단계에서는 꿈에 죽은 사람밖에 나오지 않고 슬픔은 커져만 간다. 두 번째 단계의 꿈에서는 다른 사람들도 나오고 '정리'가 되는 듯하다. 그러다가 드디어 꿈을 꾸지 않게 되었다. 한 사람의 사례이기는 하지만 보통 사람들도 이와 크게 다르지 않을 것이다.

중요한 사람을 잃거나 트라우마를 겪으면 마음에 큰 공백이 생긴다. 이 공백을 메우기 위해 자꾸만 그 당시로 돌아간다. '그때 약을 먹였으면 죽지 않았을 텐데'라든지 '오늘 아침에 내가 그 사람하고 마주치지 않았어도 그렇게 되었을까?' 하는 물음이 마음에서 떠나지 않는다.

죽은 사람의 기억을 정리하자면 꿈에서 생전의 모습을 모두 보게 된다. 그 사람의 모든 것이 꿈에 나온다. 그리고 두 번째 단계에서 다른 사람들과 섞이면서 조금씩 사라진다. 얼마나 가까운 사이였는지, 어떻게 최후를 맞았는가 하는 것에 따라 상실감이 다를 수 있고, 그에 따라 첫 번째 단계가 끝나는 시간이 달라진다. 그 상실감은 몇 년씩 갈 수도 있다. 꿈꾸는 사람이 이제는 세상을 떠난 사람 없이도 지낼 수 있게 되면 죽은 사람은 점점 꿈에 나타나지 않는다.

사별 후에 많은 사람이 꾸는 꿈

보통 죽은 이가 꿈에 너무 생생하게 나와서 아직 살아 있는가 할 정도이다. 떠나보낸 사람으로서는 마음이 편치 않지만 이런 꿈에는 다음과 같은 면도 있다.

"감정적인 안전밸브로서 무의식이 가슴 아픈 경험을 반복해서 꿈에 보여 준다. 그리고 나서야 정말 그 사람이 죽고 없다는 것을 받아들이는 것이다."(폰타나, 1994, 80쪽)

많은 사람이 꾼다고 하는 사별 후의 꿈을 보자.

·》 죽은 이를 찾아 헤매는 꿈
·》 그 사람이 점점 멀리 사라지는 꿈
·》 망자가 문을 넘어가서 작별인사를 하는 꿈
·》 고인과 함께 다시 사는 꿈

- 재나 흙이 나오는 꿈
- 빈 지갑
- 꿈꾸는 사람이 생기를 잃은 것과 같이 불이 꺼진 집이 나오는 꿈

하신타의 어머니 줄리도 자신의 할머니 같았던 법(Bub : 하신타의 증조할머니)을 여의고 꿈을 꾸었다.

"할머님(Bub)이 돌아가셔서 관에 누워 계셨어요. 갈색 관이었고 안쪽에는 사틴 같은 매끄러운 흰 천이 깔려 있었어요. 그리고 목까지 나무판자로 덮여 있었어요. 관은 바퀴가 달려 있었고 레일 위에 얹어 놓았어요. 할머님께 가서 말했어요. '오늘 스프링베일에 가요.' 그러자 할머님은 일어나 앉아서 말씀하셨어요. '내 생각은 안 해줘도 돼. 네 몸이랑 주변이나 신경을 쓰려무나.' 할머님은 아무렇지 않은 듯했어요. 장의사가 와서 모셔 갈 때 저 멀리 하늘에서 사람들이 손을 흔들고 손뼉을 치면서 할머님에게 빨리 오라고 했어요. 할머님은 그렇게 가셨어요."

할머님이 홀로 쓸쓸히 죽는 걸 두려워했기 때문에 줄리는 곁에 있겠다고 약속했다. 그러나 줄리는 할머님의 임종을 끝내 지켜드리지 못했다. 줄리가 병원에 도착한 때는 할머님이 돌아가신 지 4분이 지난 뒤였다. 자신도 어찌할 수 없는 일이었지만 임종을 못 지킨 사실 때문에 줄리는 다른 사람들보다 더 큰 슬픔을 겪었다.

하지만 할머님은 꿈에 나와서 괜찮으니까 주변을 돌아보라고 안심시켜 주셨다. 하늘에서 할머님을 기다리는 많은 사람들을 보고는 할머님이 외롭지 않으실 거라고 생각했다. 이 꿈을 꾸고 줄리는 편한 마음으로 자신의 삶을 이어나갈 수 있었다.

요약

자신이나 다른 사람이 죽는 꿈은 실제상황의 예시가 아니라 상징으로 나타날 때가 많다. 이런 꿈은 꿀 때마다 잘 생각해 보면 보통 꿈과는 분명 다를 것이다. 웨인은 이어지는 꿈을 꾸면서 자신의 낡은 부분을 버려야 한다는 상징이라는 것을 알았다. 샌디의 경우에 버려야 할 것은 두려움과 순진함이었다. 반면에 죽음을 경고하는 꿈은 보통 꿈과 달리 분위기가 긴박하다. 나도 꿈에서 경고를 받고 긴장한 덕에 사고를 피할 수 있었다.

당신 주변에 죽음을 앞둔 사람이 있을 때 당신 또는 그 당사자가 죽음과 관련된 꿈을 꾸었다면, 그 꿈에 대해 이야기하는 것이 커다란 도움이 될 수 있다. 당사자가 모종의 결심을 하는 기회를 만들어주기 때문이다.

예컨대 앞에 언급한 요양원의 남자는 자신의 꿈 이야기를 들려주고 나서 신부님께 종부성사를 받을 수 있었고, 그런 후에야 평온하게 죽음을 맞이했다. 마찬가지로, 사별 후의 꿈도 사랑하는 사람의 죽음을 받아들이고 고인의 자취를 차분히 정리하는 계기가 될 수 있다.

17장

꿈과 트라우마

꿈은
우리 삶에서 위기가 닥쳤을 때
더 빛난다.

—카트라이트와 램버그

트라우마는 심신이나 사회적 관계가 큰 위기에 빠졌을 때 받는 극심한 스트레스이다. 살인 사건을 목격하는 것처럼 외부의 트라우마이거나, 내가 죽을병에 걸리는 것처럼 내부의 트라우마이거나 간에 정신적 충격을 겪고 난 뒤에 오는 외상 후 스트레스 증후군(Post Traumatic Stress Disorder : PTSD)은 심각하다.

꿈속에서 당시의 고통스러운 기억이 후벼 파는 듯이 영화의 플래시백처럼 순간적으로 떠오른다. 이때는 평소에 꾸는 꿈보다 더 자주, 더 격렬하게 꿈을 꾼다. 악몽 같은 꿈들에서 끔찍한 장면을 보고 불안(역주 : 병적인 심리학적 불안)을 겪는다. 그 모습은 조금씩 바뀔지 몰라도 충격을 받은 일이 연상되는 장면이 계속 재연된다.

당사자의 나이, 트라우마의 정도와 지속 기간, 스스로 꿈에 대

비를 얼마나 잘하는지에 따라 트라우마 꿈의 내용, 강도, 빈도가
다르다. 카트라이트와 램버그의 기록을 보자.

> "참전 군인들은 외상 후 스트레스 증후군으로 꾸는 악몽 이야
> 기를 말로 할 수 있다. 그러나 어린 시절 성적(性的)으로 좋지 않
> 은 일을 겪은 사람들이 꾸는 악몽은 말로 잘 표현하지 못한다. 그
> 경험이 언어를 통한 기억력이 형성되기도 전에 겪은 것이기 때문
> 일 것이다. 꿈에서도 단편적인 기억만 나온다. 당시 일의 한 장면
> 만 나올 수도 있다."(1992, 186쪽)

트라우마가 오래 지속되고 너무 강렬하면 꿈을 꾸다가도 멈추
게 된다. 다시 꿈을 받아들일 준비가 될 때까지 우리 마음이 회
복되는 걸 기다리는 것이다. 홀로코스트 생존자들도 마찬가지여
서, 오랫동안 심리치료를 받고도 악몽을 꾸었다[아우어바움과 라웁
(Auerbaum and Laub), 1987]. 꿈에도 안전장치가 있는 것이다. 바꾸어
말하면 준비가 되었을 때만 악몽이 찾아오는 것이다. 이 준비라는
것이 꿈의 삶에서 아주 중요하다.

트라우마를 겪고 나면 그때까지의 자아 중 하나가 날아간 것처
럼 내면이 분열되는 듯하다. 어린아이도 예외가 아니어서, 나는
네 살배기 꼬마도 죽은 할아버지의 모습을 계속 그림으로 그리는
것을 본 적이 있다. 아이는 자신이 죽은 것 같았겠지만 나이가 어
려서 미처 그 느낌을 언어로 인식하거나 표현하지 못한 것이다.

융은 분열된 자아를 회복하기 위해서 트라우마 꿈을 꾸는 것이라고 했다. '충격이 완전히 가실 때까지' 조금씩 되풀이해서 보여주기 때문(1986, 47쪽)이다.

나는 트라우마를 겪은 환자를 만나면 꿈 이야기를 하라고 독려한다. 이유는 여러 가지이다.

⫸ 다른 사람에게 꿈을 이야기하면 고통이 줄어든다.
⫸ 이야기하는 중에 당시의 일 중 새롭게 깨닫는 것이 있을 수 있고, 그 덕분에 상상과의 괴리를 좁히게 된다.
⫸ 꿈이 좀 더 안전한 환경에서 만들어진다. 나만 그 일을 품지 않고 '저 밖에' 두고 객관적으로 보면 덜 무섭다.
⫸ 경험을 함께하는 사람이 생기므로 위로를 받는다.
⫸ 상담자로서 나 역시 환자가 치료 과정에서 어디에 와 있는지를 알고 참고할 수 있다. 환자의 악몽에서 나타나는 마음의 변화를 읽고 그 양상과 성질을 파악한다.
⫸ 폭력을 당한 경험에서 나온 트라우마라면, 꿈꾸는 이는 그 사실을 털어놓아 상상에서 힘을 얻은 자기 암시를 통해 가해자의 모습이 떠오를 때 받는 두려움을 극복한다. 꿈에서 가해자가 점점 작아진다고 상상할 수 있다.
⫸ 기억을 정리하여 해마의 재생을 촉진한다(253-4쪽 참조).

트라우마를 겪은 뒤 꿈 치료를 하는 목적은 당사자가 크게 상실한 셀프컨트롤을 회복하는 데 있다. 자기감정을 억제하고 조절하는 능력을 되찾으면 무력감에서 빠져나와 힘을 얻을 수 있다. 꿈을 꾸면서 내게 충격을 준 사건의 부정적인 의미를 버리고 새로운 의미를 재창조하여 긍정적인 것으로 바꿀 수 있다.

꿈은 통합의 신호

"무의식은 행동이나 성격이 변할 때 정신적·감정적인 안정을 유지하기 위해 꿈을 통해 감정을 분출시킬 뿐만 아니라 의식이 그 감정을 인식하도록 한다. (세크리스트, 1974, 36쪽)

트라우마 꿈은 아주 고통스럽지만 충격으로 깨진 자아를 통합한다는 신호이다. 만약 잠을 잘 자지 못하고 깨고 나서 꿈도 기억나지 않는다면 아직 트라우마를 대면하여 극복할 준비가 되지 않은 것이다.

반면, 상징으로 꿈을 꾼다면 어느 정도 충격에서 벗어났다는 뜻이다. 어떤 꿈에서는 그때의 일이 우스운 장면으로 나오기도 한다. 시모네는 트라우마를 겪고 나서 그걸 극복한다는 첫 신호로 우스꽝스러운 기계 거미가 나오는 꿈을 꾸었다.

"노란 타란툴라가 나왔는데 느낌밖에 기억나지 않아요. 저는 평소 거미를 무서워했지만 꿈에 나온 타란툴라는 왠지 무섭지 않았어요. 힘은 센데 고철같이 빡빡해서 잘 움직이지를 못했어요. 전에 이야기했듯이 제 아버지나 어머니와 있었던 일, 10대 시절과 20대 초반에 있었던 일의 응어리를 그 거미가 풀어 주었어요."

트라우마 꿈 치료의 다음 단계에서는 구체적으로 트라우마의 기억을 되살린다. 당시로 돌아가 너무 끔찍해서 무의식적으로 거부한 그 일을 다시 겪으면서 그 느낌을 그대로 또 느끼는 것이다. 세이지의 경우가 좋은 예가 될 것이다. 세이지는 네 살 때 신체적으로나 정신적으로 아버지에게 학대를 받고는 그 기억을 그냥 묻어 두었다.

그런데 살아가면서 그 기억이 떠올랐다. 세이지는 아주 예쁘고 재능이 있었지만, 자존감이 떨어지면서 다른 사람들을 따라가지 못하게 되었다. 딸아이가 네 살 생일을 맞던 무렵에 드디어 세이지는 그때의 꿈을 꾸었다. 세이지는 묻어 버렸던 끔찍한 기억을 피하지 않고 대면했고 자아를 되찾았다. 세이지의 꿈을 보자.

"꿈에 수지(제일 친한 친구) 엄마랑 케이트가 나왔어요. 제가 살던 집같이 큰 집이 나왔어요. 제가 집에 들어가니까 수지, 수지 동생, 케이트가 있었어요. 케이트는 아기를 낳았다고 했어요. 저는 그 애가 아이를 가졌는지도 몰랐어요. 블루베리로 잼을 만들려는 참인데 잠깐 아이를 봐 주지 않겠냐고 했어요. 갓난아기는 정말 조막만 했어요. 살결은 우유 같고 눈은 파랗게 빛나는 정말 예쁜 아이였지요. 갓난아기였을 때 조에(Zoe : 세이지의 딸) 같았어요. 어찌된 일인지 다음 순간 저만 아기를 데리고 있었어요. 꿈에서는 제가 아이 엄마였던 것 같기도 하고 아니었던 것 같기도 해요. 어쨌든 아이를 잘 돌봐주어야겠다고 생각했어요. 아기를 안으려고 했는데 잘못해서 아기 등뼈가 튀어나왔어요. 저는 겁에 질려 넋이 나갔어요. 케이트가 돌아왔을 때 그녀에게 말했어요. 어린것은 죽지는 않았지만 기형이 되고 말았고, 고운 살결도 흉하게 일그러졌다고요. 케이트 네는 저를 쫓아냈어요. 케이트가 제게 원한을 품은 것도 무리가 아니지만 가슴이 너무 아팠어요. 나중에 듣자니 케이트는 괴로워하다가 자살했다고 해요. 마치 제가 죽인 것 같았어요."

세이지가 네 살 되던 해 동생 크리스티가 태어났다. 어린 동생을 이리저리 살펴보다가 그만 담요가 크리스티 얼굴에 뒤집어씌워져 죽일 뻔했다. 아버지가 뛰어들어 와서 고함을 지르면서 세이지를 때렸다. 그 뒤로 세이지는 무슨 일을 잘해 보려고만 하면 잘못되었다.

어린 시절 학대를 받은 사람들이 그러하듯이, 아버지의 꾸중과 고함 소리를 듣고 자란 세이지 역시 잘못한 것도 없으면서 늘 풀이 죽곤 했다. 어린아이에게 사고가 날 때는 부모에게 책임이 있기 마련이지만 네 살배기가 그런 것을 알 턱이 없다. 그래서 자기가 못된 아이라고 생각한다. 이 메시지는 내면에 억압되어, 그 메시지를 의식으로 끌어내어 적절히 정리하고 바꾸지 않으면 어른이 되어서도 계속 못된 아이로 남아 있다. 세이지는 꿈을 통해 메시지를 의식으로 끌어내어 외면으로 표출했다. 그리하여 그 당시 일은 아버지의 실수였지, 어렸던 자신에게는 잘못이 없다는 걸 깨달았다. 세이지는 첫 번째 꿈을 꾼 직후에 꾼 다음 꿈에서 자신의 정신에 놀라운 변화가 일어난 것을 보았다.

"조에의 친구 니사(Nissa)가 계부랑 같이 있었어요. 엄마는 보이지 않았어요. 그 애 계부는 인신매매를 하고 마약 장사로 유명해서 다들 겁내는 사람이었어요. 엄마가 그런 사람에게 갔으니 저는 니사도 걱정되었어요. 어떤 의미에서 제가 그 애 보호자였는데, 그 계부라는 사람은 저까지 자기 장사 밑천으로 삼으려고 했어요. 꿈에서 어떤 건물 창틈으로 분홍색 네온사인이 흘러나왔어요. 홍등가였어요. 조에 계부가 절 그 집에 집어넣으려고 했지만 저는 꿈에서 힘이 셌기 때문에 늘 도망칠 수 있었어요. 한 번은 아저씨가 쫓아올 때 제가 막 날아서 달아나는 찰나 아저씨가 쏜 광선총이 제가 뛰어오른 자리에 맞았어요. 무슨 가상현실에 있는 것 같았어요. 제가 더 똑똑하고 힘이 강했기 때문에 그 사람 마음대로 될 일은 없었어요. 방금 말한 그 활극은 어떤 호숫가에서 벌어졌어요. 물이 많은 호수였는데 주위에 나무는 한 그루도 없었어요. 그리고 다음에 어떤 방에 있었는데 제 물건이 다 거기

있었어요. 그 방에서 제 에너지를 그대로 지니고 있었죠. 밖에 홍
등가 불빛이 보였어요. 아저씨가 계속 저를 쫓아올까 봐 걱정되
었지만 무서운 일은 니사가 저기 끌려가는 것이 보였다는 거죠.
니사가 구해 달라고 소리쳤어요. 땅 밑으로 굴을 파서 니사에게
갔어요. 니사가 있는 곳은 온통 하얗고 살벌했으며, 감옥처럼 창
에 쇠창살이 있었어요. 의붓아비는 결국 니사를 망치려는 것이었
어요. 저는 창살을 부수고 니사를 데려 나왔어요. 그러고 나선 밤
하늘로 날아올라서야 안심했어요."

평생 옛 상처를 치유하던 세이지는, 이 꿈을 꾸고 나서 보름 뒤
에 마지막 세 번째 꿈으로 마무리를 한다.

"중요한 담판을 해야 하는 저녁 식사 자리였어요. 아버지와 그
의 부인, 저와 남편 네 명이 있었어요. 아버지에게 이제는 제가
다 컸다는 것, 이제까지 아버지가 저에게 잘못했다는 것을 말씀
드렸어요. 앞으로는 그렇게 하시지 말라는 말도요. 아버지의 아
내는 말도 안 된다며 나갔어요. 아버지는 그렇지 않다고 하셨지
만 저는 그렇다고 분명히 이야기했어요. 그러고 나선 일어나서
남편과 함께 나왔고, 아버지는 식탁에 혼자 남으셨어요."

세이지는 이 마지막 꿈을 꾸고 전에 없이 큰 힘이 생긴 듯했다
고 했다. 자신을 학대한 아버지를 대면해 할 말을 한 것이다. 어렸

을 때 무슨 일이 있었는지 그 기억을 분명히 바로잡고 밝은 앞날을 바라볼 수 있게 되었다. 세이지는 세 번 꿈을 꾸면서 트라우마를 받았을 당시로 돌아가 부서진 자아(네 살 꼬마)를 회복했다. 살벌한 쇠창살 감옥에서 탈출했듯이 저 아래 무의식에 담아 두었던 충격에서 완전히 벗어났다. 내면 의식의 주술사가 되어 스스로 치유한 것이다. 이 내면의 여정을 통해 어두웠던 과거의 의미를 마침내 바로 세우고, 자아상을 확립해 인생 각본을 새롭게 썼다.

트라우마 꿈에서 당시의 사람들이 등장하는 법

두 번째 꿈에서 세이지는 다른 삶으로 들어갔다. 딸의 친구는 자신(네 살)이었고 그 계부는 아버지였다. 트라우마 꿈에서 흔히 있는 일이다. 그때를 재연하되 그때처럼 무섭지는 않은 사람들이 나오는 것이다. 마지막 꿈에서 어른이 되어 아버지와 마주한다. 이제는 어린 꼬마 세이지가 아니다. 아버지도 늙어서 쇠약해진 모습이었다. 그때처럼 무섭지 않았고 오히려 마음이 아팠다.

동생에게 담요를 씌워 아버지에게 맞았을 때 왜 어머니에게 위로를 받지 못했는지도 스스로 납득시켜야 했다. 어머니도 모습을 바꾸어 첫 번째 꿈에서는 케이트, 두 번째에서는 니사의 엄마로 나온다. 케이트가 괴로워하다가 자살했고 자신이 죽인 것이었다고 일기에 썼듯이 세이지는 당시 어머니가 곁에 없었던 것도 자신의 탓이라고 생각했다. 꿈에서도 이것이 직접 표현되지는 않았고 어머니의 부재를 인정하는 것으로만 나왔다. 그러나 세이지는 내면의 어머니에게 기대어 조각 난 어린 시절의 자아를 회복한다.

트라우마를 겪는 사람은 자아의 한 부분을 잃어버리므로 트라우마를 치유하려면 그 부분을 찾아 다시 합쳐야 한다. 세이지는 지하에 갇혔던 네 살 꼬마를 구출해서 자아를 회복한다. 자신, 아버지, 어머니의 이미지를 받아들이고서야 사람들의 옛 모습이 아니라 지금의 모습을 볼 수 있었다. 그렇게 자신의 존재 이유를 다시 찾고 타인과의 관계를 새롭게 다듬었다.

트라우마를 겪은 사람은 인지적·행동학적 치료 테크닉만으로는 완전한 통합을 이루지 못한다. 불안이 닥칠 때 그때의 경험을 스스로 들려주고 긍정적인 방향으로 생각하는 것이 도움이 될지 모르나, 영구적이고 참된 변화는 정신, 즉 무의식에서 나와야 한다. 바로 꿈을 통하는 것이다. 잊고 싶은 트라우마를 겪고 소름끼치는 악몽에 시달리는가? 무엇보다도 어서 상담을 받는 것이 좋다. 그러나 그 전에 다음의 질문으로 꿈을 통해 자가 치유를 해 볼 수도 있다.

⫸ 꿈에서 트라우마를 들여다볼 마음의 준비가 되었는가?

⫸ 그렇다면 지원해 주는 것은 무엇인가?

⫸ 아직 꿈을 꾸지 못한다면 그 이유가 무엇인가?

⫸ 꿈을 꾸었다면 여러분이 맞서서 극복해야 하는 것은 누구인가?

- ⫸ 꿈에서 색, 소리, 냄새, 느낌, 감정, 등 어떤 인상이 가장 컸는가?
- ⫸ 꿈에서 무엇으로부터 도망쳤는가?
- ⫸ 꿈이 말하는 의미가 무엇이라 생각하는가?
- ⫸ 꿈에서 어떤 부분이 바뀐다면 더 강해지리라 생각하는가?
- ⫸ 어느 부분을 바꾸고 싶은가?

심리적 치유에 대한 신체적 반응

해마는 단기 기억을 장기 기억으로 바꾸는 큰 역할을 한다. 어릴 때 트라우마를 겪으면 해마의 크기가 심대한 영향을 받는다. 정신적으로 억압되었거나 어린 시절의 트라우마가 있는 성인의 해마와 그렇지 않은 사람의 해마 크기를 비교했더니 놀라운 결과가 나왔다. 트라우마를 겪은 사람의 해마 크기가 18% 더 작았던 것이다[비틴감(Vythingam) 등, 2002].

그러나 너무 좌절하진 말기를……, 좋은 소식도 있다. 상담과 꿈 기억 훈련을 통해 기억을 되찾는다면 해마가 재생되기도 한다는 것이다. 심리적으로 치유가 되면 몸 역시 치료된다. 이렇게 치유하는 사람들은 먼저 사고력, 집중력, 기억력 등 인지기능이 좋아진다. 그러면 자연히 활기가 돌아오고 다른 활동에도 의욕이 생기는 것이다. 치유와 더불어 잠도 잘 자게 된다.

렘수면 시간이 길어지고 꿈을 잘 꾸지 않던 사람도 다시 꿈을 꾸며 기억도 잘 난다. 새롭게 생기는 기억도 전보다 더 강화된다. 이에 따라 해마가 자가 치유를 하고 다시 자라며, 앞 과정의 효율이 더 높아진다. 뇌가 다시 정상적으로 움직이고 트라우마가 일으킨 악순환이 멈추는 것이다.

요약

트라우마를 겪은 사람은 보통 악몽을 꾼다. 트라우마는 감당하기 힘든 자극이기 때문에 의식이 이 정보를 받아들여 가공하기 힘들다. 의식이 이를 받아들이고 가공하려고 애쓸 때 악몽을 꾸며, 오랫동안 불안에 시달린다. 악몽을 꾼다면 치유할 방법을 찾아야 하는데 보통 상담으로 해결한다. 무의식의 활동을 들여다보고 그를 조정한다면 머지않아 악몽의 내용이 덜 끔찍해지고 강도도 점점 낮아질 것이다.

이때는 몸과 마음이 서로 소통하고 조정하여 해마가 활동을 시작한다. 트라우마의 경험이 더 이상 악몽을 일으키지 않도록 해마가 이 상황을 정리한다. 시모네는 상담을 시작하면서 첫 번째 치유의 꿈을 꾸었다.

시모네는 평생 트라우마의 상처를 안고 살았다. 거미가 무서웠지만 시모네의 의식은 오히려 이 상징을 우스운 모습으로 꿈에 나타냈다. 그리고 이제까지 떠돌던 트라우마의 기억을 제자리에 잘 정리했고 그로부터 기억력도 좋아졌다.

트라우마를 겪은 뒤로는 겉으로는 다른 듯하지만 같은 주제를 품고 있는 꿈을 연달아 꾸기도 한다. 이처럼 세이지가 트라우마를 치유하는 꿈을 꾸면서 당시의 기억을 정확하게 바라보자 더 이상 아버지를 피하지 않고 대면할 수 있었다.

PART

3

집단 무의식

놓치기 쉬운 질문으로 시작한다. 꿈은 어느 신화, 어느 신(神)에게서 오는가? 그것을 안다면 꿈의 의미, 꿈이 하려는 바, 우리가 어떻게 해야 하는지도 알게 될 것이다.

　　　　　　　　　　　　　　　　　　　　— 힐먼, 1979, 2쪽

집단 무의식에서 나오는 꿈은 가장 높은 상징의 층, 3단계 층에서 나타난다. 이 꿈은 아주 강력해서 융은 이를 '거대한 꿈'이라고 했다. 이 꿈을 꾸고도 무시할 수는 없을 것이다. 집단 무의식 꿈의 메시지는 내면의 깊고 깊은 보편적 지혜에서 오며, 개인 무의식을 넘어서는 것이다.

집단 무의식은 인류 역사가 시작되면서 생겼기 때문에 언어의 제약을 받지 않는다. 그 메시지가 상징으로 나타나는 것은 바로 집단 무의식이 언어보다 먼저 나왔기 때문이다. 힐먼은 저서『꿈과 저승(The Dream and the Underworld)』에서 집단 무의식의 관념을 부정했다.

그러나 영혼이 이미지가 만들어지고 신화의 배경이 되는 저승에서 나온 것이라고 이야기한 것을 보면, 그가 말한 영혼은 융이 정의한 집단 무의식과 어느 정도 연결되어 있다는 걸 알 수 있다. 융은 집단 무의식이 본능과 태고적 이미지가 담긴 원형으로 되어 있으며, 원형은 다시 원시 이미지와 감정으로 이루어진다고 했다. 원시 이미지와 감정은 본질적으로 떼려야 뗄 수 없다. 융은 다음과 같이 기술했다.

"이 두 요소가 함께 있을 때에만 원형을 논할 수 있다. 이미지만 있다면 그것은 인과관계가 없는 말 —그림일 뿐이다. 그러나 감정이 함께하면 이미지가 정신적인 에너지를 얻어 움직이고, 모종의 인과관계가 생긴다."(1978, 87쪽)

힐먼은 다음과 같이 감정과 태고적 이미지인 원형이 분리될 수 없다고 했다.

"부름과 충동을, 이미지와 본능을, 상상의 움직임과 욕망을 구별할 수는 없다."(1979, 42쪽)

PART 3에서는 태초부터 인간을 형성하는 중요한 원형의 상징을 살펴본다. 위대한 어머니와 같은 원형, 뱀과 용 같은 괴물에 주목한다. 꿈 예시도 많이 소개될 것이다. 우리 영혼이 여행하는 원형의 지도가 되는 생명의 나무 역시 다룰 것이다.

18장

원형 이미지

본능이라고 하든 신이라고 하든,
원형은 한 가지로 잘라 말할 수 없다.
본능은 다른 본능으로 바뀌며,
신화는 다른 신화로 이어지고,
신(神)은 다른 신의 존재를 암시한다.

— 힐먼

집단 무의식은 많은 부분이 태고적 이미지를 원형으로 하고 있다. 융은 이것을 '어두운 원시의 정신, 실제로 존재하나 보이지 않는 의식의 뿌리'라고 했다(1969, 160쪽). '원형(archetype)'이라는 말은 처음, 근원, 시작이라는 뜻인 그리스어의 접두어 아르케(arche)에서 왔다. 원형에는 감정의 양상, 의미, 상(像)이 있다. 융은 이 원형이 자율적이며 강한 힘을 발휘하여 인간을 지배한다고 보았다.

인간은 원형을 잘 모르기 때문에 휘둘린다. 그러므로 태고적 이미지에 바탕을 한 원형을 잘 이해하면 반대로 그 에너지를 인간의 뜻대로 분출시키고 변화시키고 활용할 수 있다.

힐먼은 다음과 같은 성격이 원형에 있다고 했다.

"존재라기보다 은유이다……. 이미지라고 하는 것이 더 편하다……. 원형은 인간을 담화의 상상적인 기법으로 던져 넣는다……. 원형을 정신 활동의 가장 깊은 양상, 인간 자신과 세상에 대한 시각을 결정하는 영혼의 뿌리라고 생각하자."(1975, 13쪽)

원형은 신화, 종교, 철학, 만다라와 꿈으로 나타난다. 우리가 투사하는 바와 반사적인 행동으로 표현되기도 한다.

융은 자신이 2층집에 있는 꿈을 꾸고 집단 무의식 이론을 정립했다. 이 꿈에서 융은 본능적으로 자기 집이라는 것을 알았지만 인식하지는 못했다. 위층을 돌아다니다 보니 자신이 아래층으로 내려가고 있었다. 아래층은 15세기 식으로 꾸민 곳이었다.

돌계단을 따라 지하로 내려갔더니 로마 시대의 벽이 나왔다. 바닥에서 돌을 하나 빼고 더 내려갔다. 동굴이 나왔는데 오래되어 반쯤 썩은 두개골 두 개가 놓여 있었다. 융은 다음과 같은 사실을 깨닫고 기록했다.

"내 꿈은 인류 문화와 역사의 기원, 의식 층이 연속으로 겹겹이 쌓인 기록을 보여주는 것이었다. 그리고 그 꿈은 인간 정신의 구조 모형이었다."(1961, 160쪽)

융은 나중에 이 꿈이 태고적 이미지를 나타내는 원형이라는 걸 알았다.

융은 말이 되지 않고 종잡을 수 없지만 그럴듯한 꿈들이 집단 무의식에서 온 꿈이라고 한다. 융에 따르면, 그러한 꿈에 있는 강한 힘의 근원을 찾으면 내면을 치유하는 좋은 기회가 된다고 한다. 집단 무의식에 들어 있는 에너지를 의식과 연결시키면 그 에너지를 긍정적으로 변화시키고 분출시켜 활용할 수 있다.

에너지 자체는 방향이 없고, 단지 그 에너지를 어떻게 쓰느냐 하는 것은 각자에게 달려 있다. 긍정적으로 쓰고자 하면 먼저 그 에너지를 알아야 한다. 알지 못하면 그 에너지에 오히려 우리가 휘둘리게 된다. 힐먼은 다음과 같이 기술했다.

"원형의 관념에서 절대적으로 본질적인 것이 있다. 감정적으로 사로잡는 힘, 의식을 매혹하는 성질 때문에 스스로 눈이 멀게 된다."(1975, 19쪽)

문화가 다른 문화를 말살하는 일을 생각해 보라. 혹은 더 세속적인 차원에서 사회의 고정관념이 생기고 지속되는 것을 생각해 보라. 샌포드가 말한 바와 같다.

"인간 안에 있는 원형의 힘을 알지 못하면 원형이 인간을 전형적인 틀에 가두어 다른 이와 똑같이 만들어 버린다. 인간이 원형과 개별적으로 관계를 맺지 않으면 원형이 행동을 고정시키려 한다. 늘 똑같이 생각하고 행동하는 인간을 만들려 한다."(1978, 50쪽)

우리 모두는 마음속에 강한 '집단적 인간'이 있기 때문에, 우리는 자신이 개성이 있는 문명인이라고 생각한다. 사실 인간은 공통분모의 지배를 받고 자유의지는 거의 없다. 그 공통분모에서 벗어나려면 원형의 에너지가 우리를 자유롭게 할 수 있다는 걸 깨달아야 한다. 그렇게 하면 자신의 중심에 따라 더 진실한 자신으로 행동하고 더 강해질 것이다.

신화와 요정 이야기

신화는 깨어 있는 의식과 우주의 신비를 연결한다. 설화나 전설을 듣고 흥분한 적이 있다면 집단 무의식의 원형 영역으로 발을 들인 셈이다. 안데르센은 원형, 특히 위대한 어머니 원형의 선악 양면을 탐구하고 신데렐라와 백설공주를 편집했다.

당시에 사람들을 사로잡을 수 있었던 원형 주제가 이것이었다. 이때뿐만 아니라 어느 시대에나 사람들이 즐겨 듣던 설화와 신화는 원형을 간직한 이야기들이다. 각자의 마음속에 있던 원형을 훌륭한 이야기에 녹여 모든 사람이 접할 수 있게 한 작가들이 있다는 것은 행운이다.

태고적 이미지에 바탕을 둔 원형 이야기는 인류가 공유한 언어이다. 그 심원한 이야기와 주제가 세계의 신화, 종교의 상징적 체계는 물론 가장 보편적으로 의미가 있는 꿈을 더 생생하게 한다.

안데르센 같은 작가와 보통 사람이 다른 점은, 작가들은 원형의 저장고에 손을 뻗어 그 이야기를 풀어 쓸 수 있다는 것이다. 그러나 우리도 마음만 먹으면 꿈에서 그 저장고에 들어가 볼 수 있다.

원형 정보는 영웅, 신, 전설의 괴물, 선악의 힘과 같이 의식이 접촉할 수 있는 이미지로 나타난다. 의식이 표현할 수 있는 이미지이면 무엇이든 원형에서 변형되어 나타날 수 있다. 원형 꿈은 강렬한 에너지가 있으므로 꿈을 꿀 때 태고적 이미지라는 걸 알게 된다.

깨고 나면 자신이 아닌 외부의 무엇인가로부터 지혜를 받은 느낌이 들 것이다. 그 무엇인가는 영혼의 참모습, 아직 보지 못한 의식의 다른 차원 등 여러 이름으로 부를 수 있다. 중요한 것은 이름이 아니라 그런 존재가 있다는 사실을 아는 것이다.

1장에서 본 테드의 용꿈에서 이런 원형이 나타난다. 테드는 의식의 가장 깊은 층인 집단 무의식에서 용과 싸웠다. 집단 무의식에서 나온 상징을 사용해서 중독 증상을 극복했다. 테드의 모험이 영적인 것이었고, 은유적 기법으로 표현되었다고 할지도 모르겠다. 테드는 꿈에서 머리 여럿 달린 용을 만나기 전까지는 그런 원형 이미지가 있는지도 몰랐다. 나중에야 머리가 일곱 개 있는 용에 다음과 같은 두 가지 의미가 있다는 걸 알았다.

"지옥에 떨어질 일곱 죄악의 상징이다. 한편으로, 용이 우주의 숫자인 신비의 숫자 7과 결합한 것이기도 하다. 용은 가장 의도적

이고 가장 완전한 형태의 창조력을 표상한다." (폰타나, 1993, 2쪽)

아이들의 꿈

아이들의 꿈은 집단 무의식에서 올 때가 많으므로 원형 이미지가 나온다. 그런 연유로 융이 '아이 내면의 신비한 감각'이라고 한 마법과 신비로운 주제가 동화에 많은지도 모른다. 그뿐 아니라 아이들은 집단 무의식을 들여다본다. 어린 아이일수록 더 그러한데, 어린 아이는 끌어다 쓸 수 있는 개인 무의식이 발달하지 않았기 때문이다.

어느 해 융의 동료 정신과 의사가 여덟 살 난 딸아이에게서 그림책을 크리스마스 선물로 받았다. 딸이 그린 것이었다. 아이는 자신이 꾼 꿈 이야기 열두 가지를 그림으로 그렸는데, 모두 강력한 태고적 이미지를 담고 있는 원형이었다. 그 또래의 아이가 꿈에서나 나올 이미지들을 실제로 보았을 것 같지는 않았다.

나는 다섯 살 때 마녀에게 쫓기는 꿈을 계속 꾼 적이 있고, 15장에서 말한 알렌도 어렸을 때 본 적이 없던 이집트 스핑크스의 꿈을 꾸었다.

웨인의 네 살배기 아들 칼라한이 꾼 원형이 나타난 꿈을 보자. 다음은 웨인이 이야기한 아들의 꿈이다.

"칼라한은 피터 팬이었는데 후크 선장이 잔디 깎는 기계로 밀어 버렸어요. 칼라한이 자기를 내려다보았더니 자기가 마분지 상자처럼 납작해졌더래요."

피터 팬은 네 살 아이가 꿈에서 볼 만한 현대의 영웅 캐릭터이다. 어른이 되지 않은 피터 팬처럼 칼라한도 자라고 싶지 않았고, 집단 무의식의 차원에서 자신을 피터 팬과 동일시한 것이 재미있다. 이 꿈은 칼라한이 세상에 대한 호기심이 없고 어른이 되기 싫다는 뜻을 담고 있기에 부모로서는 달갑지 않았다.

말레이반도 중앙부의 산악지대에 주로 거주하는 원주민인 세노이 족의 샤머니즘을 보자. 아이들의 꿈에 힘이 있다는 걸 아는 이 종족은 아이들에게 날마다 꿈 이야기를 한다. 그러면 아이들도 꿈이 중요하다는 것을 깨닫고 꿈 회상과 같은 꿈을 활용하는 법을 배운다.

더 중요한 점은 세노이 족이 아이들에게 꿈에 어떤 무서운 것이 나오더라도 도망칠 필요가 없다고 가르친다는 점이다. 세노이 아이들은 심리적으로 아주 건강하게 자라며, 의식의 모든 층에 들어갈 수 있다. 이들의 말로 하면 다른 차원을 드나드는 것이다.

샤먼이라는 말이 원래 '어둠 속을 보는 이'라는 뜻이라고 한다 [잉거만(Ingerman), 1991, 18쪽]. 이렇듯 아이들이 꿈과 친해지도록 해야 정서적으로 건전하게 자라며, 미래에 대한 내면적 통찰력을 기를 수 있다.

주요 원형

정신이 퍼즐이라면 그 퍼즐은 개인 무의식과 집단 무의식의 조각들로 맞추어져 있다. 집단 무의식은 특징이 뚜렷하고 강렬하다. 원형에서 얻는 지혜는 그 사람의 개인사 너머에서 오는 것으로, 인류의 뿌리에서 받는 것이다. 어렸을 때 읽은 신화와 전설에 나오는 인물과 괴물도 다채롭고 생생한 태고적 이미지의 상징을 표현한 것이다.

마법사, 마녀, 용, 흡혈귀, 그리고 요정 이야기에 등장하는 수많은 인물처럼 일상생활과 전혀 동떨어진 것이 꿈에 나온다면 원형의 세계에 들어간 것이다.

여러분이 깨어 있을 때 보지 않는 것이 꿈에 나온다면 그 이미지는 태고적 상징이 담긴 원형이다. 여러 요정 이야기, 신화와 전설에 뚜렷이 보이는 태고적 이미지가 세상에 대한 태도, 믿음, 행동을 이끄는 것도 이상할 것이 없다. 주요 원형 이미지로는 다음과 같은 것들이 있다.

⫸ 긍정적 / 부정적인 모습의 위대한 어머니
⫸ 긍정적 / 부정적인 모습의 아버지
⫸ 그림자
⫸ 협잡꾼

- 페르소나
- 신(神)의 아이
- 현자
- 아니마와 아니무스
- 영웅

원형 에너지는 따로 분류되기는 하지만 대부분의 경우 꿈꾸는 이에게는 이것저것이 섞인 모습으로 나와 한 가지 주제를 보여준다. 나의 예를 들자면, 나는 위대한 어머니의 부정적인 면, 나의 그림자, 협잡꾼, 페르소나와 아니무스에게서 도망치지 않고 마주해야 개성화를 이룰 수 있다.

대부분의 경우 이 원형 에너지들에 맞서 그 이미지들을 통합할 때 등장하는 태고적 상징이 신(神)의 아이이다. 또한 현자는 지혜의 한 줄기 빛을 비추어 준다. 마치 길고 긴 계단을 내려가며 층마다 나오는 문을 열고 그 원형들을 하나씩 맞닥뜨리는 것 같다. 나의 어머니는 그 자신 어린 시절의 기억이 좋지 않은 분이라서 나는 어렸을 때 어머니와 유대감을 많이 느끼지 못했다. 그래서인지 내 여정의 주된 주제는 위대한 어머니의 부정적인 모습이었다.

위대한 어머니

인간에게 위대한 어머니는 언제나 강력한 원형이다. 쿠퍼는 다음과 같이 기술했다.

> "위대한 어머니는 여자의 원형이자 생명의 근원이다……. 우주적인 생명의 모든 면을 상징하는 함축적인 원칙이다. 천상과 지상의 모든 것을 결합시킨다. 하늘의 여왕, 신의 어머니, 길을 여는 이이며 다산의 열쇠를 쥐고 출생, 죽음, 부활을 관장한다." (1984, 108쪽)

위대한 어머니의 극단적인 양면

융은 모든 존재에는 양면성이 있으며 두 가지는 끊임없이 화합하려 한다고 했다. 악이 있기에 선이 있고 추한 것이 있기에 아름다움이 있다. 그런데 위대한 어머니는 그 가운데 있는 것들까지 모두 끌어안기 때문에 위대하다.

그러므로 위대한 어머니는 다른 원형처럼 한 면만 취해야 하는 존재가 아니다. 타로카드의 최고제사장에게서 이 모습을 발견할 수 있다. 최고제사장은 흰 기둥과 검은 기둥 사이에 앉아 있다. 그 사이의 모든 것을 알고 있으며, 자신의 부정적인 에너지까지 그 모든 것을 움직일 수 있다는 의미이다.

이집트 여신 이시스도 이 균형을 표상한다. 생명의 나무에서 위대한 어머니는 비나(Binah)이다. 생명의 나무 꼭대기의 왼쪽 기둥에 앉은 비나는 우리가 가는 길에 따라 여러 모습으로 나타난다. 한번도 한 가지 얼굴로만 나타난 적이 없는 위대한 어머니의 원형은 생명을 기르는 어머니 대지도, 모든 것을 집어삼키는 저승의 여신도 될 수 있다. 그러나 위대한 어머니를 선이 아니면 악이란 식으로 긍정적인 모습과 부정적인 모습만을 극단적으로 쪼개어 생각하는 문화가 곳곳에 존재하기도 한다.

위대한 어머니 : 선

창조자이며 양육자이다. 폰타나는 이때의 위대한 어머니는 다음과 같은 모습을 띤다고 한다.

"풍요로운 어머니 대자연, 아낌없이 주는 어머니 대지이자 다산을 상징하는 여러 여신이다. 새끼에게 젖을 물리는 암소와 암늑대로도 표현된다."(2003, 16쪽)

어머니 대지 여신이라는 원형은 수천 년 전부터 내려오는 것이다. 위대한 어머니, 즉 여신의 원형이 없는 문화는 별로 없다. 이 자애로운 모습은 천상의 것이며 때로는 순결하고 신성하며 때로는 대지의 모습을 띠기도 한다. 추수를 보장하고 성모 마리아, 하토르, 키벨레, 데메테르, 소피아의 모습으로 나타난다. 타로 카드의 여황이다.

위대한 어머니 : 악

위대한 어머니가 악의 얼굴을 취할 때는 남자를 후리고 사람을 잡아먹고 소유하고 지배하는 자가 된다. 검은 동정녀, 칼리, 아스다롯, 릴리스, 헤카테, 키르케, 메두사나 온갖 마녀와 하피, 거미와 같은 모양으로 나타난다.

위대한 어머니의 심술궂은 면을 극복해야 하기 때문에 동화에는 그녀의 부정적인 모습이 많이 등장한다. 사악한 마녀가 청순하고 예쁜 공주를 왕비에게서 빼앗는 이야기를 많이 들었을 것이다. 공주는 라푼첼처럼 탑에 갇혀 신데렐라처럼 궂은일을 해야 하며 백설공주같이 오랫동안 잠들기도 한다.

위대한 어머니의 악의 손길에서 빠져나오기 위해선 왕자의 키스를 받아 잠에서 깨어야 한다. 위대한 어머니는 공주의 청순과 순결을 질투하는 것이다. 꿈에서 이런 일을 겪으면 우리 자신의 여성 상(象) 중 부정적인 면을 보는 것이다. 호록스(Horrocks)는 『부재하는 어머니(The Absent Mother)』에서 다음과 같이 말했다.

"인간은 남자와 여자 모두에게 있는 여성성에서 창조적이고 사랑스러운 면뿐 아니라 파괴적이고 사악해질 수도 있는 면(릴리스)까지 의식하고 마주해야 한다. 인간의 두 어머니는 부정적인 면의 이브와 긍정적인 면의 마리아이다. 이들이 서구 문명의 위대한 어머니(역주 : Magna Mater ; '위대한 어머니'라는 라틴어)이자 물질이자 대지이다."[피라니(Pirani), 1991, 109-10쪽]

케이라는 꿈에서 위대한 어머니의 두 가지 모습을 모두 분명히 본다. 다음의 꿈은 케이라가 이 에너지와 투쟁하는 것을 암시한다.

"처음에는 헛간 같은 곳에서 두 아이를 데리고 평화롭게 살고 있는 농부였어요. 친구 안드레아는 꿈에서 아주 부자로 나왔어요. 안드레아 때문에 헛간을 비우고 나와야 했지요. 어느 성당에 들어가 천장까지 올라갔는데 어두웠고 복잡한 회랑이 계속 이어졌어요. 저는 외톨이가 되어서 어디든 몸 붙일 곳을 찾아야 했어요. 그러다가 할머니 초상을 보고 눈물이 날 정도로 반가웠어요. 그런데 갑자기 그림에서 까만 옷을 입은 여자가 나와서 저를 잡으려고 했어요. 도망쳐서 검은 물속으로 들어갔어요. 물에는 양초가 떠 있었어요. 어떤 배를 탔더니 아주 빨리 물을 헤치고 나아갔어요. 물은 바닥을 알 수 없을 정도로 깊었어요. 결국 제 마음의 힘 덕분에 물을 건너 검은 악령에게서 벗어났어요."

강력한 태고적 상징이 등장하는 꿈이다. 시작할 때는 어머니가 되어 위대한 어머니를 자신과 동일시한다. 케이라는 자신이 외양간 신세를 져야 했던 성모 마리아로 생각할 정도였다고 한다. 이때는 평화롭게 살았고 이 기쁨은 뒤에 할머니의 초상을 볼 때 다시 경험한다. 케이라는 평화로운 곳을 떠나 자신의 다른 자아로 가야 한다. 검은 옷을 입은 여자에게서 달아나려면 바로 그 악, 검은 물로 들어가야 하기 때문이다. 악을 떼어내려면 그 마음을 느껴 보아야 한다. 이 원형의 꿈을 꾸고 나서 케이라는 자신의 여성성 중 어두운 면을 똑바로 바라볼 수 있게 되었다. 물 위에 초가 떠다닌 것은 케이라가 그렇게 할 수 있을 정도로 지혜, 내면의 힘을 얻었다는 걸 의미한다. '마음의 힘'이 있으니 앞날은 밝다. 여성적인 상징이 많이 등장하는 꿈이다. 물은 위대한 어머니와 무의식을 상징하고 또한 교회를 나타내기도 한다. 검은색은 두 영역 모두의 것이다.

조안은 이혼하고 몇 년 뒤 다음의 꿈을 꾸었다.

"어떤 큰 집에 있었는데 그 집은 강력한 마녀의 집이었어요. 마녀는 자기 모습으로 사람들을 속였어요. 저는 마녀의 계략을 알아냈어요. 마녀의 마법이 미치는 곳에 들어온 사람은 아무도 돌아갈 수 없었어요. 저는 이 방에서 저 방으로 헤매다가 손잡이가 황금으로 된 방에 들어갔어요. 그 방에는 옆집 아줌마 같은 아주머니가 있었는데 저더러 어디 가느냐고 물었어요. 도망간다고 말했더니 저를 셰릴이라고 불렀어요. 그제야 그 아주머니가 나쁜 사람이라는 것을 알고 달아나려고 했어요. 황금 손잡이 문은 빡빡해져서 잘 열리지 않았지만 안간힘을 써서 열고 나왔어요."

조안은 일이 마음대로 되지 않을 때면 부모나 다른 사람들을 탓하고 자신은 희생자라고 생각했다. 자기 책임이라고는 생각하지 않았다. 불행이 닥칠 때면 하나님이라도 자기보다는 다른 이를 원망하기가 쉬운 법이다.

조안은 이 피해의식을 극복하게 되었다. 드디어 인생의 모든 문제는 오로지 자기가 하기에 달렸다는 것을 깨달았다. 스스로 그런 환경을 만들어내 이 일을 해냈다. 바라기만 하면 언제든 그렇게 할 수 있었다. 이리하여 조안은 자기 안에 있는 마녀와 맞섰다.

바람직한 힘은 아니었지만 원형적인 부분의 힘을 인정한 조안은 마침내 자신을 해방시켰다. 마녀는 여성적인 직관과 그 힘을 상징하는 원형이다. 마녀란 마력을 지닌 자아로, 여성들은 그 힘이 두렵기 때문에 오랫동안 이 이미지를 부정했다. 마녀가 사람들을 속인 것은 조안이 자신과 다른 이들을 속여 온 것을 말한다.

내면의 힘을 쓰지 못한 채 언제나 같은 모습으로 자기를 속이고 있었다. 조안은 그저 편했기 때문에 스스로를 가두고 밖으로 나가지 않았다. 자유를 얻을 수 있는 방법은 자신에게 있는 내면의 힘을 깨닫고 '황금 손잡이' 문을 열어 참된 자신의 모습으로 세상에 나가는 것이었다.

다음에 꾼 꿈의 주제도 비슷했다. 그러나 부정적인 어머니의 모습이 이 꿈에서는 위대한 어머니의 파괴적인 면을 상징하는 검은 거미로 나온다.

"집에 거대한 거미가 들어와서 제 집인 양 마루를 기어 다녔어요. 검은 바탕에 노란색이 있는 거미였어요. 작은 거미도 한 마리 같이 있었는데.거미들을 쫓아내고 싶었지만 좀처럼 나가지 않았어요. 그래서 거미들이 따라오지 못하게 다른 방으로 들어가 문을 닫았어요. 그런데 작은 거미만 문 밖에 남고 큰 거미는 따라 들어왔어요."

조안은 바라지는 않았지만 자신의 이 부분을 보고 인정해야 했다. 방문을 닫아도 거미가 따라 들어온 것은 집이 거미의 집이기 때문이다. 조안이 검은 거미의 노란색을 본 것이 중요하다. 그 노란색은 연금술의 황금을 상징하는지도 모른다.

모린 머독(Maureen Murdock)은 『히로인의 여행(The Heroine's Journey)』에서 여성은 일생에서 한 번쯤은 자신의 부정적인 어머니 상(象)을 대면하여 극복하고 내면의 힘을 찾아야 한다고 했다. 머독은 많은 여성에 대해 다음과 같이 말했다.

"무서운 엄마 원형의 모습을 생각하고 여성의 힘과 어머니에게 반응한다. 어머니가 어떤 가정에서 자랐는지, 그 당시 교육을 받을 수 있는 여자가 얼마나 있었는지는 생각하지 않는다. 어머니의 부정적인 면만을 기억하는 여자는 자신도 내면에 부정적인 어머니를 만든다." (1990, 19쪽)

부정적인 어머니는 현실에서 힘이 없고 자녀를 지나치게 보호하며 딸이 좋은 기회를 얻어 재능을 발휘하는 것을 시기한다.

데드르는 이별을 겪고 몇 년 동안 큰 슬픔에 빠졌을 때 감정적으로 자신을 추스렸다고 했다. 다음은 데드르가 쓴 꿈 이야기이다.

"제 또래 여자가 있었고 그 딸은 열여섯이었어요. 딸아이가 조금 아팠는데 여자는 큰 병에라도 걸린 것처럼 수선을 떨었어요. 딸이 자기 그늘에 있기만 바라고 제 삶을 찾아 나가는 것이 싫었던 거예요. 갑자기 드라큘라가 나타나서 둘을 데리고 하늘로 날아올랐어요. 날아가면서 드라큘라는 대천사 미카엘로 변했어요."

데드르는 의식적인 면에서는 딸을 극진히 위하고 보호했다. 그러다가 집단 무의식에서 나온 꿈을 꾸고 자신이 딸을 시들게 한다는 것을 알았다. 데드르의 어머니가 언제나 슬픔에 빠져 있었고 그에 영향을 받은 데드르 역시 딸에 대한 근심을 덜지 못해 지나치게 신경을 쓴 것이었다. 자신도 모르게 어머니에게 받은 부정적인 에너지를 아이에게 그대로 전해주고 있었다. 그러나 꿈에서 드라큘라가 미카엘로 변했으므로 모녀도 부정적인 연결 고리를 끊을 수 있을 것이다.

이브가 아담에게 금단의 사과를 건넸을 때 위대한 어머니의 원형이 나왔다. 이로써 위대한 어머니는 모든 문화의 경계를 뛰어넘는 주요한 원형이 된 것이다. 다음에서 보듯이 위대한 어머니를 나타내는 상징은 여러 가지이다. 여러분의 내면적인 배경에 맞추어 이러한 상징이 많이 떠오를 것이다. 나의 예를 들면, 거미, 그 물과 마찬가지로 무엇인가를 담을 수 있는 항아리, 그릇이 그러한 상징들이다. 이들이 모두 위대한 어머니와 연결되어 있으며, 그 외에도 다음과 같은 이미지들이 있다.

- 초승달
- 별이 박힌 왕관
- 성벽 모양의 낮은 왕관
- 푸른 드레스
- 쇠뿔
- 동심원
- 모든 형태의 물
- 동굴, 둔덕, 문, 사원, 교회, 집, 도시, 벽 등 감싸서 지키는 모든 것
- 컵, 꽃병, 물동이, 유골함, 성찬 성배, 바구니 등 속이 비어 다른 것을 담는 모든 것
- 연, 백합, 장미, 작약, 브리오니아, 삼나무 등 식물
- 비둘기, 제비, 자고새, 백조, 거위 같은 새. 성모 마리아는 비둘기와 연관이 있다.
- 곰
- 위대한 어머니의 숫자인 7

요약

위대한 어머니는 가장 강력한 원형이다. 넓은 의
미로 볼 때 생명력이 있는 모든 것, 다른 사람과 자신에게
어떻게 양분을 주었는가를 표상한다. 우리가 삶 자체, 창의력, 생산
능력과 어떤 관계를 맺었는지 보여 준다. 위대한 어머니의 긍정적인 면
은 이 원형의 좋은 것, 부정적인 면은 파괴와 부정을 표상한다.

이 두 원형의 힘 대결을 다루는 신화와 설화는 많다. 인간은 완벽하
지 않고 완벽을 향해 끊임없이 변화하는 존재이기에 꿈에서 위대
한 어머니의 부정적인 면을 더 많이 본다. 꿈에서는 원형이 등장
해 선과 악의 싸움을 벌인다. 케이라도 꿈 일기에 물을 건너 악령
에게서 벗어났다고 썼듯이 원형의 어두운 에너지를 마주하면 극
복할 수 있을 것이다.

역시 꿈을 꾼 조안은 옆집 아줌마 같은 아주머니를 보고 이 부정적
인 자아가 누구에게나 있다는 걸 알게 된다. 위대한 어머니의 부정적
인 면이 자신 안에 분명히 있어 자신에게 그늘을 드리우고 있다는 걸 깨
닫는다. 여성성에 대한 본래의 메시지에 도전하여 바꾸어야 하거나
그 성격을 더 길러야 할 때 위대한 어머니 원형의 꿈을 꾼다.

아버지

생명의 나무에서 아버지는 황제[호크마(Chocmah)]로서 위대한
어머니 비나의 맞은편에 앉아 있다. 아버지 역시 양면성이 있고
인간은 이 양면성을 조화시켜야 한다. 아버지 원형 에너지는 권위

와 힘이며 긍정적인 면과 파괴적인 면이 있다.

이 힘을 잘못 써서 파괴와 혼란, 절망을 가져온 폭군이 많다. 이 원형의 에너지는 역동적인 힘으로 야망, 물질적 부, 정의, 대업의 도모, 불평등, 질서, 조직과 연관된다.

아버지의 긍정적인 모습

이 원형 이미지의 긍정적인 면은 전설 속의 지혜로운 아더왕, 그리스 신화의 제우스와 같은 모습으로 나타난다.

아버지의 부정적인 모습

부정적인 모습의 아버지 원형은 전제적이고 학대를 일삼는, 악한 독재자나 괴물의 모습을 띠어 영혼을 파괴하려 한다. 그리스 신화에서 자식들을 잡아먹은 크로노스, 살기등등한 오우거가 그러하며, 히틀러는 부정적인 아버지 원형의 본보기이다. 아이들이 스스로의 힘으로 세상을 살아가려면 아버지에게 가르침을 받아야 한다.

그런데 아버지 원형에게서 부정적인 면만을 보면 자존감을 잃고 자립하지 못할 수 있다. 아이는 부모에게 배운 것을 내면화해서 무의식적으로 그대로 한다. 그러나 어떤 모습을 보고 배우든 그에 대해 생각하지는 못하고 따라할 뿐이다.

로비나는 아버지에게서 배워 내면화한 것 때문에 사람들과 좋은 관계를 맺기 힘들었다. 꿈을 통해 자신이 받은 파괴적인 성격을 깨닫고 고치게 되었다. 다음의 꿈을 꾸고 나서 그동안 자신이 인정받지 못했던 느낌을 내면화했다는 사실을 깨달았다.

"아버지가 제 사진을 찍고 계셨어요. 그런데 제가 포즈를 잘 잡았을 때는 찍지 않으시고 어색하게 있을 때 찍으셨어요. 왜 이렇게 하시냐고 물었어요."

몇 년 뒤에 꾼 다음의 꿈에서는 그 메시지의 파괴적인 면을 보며 고치려고 했다.

"어떤 집에 갔는데 그 집 기초 아래에 어떤 사람이 숨어서 저를 해치려고 했어요. 그 집에 들어갔어요. 그 사람을 어떻게 없애버릴까 생각하는데 길에서 세 가지 물건을 보고 그 중 입체적인 유리 꽃병을 집었어요. 무늬도 마음에 들었고 튼튼해서 오토바이 짐칸에 넣었어요. 다른 두 가지는 검은 양말과 물그릇이었어요. 양말과 꽃병은 넣었지만 물그릇을 넣었는지는 기억나지 않아요."

로비나가 필요로 했던 건 여성성이었다는 점이 재미있다. 꽃병은 다른 것을 수용하는 위대한 어머니의 성격을 나타내며 물은 여성적이고 감성적인 모든 것을 표상한다. 검은 양말은 무의식적인 방어기제이다.

빅토리아가 어렸을 때 아버지는 빅토리아와 다른 자식들을 정신적으로 학대했다. 술이 취해서 들어오는 날이 많았고 그럴 때면 욕을 해댔다. 다음은 빅토리아가 상담을 할 때 이야기한 꿈이다.

"꿈에서도 지금의 나이였는데 왠지는 모르지만 어려진 기분이었어요. 어떤 나무를 다듬고 있었는데 아버지가 화난 얼굴로 못을 갖고 오셨어요. 나무에 참새가 있었는데 아버지는 참새한테 못을 대 보는 것이었어요. 제가 무슨 말을 하면 참새가 죽을까 봐 아무 말 못했어요. 아버지는 못 박는 총을 가져왔는데 참새는 도망가지 않았어요. 아주 작고 귀여운 녀석이었는데 아버지는 못총으로 쏘고 말았어요. 그렇게 예쁘고 순진하고 자유로운 참새에게 그런 짓을 하는 사람이 우리 아버지라니요! 저는 아버지가 싫다고 소리 질렀어요."

빅토리아의 아버지는 크로노스와 같다. 자신은 모르지만 자식에게 아름답고 좋은 것이 있는 걸 두고 보지 못한다. 빅토리아는 이 꿈을 꾸고 문제가 있는 사람은 자신이 아니라 아버지였다는 걸 알았다고 했다. 그 뒤 자기 안에 담아 두었던 그 문제를 밖에 내놓고 해결했다. 몇 주 뒤 다음의 꿈을 꾼 빅토리아는 충격을 받았다.

"제 동생, 다른 사람 한 명과 함께 엘비스 프레슬리의 집에 갔어요. 그 집에는 작고 이상한 유령 같은 것들이 떠다녔어요. 마루가 녹기도 하는 둥 괴상한 일이 생겼어요. 저는 완전히 겁에 질렸지만 겁먹은 모습을 보이면 유령이 더 설칠 것 같아서 태연한 척했어요. 얼마 후 이 집에 살았던 사람들의 유령이 끔찍한 모습으로 나타났어요. 마치 누군가가 이 무서운 집의 비밀을 알려 주는 듯했어요. 우리는 그 집을 수선하려고 페인트를 칠했어요. 그러자 유령이 화를 내면서 말했어요. '그만두지 않으면 이런 것이 나올 거야.' 곧 눈에서 페인트가 흘러나오는 유령이 나왔어요. 그 유령은 엘비스 프레슬리가 아니라 화가 난 어린 여자아이였어요."

빅토리아는 끔찍한 몰골로 있던 작은 아이가 자신이라는 걸 깨달았다. 빅토리아는 늘 다른 사람의 감정을 상하게 하지 않으려고 감정을 드러내지 않았던 것이다. 무의식이 아버지를 사람이 아니라 유령으로 그린 이유는 아버지의 영향이 실체가 없고 보이지 않는 것이었기 때문이다.

『10,000가지 꿈 해석(10,000 Dreams Interpreted)』을 쓴 파멜라 볼은 유령이 나오는 꿈을 꾸는 이유를 다음과 같이 말한다.

"옛날의 기억이나 감정을 떠올려 행동의 이유를 알기 위해서이다. 이제는 사라지고 없는 것들을 만나면 지금 여기에서 바람직한 행동을 하게 된다"(2000, 204쪽).

빅토리아는 어른이 되어서도 아버지의 학대를 받은 것은 아니지만 그 영향이 남아서 때때로 까닭모를 울화가 치밀고 다른 사람을 자신의 마음대로 하려고 했던 것이다. 이 수동적이면서 공격적인 성격이 아버지 탓에 생긴 것이라는 걸 이 꿈을 꾸기 전에는 몰랐다. 이제 유령의 그림자는 사라졌고 빅토리아는 아버지와 바람직한 관계를 맺을 수 있었다.

빅토리아의 꿈에서 알 수 있듯이 무의식은 의식이 인지하는 시간의 제약을 받지 않는다. 무의식에게 과거, 현재, 미래는 다를 것이 없다. 그리하여 빅토리아가 자신이 이전에 정리하지 못한 오래되고 실체가 없는 기억에 휘둘리고 있었다는 걸 깨달았을 때, 비로소 과거가 아닌 앞날을 바라보게 되었다.

> **요약**
>
> 아버지의 원형은 양면성이 있고 강력한 남성 에너지를 나타낸다. 긍정적인 면의 아버지는 현명한 왕, 정의로운 통치자여서 강하고 헌신적이다. 부정적인 면의 아버지는 다른 사람의 아픔을 아랑곳하지 않고 힘을 휘두르려고만 하는 독재자이다. 후자는 타인을 존중하지 않고 무력하게 만들며 파괴로 몰고 간다. 그러한 아버지 슬하에서 자란 아이는 다른 이와 관계를 맺을 때 자신이 없고, 수동적이거나 또 한편, 공격적이 되곤 한다.
> 빅토리아는 꿈을 통해 자신이 그러한 사람이라는 것을 깨달은 뒤 자신 있게 세상을 살아갈 힘을 얻는다. 부정적인 아버지의 원형은 우리를 자라지 못하게 하지만, 꿈을 통해 그 부정적인 면을 극복한다면 건강한 인간으로 세상을 살아갈 기회를 얻는다.

그림자

그림자 원형을 자신의 모습으로 하고 싶은 사람은 없을 것이다. 융은 이 그림자 원형 이미지가 원시적이고 본능적인 우리의 모습이며, 우리가 그늘에서 벗어났다고 생각하더라도 사실 예상치 못하는 순간에 무의식의 바닥에서 터져 나올 때를 조심스럽게 엿본다고 했다. 울프(Wolf)는 중독에 대한 담론에서 그림자의 힘을 인정하고 있다.

"욕망, 충동과 같이 인간을 조종한다. 욕망과 충동이 솟아나면 의지대로 움직일 수 없고, 그 정도가 심하면 중독 증상이 나타난다. 그 사람은 꼭두각시가 되어 누군가가 줄을 움직이는 대로 따라갈 뿐이다." (1996, 189쪽)

융에게 그림자 원형은 인간이 그 존재를 인정하고 자기 것으로 삼지 못한다면 그 사람을 파괴할 수도 있는 것이었다. 꿈에서 융을 만난 테드는 자신이 알코올중독자라는 걸 인정하고 극복하고자 한다. 그림자는 그 힘이 어떤 것인지 알 수 없기 때문에 두렵다. 다른 사람과의 관계에서는 폭력, 증오, 편견이 있을 때 고개를 든다. 개인적으로도 그림자 원형으로 울화와 난동이 이유 없이 불쑥 솟아나는 것이다.

로버트 루이스 스티븐슨이 1886년에 출간한 『지킬 박사와 하이드』가 바로 이 그림자 원형을 소재로 한 고전이며, 존 가드너의 『그렌델』에서도 같은 이야기를 읽을 수 있다.

그림자는 꿈에서 자신과 같은 성(性)의 인물이 되어 끔찍하게 괴롭힌다. 그림자는 없어지지 않는다. 그래서 보기 싫지만 따라다니면서 괴롭히는 형이나 언니, 내 마음대로 하고 싶지만 지독하게 말을 듣지 않는 동생으로 나올 때가 많다.

그림자는 소유욕과 강박이다. 그것이 두려움, 화, 도덕적 비극과 그에서 나오는 무력감으로 표출된다. 그러나 꿈에 그림자 원형이 나오는 것은 자아를 통합할 수 있다는 신호이다. 내면에 있는 것을 의식으로 끌어내 대면하고 그 지배에서 벗어날 기회의 또 다른 표현이다. 그림자의 긍정적인 모습은 다음과 같다.

"본능과 직관의 어두운 샘에서…… 창조의 힘이 나와 새로운 모습으로 성장하며 새 목표로 향하게 한다…… 그림자는 '위험한 존재'이자 '우호적이고 귀중한 자산'이다."[테이시(Tacey), 2006, 54-6쪽]

사라는 다음의 꿈에서 그림자를 보았다.

"다시 17살로 돌아가서 아버지와 새어머니와 함께 살았어요. 어느 날 밤 부모님은 나가시고 저 혼자 집에 있었는데 나가실 때 새어머니가 문, 창을 다 활짝 열어놓고 나가신 것을 알았어요. 문을 닫으려고 나갔더니 문이 산산이 부서져 있었어요. 안에 있기가 무서워서 밖으로 나갔어요. 어떤 음울하게 생긴 아저씨를 만났는데 제가 그 아저씨한테 막 못된 소리를 하는 거예요. 날 건드리면 재미없을 거라고 소리쳤어요. 그렇게 불량하고 상스럽게 말한 적이 없었어요. 하지만 그러지 않았으면 그 아저씨가 저한테 무슨 짓을 했을지 몰라요."

사라는 점잖고 새침을 떨기도 하지만 세련된 아가씨이다. 욕은 거의 하지 않는다. 자신이 꿈에서 한 말은 들은 적이 없는데 어떻게 그런 소리가 나왔는지 모르겠다고 했다. 자기 자신도 싫은 언행을 했지만 그랬기에 스스로를 지킬 수 있었다. 사라는 자신의 어두운 자아를 이용해서 자기를 지킬 수 있었던 것이 자랑스럽다는 말도 했다.

협잡꾼

자신이 바보인 줄 아는 바보는
바보가 아니다.
자신이 똑똑한 줄 아는 바보는
정말 바보다.
[다마파다(Dhammapada), 부처의 말씀]

협잡꾼은 그림자 원형으로 나온다. 모습을 바꿀 수 있는 마법사처럼 마음대로 변신하거나 사라질 수 있다. 협잡꾼은 환영이다. 인간이 가면을 쓰면 협잡꾼이 광대로 나타나서 비웃고 장난을 친다. 꿈에서 인간의 계획을 그르쳐 버리기도 한다. 꾀가 많기 때문에 없애고 싶어도 죽일 수 없다. 그러나 그림자와 같이, 인간이 자기만족에 빠졌을 때 정신을 차리게 해준다.

"그리스 신화에서 헤르메스 신은 영혼을 인도한다. 헤르메스는 협잡꾼, 도둑이며 새로운 것을 잘 생각해 내고 익살스러우며 영혼을 저승으로 인도한다……. 타로카드에서 메이저 아르카나의 두 번째이다. 타로카드에서는 두 가지가 분리되어 창의성을 나타낸다. 그와 같이 마술사 헤르메스는 무에서 유를 만든다. 혼돈에서 질서를, 질서에서 혼돈을 취한다. 협잡꾼이 아니면 할 수 없는 일이다. 협잡꾼은 혼돈과 질서를 넘나들며 기성 질서를 파격적으로 무너뜨린다." (울프, 1996, 218-19쪽)

상황을 보지 못하거나 무엇인가 착각하고 있는 일이 있으면 협잡꾼이 꿈에 나와 바로잡아 준다. 에디트는 꿈에서 협잡꾼을 보았다.

"다른 사람들이랑 같이 식당에 있었어요. 식당 주인이 테이블과 우리를 저절로 들어올려 다른 자리로 움직이게 했어요. 믿기

지 않는 일이었지만 저와 일행은 그대로 식사를 시켰어요. 음식
이 나왔고, 제가 시킨 것이 제일 늦게 나왔어요. 다른 사람들 음
식은 다 신선하고 먹음직스러운 야채 샐러드였는데 제 것만 푸석
푸석한 고기였어요. 밥맛이 떨어져서 웨이터에게 이게 뭐냐고 했
지만 들은 체도 하지 않았어요. 그런데 그때 영화배우 줄리아 로
버츠가 나왔어요. 음식을 시켰는데 저처럼 무시당했어요. 그러자
줄리아 로버츠가 총으로 웨이터를 쏘았어요. 그런데 웨이터가 카
메라를 꺼내서 방패처럼 총알을 막았어요. 줄리아 로버츠는 다른
생각이 들었는지 자기가 멋지게 드라이브를 시켜 줄 테니 자기
차에 타자고 했어요. 웨이터가 승낙하고 둘이서 드라이브를 하고
돌아왔는데 웨이터는 차에서 내려서는 고맙다는 말도 없이 자기
갈 데로 가 버렸어요. 그러다가 어떤 두 사람이 커다란 기구를 하
나씩 타고 남극 위를 나는 것을 보았는데 갑자기 기구가 하늘에
서 터져 버렸어요."

이 꿈은 평생 인정받지 못하던 에디트에게는 의미심장한 꿈이
었다. 줄리아 로버츠가 무시당한 것은 에디트뿐만 아니라 여자
라면 지위에 상관없이 어느 정도 무시를 당한다는 것을 보여준
다. 협잡꾼은 유사 이래로 성 불평등이 있다는 걸 익살맞게 보여
준다. 이 꿈은 환상에 대해서도 이야기한다. 줄리아 로버츠는 가
상 세계인 스크린에서 출세한 배우이다. 기구를 타고 날아다닌
사람들이 협잡꾼이며, 기구가 터진 것은 성 불평등이 사실은 아

무엇도 아닌 허상이라는 걸 말한다. 기구가 터진 남극은 춥고 얼음이 덮인 곳이다. 이 꿈은 얼음이 녹듯이 비밀이 드러날 것을 암시한다.

다음의 꿈에서는 마술을 구경하는 사람이 그 트릭을 알아보는 장면이 나온다. 다음은 그의 기록이다.

"마술사가 마술을 부렸다. 아무도 무슨 트릭인지 몰랐다. 하지만 내가 마음의 눈으로 눈속임을 알아보고 마술사에게 말했다. 마술사는 자기 트릭을 알아보는 사람이 있다는 사실에 깜짝 놀랐다."

요약

꿈에 협잡꾼 원형이 나왔다면 지금 여러분이 보지 못하는 것을 보게 된다. 보고 싶지 않더라도 보아야 한다. 지금 여러분이 현실이라고 생각하는 것이 환영이라는 걸 일깨우는 것이 협잡꾼이다.

에디트는 자신이 별 볼일 없는 사람이라서 하찮게 대우받는다고 생각했다. 그런데 협잡꾼 원형이 줄리아 로버츠를 통해 무시 받는 사람이 에디트만이 아닌 여자들의 이야기이며 그 불평등이 곧 없어질 것이라고 알려 준다.

페르소나

사람들에게 나를 보여주고 싶은 대로 옷을 입는다. 집단 무의식이 스스로를 표현하고 싶은 대로 입는 옷이 페르소나이다. 페르소나는 깨어서 활동하는 동안 세상을 향해 쓰고 있는 가면이다. 나의 실제 모습이 페르소나가 되어야 하지만, 내가 아닌 모습을 페르소나로 만들려면 말썽이 생긴다.

융은 꿈에 나오는 페르소나가 허수아비, 떠돌이, 황량한 풍경으로 인간의 가식을 지적한다고 한다. 꿈에서 벌거벗었다면 페르소나를 잃은 것이다.

경제적으로 궁핍하던 실비아는 여유가 생겼을 때 다음의 꿈을 꾸었다.

"어떤 여자 거지가 여기저기를 기운 누더기를 걸치고 있었어요. 아주 상거지 꼴인 이 여자는 그 몸에도 어딘가 바늘로 기운 곳이 없나 할 정도였어요. 제가 적선해 주었더니 감사하다고 했어요."

신의 아이

신의 아이는 인간이 개성화를 하도록 하는 재생의 힘이다. 누군가의 꿈에 나오는 신의 아이는 진정한 자아요, 그 사람 자체이다. 신의 아이는 보통 천진하고 약한 어린아이로 등장하지만 아주 큰 변화의 능력이 있다.

킴(Kim)이 혼자 있게 되어 처음으로 삶에서 크게 필요한 것이 없게 되었을 때 꿈에서 신의 아이를 보았다. 이후로 몇 년 동안 여러 사람이 나오는 꿈에서 '내 아이'를 되찾아야 했다. 킴이 꾼 꿈을 순서대로 적었기 때문에 통합과 치유가 천천히 진행되는 걸 알 수 있었다.

"어느 뚱뚱한 여인이 제 아이를 빼앗아 갔는데, 저는 나쁜 어머니라는 생각이 들어서 여자가 달라는 대로 아이를 내주고 말았어요. 아이는 그 여자에게 가더니 싱글벙글했어요. 그래서 잘 되었다고 생각했지요. 그런데 이 애가 어떤 무대로 올라가 춤추고 노래하더니 무대 앞으로 나와서 진짜 엄마, 바로 저를 애타게 불렀어요. 자기를 다시 데려가라고 애원하는 것이었어요. 눈물이 나게 기뻤지만 무대 앞에 있는 관객을 보고 그게 저한테 하는 게 아니라 관객에게 보여주는 연기라고 생각할 뻔 했어요. 하지만 그게 아니었어요. 아이는 정말로 저더러 자기를 데려가라고 외치는 것이었어요. 그러다가 제 아이와 그 여자가 버스에 탔는데 버스가 말을 듣지 않고 제멋대로 갔어요. 누가 나서지 않으면 사고가 나서 죽을 것 같았지만 저는 할 수 없다고 생각했어요. 아이와 여자가 탄 것이 오토바이로 바뀌었고, 누군가가 역시 오토바이를 타고 쫓아가서 구해 주었어요."

꿈의 의미는 두 가지이다. 킴이 빼앗긴 아이는 트라우마를 겪었을 때 분열되는 자아이다. 어머니인 킴이 적극적으로 아이를 찾아야 했지만 당시 킴은 자존감이 크게 떨어져 있어서 그러지 못했다.

일 년 반이 지나고 나서 킴은 다음의 꿈을 꾸었다.

"누워 있는데 주위의 기(氣)가 차가워지더니 빙빙 돌았어요. 사악한 기운이 느껴졌지만 가위에 눌린 것처럼 움직일 수 없었어요. 하지만 두렵지는 않았어요. 어떻게든 일어나야 했어요. 이제까지 이런 나쁜 꿈을 꿀 때 그랬던 것처럼 대천사 미카엘과 하나님께 기도했어요. 그때 제가 누워 있는 방이 보였어요. 아주 크고 창문에는 하얀 커튼이 달려 있는데 열려 있었어요. 그러다 다른 방으로 갔어요. 그 방에는 어떤 어린아이가 더 큰 침대에 누워서 노래를 하면서 뒹굴고 있었어요. 가까이 가서 살갗을 보니 아기가 아니라 늙은이였어요. 늙다 못해 살이 문드러질 정도였어요. 제가 그 기 안에 갇힌 것처럼 지금 눈앞에 있는 것도 트랜스 상태에 있었어요. 보기에는 끔찍했지만 그것을 들어 올려 안았어요. 그것을 데리고 제가 있던 방으로 가든 여기서 같이 있든 곁에 두고 있기만 하면 다 좋았어요."

킴은 꿈에서 깰 때 행복했다고 했다. 무언가 특별한 일이 일어난 것이다. 두려움을 극복하고 아이가 있는 방으로 들어갔다. 분열되어 오랫동안 떨어졌던 자아를 다시 끌어안았다. 다시는 자신의 진정한 자아를 모른 체하지 않겠다고 다짐했다. 몇 주 뒤 킴은 삶의 방향을 완전히 바꾸어 집으로 돌아갔다.

2년 뒤 이 주제가 세 번째로 나타나는 것을 보았다. 꿈에서 본 사람은 그 4주 뒤에 죽었다.

"접대실 매트리스에서 자고 있었어요. 맞은편에 암 말기에 이른 젊은 남자도 매트리스에서 자고 있었어요. 왜 저런 사람이 제 집에 있는지 알 수 없었죠. 그때 누군가가 저를 부르면서 제 어깨에 손을 얹었어요. 돌아보니 제가 안 쓰던 방에 둔 채 잊어버렸던 여섯 달 정도 된 아이가 있었어요. 놀랍기도 했고 부끄럽기도 했어요. 이 애가 어떻게 문을 열고 들어올 수 있었을까요. 측은하고 미안했어요. 저는 아이를 안고 살펴보는 중에 어쩌다가 누워서 자는 사람을 깨웠어요. 그 사람은 저한테 아이가 있는 줄 몰랐다고, 그 아이는 어디에 있다가 나타났냐고 물었어요. 너무 마음이 무거워서 대답하지 못했어요. 다시 아이를 보니 추운 데 오래 있어서 파랗게 질려 있었어요. 아이는 자기가 있던 추운 방으로 다시 데려다 달라는 듯했어요. 같이 있던 사람이 자기가 안아 봐도 되겠냐고 물었어요. 제 생각에 자기가 데려가려는 것 같았죠. 저는 안 된다고 했어요. 이제는 아이를 아무한테도 주지 말고 제가 보살펴야 했으니까요."

2년 전에 꾼 꿈과 같은 것 같지만 큰 차이가 있다. 킴은 전의 꿈을 꾸고 나서 삶의 방향을 급진적으로 바꾸면서 되는 대로 살지 않고 사람답게 살기로 했다. 상처받은 정신을 치유하는 데도 힘을 쏟았다. 그러나 경제적으로 여유가 없었던 킴은 돈을 버는 와중에 연약한 자아를 또 소홀히 했다. 살 방도는 열심히 구했지만 자신의 내면과 감성은 돌아보지 않은 것이다. 사랑하는 사람을 잃은 슬픔에서 아직 헤어나지 못했지만 어떻게든 잘 살아가려고 했다.

그때 킴은 자신에게 신경을 쓴다고 생각했지만 아직 그렇지 못했다. 꿈에 나온 곳이 집이라는 것은 스스로를 망치는 기벽을 고쳐야 한다는 뜻이다. 킴의 용은 여기 있었다. 그리고 킴은 완전한 자신을 찾았다.

킴에게는 꿈에 나온 젊은 남자가 삶과 죽음의 문제를 상징하는 듯했다. 아이는 킴이 만든 것, 킴의 존재 이유였다. 암에 걸려 죽어가는 사람이 킴에게 어머니로서 아이를 거둘 것인가 말 것인가 하는 결단을 하도록 했다. 아이를 끌어안았다. 전의 꿈에서보다 더 기꺼이, 더 사랑스럽게 안았다.

또 이 꿈에서는 아이가 킴을 찾아 왔다. 전에 없던 일이었다. 킴이 연약한 자아를 되찾아야 했던 것처럼 아이도 어머니 킴이 있어야만 했던 것이다. 이런 꿈을 꾼 킴이 마음을 가라앉히기 힘들었던 것도 무리가 아니다.

킴은 이 꿈에 삶이라는 퍼즐의 다른 조각도 들어 있다는 걸 알았고, 어머니와의 관계도 돌아보게 되었다. 머독은 히로인의 여행에서 어머니와 딸의 사이가 멀어지는 것에는 개인적인 경우도 있고 많은 모녀가 함께 겪는 일도 있다고 했다.

개인적인 경우에는 공허감이 찾아온다. 이 공허감은 어머니 슬하에서 자랄 때 생겨 자신에게 여성적인 무엇인가가 빠진 듯하며, 자신이 어머니가 되었을 때도 엄마 노릇을 잘하지 못하게 만든다. 인류 전체의 역사에서 보면 부계 사회 전통에서 온 힘의 불균형이다. 어머니 대자연과 여성의 역할을 존중해야 하는데도 그렇지 못했던 것이다.

수천 년 동안 계속된 일이지만 그렇다고 언제까지나 두고 볼 수는 없다. 인류의 상처를 치유하려면, 창조, 생산, 양육, 자신을 표현하는 것이 여성적인 방식으로 이루어져야 한다. 여자가 남자와 평등해져야 세상이 치유될 것이다.

현대사회에서는 여자가 스스로를 어떻게 보는가보다 남자가 여자를 어떻게 보는가가 더 중요하다. 그러나 여자 스스로도 그에 일조했다. 여자들은 잘 보이기 위해 과도한 다이어트를 하느라 자신들을 거식증, 대식증으로 몰아가지 않았는가? '완벽한 엄마' 증후군에 빠진 사람 또한 적지 않다.

킴은 어머니 슬하에서 사랑을 받지 못했고 자신을 사랑하지도 못했다고 했다. 아이들에게 좋은 어머니였다고 생각했지만 돌이켜 보면 자녀들과 감정적으로 유대를 맺지 못했다. 슬프지만, 자신이 배운 대로 해줄 수밖에 없었던 것이다. 꿈을 꾸기 전에는 잘 몰랐으니 치유할 수도 없었지만 이제는 치유하고 있다. 이전에 하지 못한 것은 안타깝지만 지금이라도 치유를 하고 통합을 이루어야 한다.

어린 시절에 어머니의 사랑을 받지 못한 여성은 킴 말고도 많다. 우리 어머니 세대가, 어머니의 어머니들도 어머니로서의 역할을 할 기회가 별로 없었기 때문이다. 전쟁 통의 가난 속에서는 쉽지 않은 일이었다. 이건 자식을 기르는 이야기가 아니라 여성이 홀대를 받았다는 이야기이다.

남성 중심 사회가 여성의 역할을 바르게 인식하지 않았기 때문에 여성의 지위는 미약한 것이었다. 이제는 여성들이 여성의 지위에 관심을 갖고 바꾸어 나가고 있다. 뿐만 아니라, 여성들이 노력함에 따라, 남성들도 자신에게 여성성이 어느 정도 있다는 것을 인정하고 더 완전해지고자 한다.

아이가 먼저 킴에게 왔을 때 영혼에서 끊어졌던 부분이 다시 이어지는 듯했다. 어머니를 용서했듯이 자신도 용서받았다. 킴은 나흘 뒤에 다음의 꿈을 꾸었다.

"어떤 아저씨가 엄마를 침실로 데리고 들어갔어요. 엄마는 사랑을 나눌 줄 알았지만 아저씨는 엄마 가슴을 세게 걷어찼어요. 콰직 하고 뼈가 부서지는 소리가 났어요. 엄마는 심장이 터지고 말았어요."

킴이 놀라서 깬 순간 나무 같은 것이 부러지는 소리가 났다. 그때 알았다. 어머니의 영혼이 부서졌는데 딸에게 무엇을 줄 수 있었겠는가? 어머니는 평생 슬픔과 당신이 받은 학대로 만신창이로 살았다. 킴은 마음이 차분해져서 어머니를 용서했다.

이로부터 5주 뒤에 다른 꿈을 꾸고 킴은 자신의 정신 치유에서 가장 큰 진전을 본다. 기쁨과 사랑으로 내면의 아이를 끌어안았다.

> "아이를 안고 즐거워서 방을 빙빙 돌면서 정신없이 춤을 추었어요. 그때 꿈에 어머니가 나왔는데 젊어져서 빨간 드레스를 입고 빨간 립스틱을 바른 채였어요. 어머니는 저희를 보고 놀랐어요."

이제 킴은 다 나았고 통합도 완수했다. 오랫동안 열심히 노력한 덕이었다. 킴은 무의식 단계에서 트라우마를 극복했고 미래의 인생 각본도 새롭게 썼다.

킴이 몇 달 뒤에 다시 꾼 꿈을 보자.

> "모든 시련을 이기고 제가 딸아이를 길렀어요."

요약

꿈에 등장하는 신의 아이 원형은 어린 시절로 돌아가게 해서 정신의 깊은 상처를 어루만진다. 그리하여 다른 사람과 자신을 돌아보며 이해하고 동정하면서 용서하게 된다. 치유를 할 환경을 잘 갖추고 노력하면 신의 아이는 연속으로 나오기도 한다. 킴이 신의 아이를 처음 보았을 때는 내면의 잃어버린 부분을 찾을 수 없다고 생각했지만 계속 꿈을 꾸면서 확신을 얻고 이 중요한 일을 위해 노력하게 되었다. 마침내 킴은 어머니를 용서하고 신의 아이를 자신의 영혼 안에 끌어안아 통합했다.

현자

꿈에서 더 높은 단계의 의식을 의미하는 인물이 나왔다면 태고적 이미지로 나타나는 현자의 원형을 본 것이다. 이 현자의 원형은 꿈속에서 노인, 마법사, 학식이 많은 사람, 사제, 아버지 등 권위 있는 모습으로 나온다. 때로는 사제나 무당으로 등장하기도 한다.

현자 원형도 성장과 쇠퇴, 치유와 파괴, 호감과 혐오의 양면성이 있다. 현자는 인간을 더 높은 곳으로 데려가지만, 그 반대일 때도 있다.

헬렌은 다음 꿈에서 노파에게 중요한 메시지를 받았다.

"소파에 어떤 노파가 샤워 모자를 쓴 채 죽어 있었어요. 그 분과 아는 다른 여자 분이 오더니 죽은 채로 오래 쓰고 있었으니까 모자를 가져가야겠다고 했어요. 죽은 사람에게서 모자를 벗기려는 순간 목이 떨어지더니 액체가 솟아났어요. 죽은 노파가 눈을 번쩍 뜨고 시퍼런 눈으로 저를 똑바로 쳐다보며 이런 말을 해주더군요. 지금 제 힘은 남성적인 것이고, 마지막으로 하늘과 땅이 조화를 이루게 하는 일을 해야 한다고 알려줬어요. 그 순간 노파의 눈에서 태양광선 같은 게 번쩍였어요."

헬렌은 자신의 한 부분을 아주 오랫동안 잠든 채로 두었다. 지혜로운 노파는 바로 그 부분이다. 노파를 아는 여자가 죽은 이를 살렸다. 노파가 준 지혜는 의식과 무의식의 조화를 이루라는 것이었다. 그렇게 하면 '액체'가 솟아나올 것이었다.

아니마와 아니무스

남자 안에 여자가 있고 여자 안에 남자가 있다. 이로써 완전해진다.

—아슈크로프트-노비키(Ashcroft-Nowicki, 1983, 138쪽)

융은 모든 사람에게 전인간적인 잠재력이 있다고 생각했다. 그 잠재력에는 긍정적이고 부정적인 면을 각각 지닌 남성성과 여성성의 에너지가 모두 들어 있다. 여성 안에는 인류보편적인 남성이미지가 있다. 여성의 무의식 속에 있는 남성적 요소가 바로 아니무스이다.

한편 남성 또한 그 내면에 인류보편적인 여성 에너지가 있다. 남성의 무의식 속에 있는 여성적 요소가 바로 아니마이다. 각자자신에게 반대 성의 에너지가 있다는 걸 인정하고 자기 영혼에이 두 요소를 통합하여 균형을 맞추어야 한다.

남성에게 있는 여성적 에너지인 아니마는 가라앉는 기분, 감상, 직관으로 나타나며, 여성에게 있는 남성적 에너지인 아니무스는하는 일에 대한 열정과 노력, 성공과 권력을 향한 집념으로 드러난다.

이 긍정적이면서도 부정적인 에너지는 신화에서 영웅과 악당에게 투사된다. 긍정적인 아니마는 아름다운 처녀 신으로, 긍정적인 아니무스는 헤라클레스와 같은 영웅으로 나올 수 있다. 또한부정적인 아니마는 약삭빠르고 잔혹한 여자로, 부정적인 아니무스는 비겁하고 나약한 남자의 모습을 입는다.

사람은 좋아하는 이성과 배우자에게서 그 사람의 반대 성의 한부분을 본다. 여러 사랑 이야기에서 남녀가 헤어졌다가 다시 만나는 것은 인간의 정신이 늘 하는 일이다. 아담과 이브의 이야기는다음에 대한 것이다. 완전한 자아에서 에고가 지혜를 얻기 위해떨어져 나갔다. 그리고 자신과 반대의 성을 탐색하면서 자아로 다시 돌아온다. 인간이 마음에 그리는 그 반대 성의 부분은 바로 자신이 이상형으로 여기는 배우자의 모습이다. 내 자아의 내면과 같은 생각을 가진 사람을 찾는 것이다. 아슈크로프트-노비키는 다음과 같이 말했다.

"남자도 여자도 다른 사람에게서 자신의 내면 이미지를 찾는다. 결국 가장 비슷한 사람을 사랑하게 된다. 단지 환영에 혹하여 잘못된 선택을 할 수도 있다……. 그렇다면 자신의 이미지를 올바로 보지 못해서이다."(1983, 138쪽)

꿈에 나오는 아니마와 아니무스

꿈은 끊임없이 우리 의식의 불균형한 태도를 바로잡으려 한다. 훌륭한 모습이든 하찮은 모습이든 꿈에 나오는 이 모습들을 통합해야 균형을 잡을 수 있다. 아니마와 아니무스는 남성과 여성이 각각 자기 내면의 여성성과 남성성을 무시할 때 나타난다.

아니마와 아니무스는 우리가 의식의 균형을 되찾아 정신의 화합을 이루는 것은 물론, 반대 성에 투사하는 모습을 우리 자신 안에서 인정하기보다 동일시할 필요가 있을 때 나타난다. 꿈에서 갇혀 있는 공주를 구하러 갔다면 무의식에서 아니마가 떠오른 것이고, 백마 탄 왕자님이 와서 구해 주었다면 아니무스가 찾아온 것이다.

원형의 아니마와 아니무스를 자기 안에서 알아보지 못하면 이

들은 타인에게 투사되며, 결코 세상에 존재하지 않는 연애의 상대를 찾아 헤맨다. 이렇게 자기 내면의 아니마나 아니무스가 투사된 사람을 만난다면 처음의 매력이 착각이었다는 것을 깨닫자마자 헤어지는 일이 많다.

내 안에 있는 부정적인 아니마와 아니무스를 인정하고 내 것으로 소화하면 다른 이에게 환영을 투사해서 스스로에게 속는 일도 없을 것이다. 그러므로 꿈에서 이들이 나오면 찬찬히 살펴보자. 자신의 내면에 품고 있는 반대 성의 모습이 어떤 것인지 깨달으면 환영에 사로잡히지 않고 정신세계를 바람직하게 가다듬을 수 있을 것이다.

다음의 질문을 기억하자.

- 남성 혹은 여성적 에너지가 나타났는가?
- 에너지는 어떻게 표현되었는가? 현실에서 아는 사람인가 혹은 원형인가?
- 아니마/아니무스는 긍정적인 것이었는가? 아니마/아니무스 중 당신이 바라는 모습은 어떤 것이었는가?
- 아니마/아니무스는 부정적인 것이었는가? 당신이 대면해야 할 어떤 모습을 보여 주었는가?
- 그 에너지를 보고 무슨 생각이 들었는가?
- 에너지는 구체적으로 어떤 것이었는가?
- 아니마/아니무스가 여러분 자신에 대해 알려준 것은 무엇이

었는가?

➤ 알게 된 것을 받아들이고 자신의 것으로 소화하려면 무엇을 바꾸어야 하는가?

아니마와 아니무스의 꿈은 9장에 소개한 꿈들과 비슷하다. 그러나 아니마와 아니무스는 더 강렬하고 신비스럽기까지 하다. 이미지가 너무 강하게 다가와서 꿈을 꾼 사람이 감정적으로 격하게 반응할 수도 있다.

꿈에 이 원형들이 나올 때는 너무 비현실적일 때가 많다. 물론 탑에 갇힌 공주와 백마를 탄 기사는 실제로 존재하는 인물이 아니라 긍정적이거나 부정적인 모습의 아니마, 아니무스와 연관된 집단 무의식의 원형이다. 여러분에게 큰 영향을 미치는 그 메시지를 들어야 한다.

긍정적인 아니무스

여성의 정신은 내면에 있는 긍정적인 아니무스로서의 남성성을 통해 에고를 발달시킨다. 샌포드는 그에 대해 다음과 같이 기술했다.

"아니무스는 생명을 주는 인물로 나타나 여자가 개성화를 이루도록 한다. 외부로 나가 적극적으로 활동하도록 하여 성장을 돕는다." (1978, 132쪽)

여성이 성숙하면 긍정적인 아니무스도 바뀐다. 젊을 때는 운동선수였다가 낭만적인 사람으로, 다음에는 아버지의 형상이나 정신적인 지주가 된다. 나도 지금까지 수많은 아니무스를 만나 자신감을 얻고 내면의 힘을 이용해 성장할 수 있었다.

무의식은 그때그때 알맞은 이미지로 메시지를 전달한다. 실비아가 이혼하기 몇 년 전 긍정적인 아니무스가 나타나 갑작스러운 변화에 대비하게 했다. 그래서 실비아는 다른 삶의 방도를 찾을 수 있었다.

"풀과 곡식만 드문드문 자랄 수 있는 좁은 땅에 어느 어린 흑인 여자아이가 살았어요. 다만 거기엔 나무는 없어서 열매는 먹지 못하고 땅에서 나는 것만 먹었어요. 어느 날 이방인 아이가 나타나서 소녀에게 다른 데로 가서 먹을 것을 찾아보라고 했어요. 그 작은 땅에 계속 사는 것이 좋으냐는 이방인 아이의 물음에 소녀는 다른 곳으로 가 본 적이 없다고 대답했어요. 이방인 아이는 소녀 곁에 있으면서 소녀가 알지 못했던 것을 이것저것 알려 주었고, 마침내 소녀는 새 땅을 찾아 나설 용기가 생겼어요."

몇 년 뒤에 실비아의 꿈에 긍정적인 아니무스로 마법사가 나왔다. 실비아는 이 원형을 보고 자신의 미래를 선택할 결심을 했다.

"집에 제가 모르는 사람이 둘 있었어요. 저는 친구가 몇 년 전

에 생일선물로 준 놋쇠로 된 마법사의 부적을 들고 있었어요. 그
놋쇠 부적이 살아나더니 느닷없이 사람이 되었어요. 그러자 다들
놀라서 자빠질 뻔했어요."

다음 꿈에서는 강력한 아니무스가 전 남편의 모습으로 나타난
다. 실비아는 이를 통해 스스로를 돌아보고 버려야 할 것들을 많
이 버린다.

"제가 방을 청소하고 크레이그가 도와주었어요. 집 한가운데
있는 방이었어요. 그 방을 다 치우고 나서 크레이그가 방 여기저
기 거울을 놓아두었어요. 그러자 방이 훨씬 더 커 보였지만 저는
호스를 들고 물을 틀어 거울을 다 쓰러뜨렸어요."

부정적인 아니무스

여자가 학대를 받으면 부정적인 아니무스가 찾아온다. 폭군 같
거나 나약한 남자가 이 아니무스로 등장한다. 이렇게 되면 여자
는 학대를 받은 관계를 유지하거나 아니면 반대로 자신이 다른
사람을 학대한다. 어디까지나 무의식적인 일이라는 건 말할 것도
없다.

이 사실을 의식하면 왜 나는 나를 못살게 구는 남자 아니면 내
마음을 알아주지 못하는 남자와만 엮이는 걸까 하고 괴로워한다.
자신이 마주하고 있는 것이 원형의 에너지라는 것을 모르면 이

고리에서 헤어 나오지 못한다.

에일린이 상담을 시작할 때 이야기한 첫 번째 꿈에서 바로 이 왜곡을 볼 수 있다.

"가축우리 안에 추위로 병이 난 작은 짐승이 있었어요. 짐승은 너무 아프고 고통스러워서 누가 죽여 주었으면 했지만 아무도 그렇게 해주지 않았어요. 전 사람들한테 화가 났어요. 그때 우리 안에 어떤 여인이 있는 것을 보았는데, 그 여인은 추운 우리 안에 있는 게 좋다고 말했어요."

에일린은 자신이 마음에 그리는 배우자를 찾을 수 없다고 생각하며 단념하고 있었다. 어렸을 때 아버지가 학대했기 때문에 에일린은 아버지와 같은 사람은 절대 만나지 않으리라 결심했다. 그런데 만나는 사람마다 무언가 이상했고 그래서 헤어졌다. 에일린은 애인을 만들 때마다 또 헤어지게 될 것이라고 생각했다.

괜찮은 사람을 만나더라도 무언가 또 잘못되지나 않을까 걱정했고 정말로 잘못되었다. 에일린의 남성성이 왜곡된 탓이었다. 일그러진 에일린의 남성적 부분이 괴로워하는 짐승의 모습으로 꿈에 나왔다. 그리고 에일린은 그 짐승에게 아무것도 해주지 않고 차가운 우리에 같이 앉아 있을 뿐이다.

꿈을 꾸고 진지하게 받아들이는 사람에게는 꿈이 협력하여 앞으로도 더 큰 통찰력을 준다. 에일린이 그랬다. 다음의 꿈을 꾸고 왜 만나는 사람들마다 모두 잘못되는지 알았다. '약한 남자를 사랑하는 여자'라고 제목을 단 꿈을 보자.

> "제가 사귀던 사람이 어떤 여자랑 같이 있었는데 어딘가 불편한 것 같았어요. 여자는 예쁜 단발머리였어요. 이 사람은 여자와의 관계에서 무엇엔가 자신이 없는 모양이었어요. 남자가 무엇인가를 해야 할 것 같았어요. 그때 그 둘이 같이 침대에 있는 장면이 보였어요. 남자는 손가락이 부러져 힘없이 가만히 있었어요. 낙심해서 여자를 바라보지 않고 침대 반대쪽으로 고개를 돌렸어요. 하지만 여자는 이 사람을 사랑했어요."

손가락이 부러진 남자를 사랑하며 그와 함께 침대에 있는 여자는 에일린이다. 에일린의 남성 상(象)으로서 에일린이 만나는 남자들은 손가락이 부러진 꿈속의 남자처럼 약해야 했다. 그래야 에일린이 마음대로 할 수 있는 것이다. 에일린은 그런 나약한 남성이 아니무스인 이상 제대로 된 관계를 맺을 수 없다는 걸 깨달았다. 이 꿈은 그녀의 삶의 전환점이 되었다.

펠리시티 역시 해방시켜야 하는 부정적인 아니무스를 꿈에 만났다. '다른 이를 무시하는 노인'이라고 이름 붙였다. 많은 여자들이 오래 전부터 인류보편적인 아니무스에게서 오래되고 무기력하게 하는 메시지를 들었다. 펠리시티도 그 중 한 명이다.

"헬리콥터가 나오는 꿈이었는데 자세히 기억나지는 않아요. 소변 검사를 했더니 임신으로 나왔어요. 어떻게 아이를 가졌는지 알 수 없었어요. 물론 아버지가 누구인지도 몰랐어요. 아는 사람들에게 이야기했더니, 어떤 사람이 이제 자식들을 낳고 제가 늙으면 고생스러울 거라는 말을 들었어요. 앞날이 녹록치 않으리라는 것을 알았지요. 뱃속의 아이가 하나가 아니라는 것도 알고 있었거든요. 그 사람은 그 고생을 감당할 수 있는 여자만 아이를 갖게 된다고 했어요. 그러다 제가 아는 노인을 보았어요. 노인은 재빨리 예쁜 여자들을 점찍었어요. 저는 이 노인이 좋았지만 이 사람은 아이를 가진 저를 거들떠보지 않고 무시했어요. 우리 둘은 전철을 타고 앞치마로 함께 몸을 감았어요. 가다가 제가 앞치마를 풀라고 해서 남자는 내렸어요."

긍정적인 아니마

긍정적인 아니마는 남자의 무의식에 있는 여성성의 원형이다. 긍정적인 아니마는 남자에게 감정을 조절하고 직관을 기르며 영혼을 성찰하게 해준다. 그리하여 남자는 보다 더 영적인 인간이 되는 것이다. 남자는 내면의 아니마에게 다음과 같이 반응한다.

"아니마 덕분에 남자는 따뜻하고 진정한 감정을 품을 수 있게 된다. 자신에게 없는 요소, 즉 여러 가지 일을 동시에 하는 능력, 받아들이는 성품, 섬세하고 적응을 잘하는 성향 등 여성성에 눈

을 뜬다." (볼, 2000, 28쪽)

이 원형은 꿈에 여신, 여황, 미녀와 같은 밝은 여성 이미지로 나온다.

부정적인 아니마
융은 다음과 같이 적었다.

> "남자가 아니마로서 처음 맞는 것은 어머니의 모습이다. 어머니에게 부정적인 영향을 받은 남자는 꿈에서 참을성이 없고 조급하며 자신감이 없는 음울한 아니마를 본다." (1964, 186쪽)

프랑스인은 부정적인 아니마를 팜므 파탈, 즉 요부, 치명적인 여인, 악녀라고 표현한다. 신화와 영화, 문학 작품에 마녀, 여사제와 같이 무의식의 힘과 연관된 여자로 등장한다. 남자는 부정적인 아니마를 주위의 여자에게 투사한다. 자신의 내면에 그러한 여성성이 있는 줄 깨닫고 그 부분을 바로잡으려는 사람은 별로 없다. 이 부정적인 아니마의 이미지를 뒤집어쓴 수많은 여인들이 16세기에 화형 당했다.

남자가 꿈에서 보는 아니마는 팜므 파탈이 되어 남자를 유혹한다. 그렇지 않으면 초라하거나 옛날 옷을 입은 모습으로 나온다. 16장에서 웨인이 만난 18세기 복장을 한 여자가 부정적인 아니마이다. 웨인의 여성성과 여성관은 아주 낡은 것이어서 시대에 맞게 고쳐야 했다. 남자가 이 부정적인 아니마의 그림자를 자신의 것으로 인정하고 아니마를 정리한다고 해도 남성성이 약해지지는 않는다. 오히려 더 강해진다.

숨어 있는 아니마와 아니무스

아니마나 아니무스가 숨어서 실루엣으로만 보일 때가 많다. 이때는 전혀 의식할 수가 없다. 그리고 이 아니마나 아니무스를 품은 사람은, 자신이 무엇을 하는지, 이유도 모르고 타인과의 관계를 망친다. 16장에서 도린은 CEO의 꿈을 꾸고 이 일을 겪었다.

"그러고 보니 방에 감옥이 있었어요. 이 집 식구들은 어디 나갈 때면 그 약한 CEO를 감옥에 가두었던 것이었어요. 창살 위에 내려서 덧씌울 수 있는 벽도 있었지요. 그 벽이 내려오면 그 안에 누가 있는 줄은 아무도 모르게 되었어요."

도린은 이 꿈을 꿀 때 내면을 정리하는 중이었고, 이 꿈에 대해 여러 감정이 일어났다. 아주 중요한 문제에 가까이 가는 것 같았다. 내면 자아를 오랫동안 가두어 둔 사람이 바로 자신이라는 사실을 알고 경악했다.

오래 전부터 이런 '어두운 부분'이 모습을 바꾸어 나오는 꿈을 꾸었지만 이번에야 무슨 뜻인지 알았다. 다음의 꿈은 도린이 위의

CEO 꿈을 꾸기 몇 년 전에 꾸고 기록한 것으로, 어둠 속에서 그와 함께 걸어간 이야기를 그리고 있다.

"밤에 마라톤을 하고 있었어요. 조금만 더 가면 저희 집이 나올 참이었어요. 제 뒤에서 트럭이 전조등으로 제 앞을 비추어 주면서 오고 있었어요. 그런데 오토바이를 탄 어떤 아저씨가 제 옆에서 라이트도 켜지 않고 달리고 있더군요. 그 사람은 완전히 어둠 속으로 다니는 것이었어요."

다음의 꿈이 전환점이 되어 도린은 이 어두운 부분을 마주보게 된다.

"아기 어머니가 나가고 없을 때 아기를 보고 있었어요. 탈 없이 잘하고 있었는데, 엄마가 들어오니까 이 녀석이 방에 온통 응가를 해버렸어요. 큰일 났다는 생각이 들었어요. 기저귀를 갈아야 겠는데 기저귀도 어디 갔는지 안 보였어요. 아기 엄마는 저를 막 닦아세웠어요. '아가씨는 도대체 어떻게 막돼먹었길래 저 꼴이 되도록 애를 그냥 내버려 뒀어요?' 제가 그랬지요. '얌전히 잘 있었는데 어머니가 오시자마자 저러지 뭐예요.' 그러니까 아주머니는 또 이렇게 말했어요. '아가씨가 그 흑인 애인이랑 다닌다는 소문은 진작부터 들었어요.' 저는 기분이 상했지만 조용히 대답했어요. '죄송합니다만 저는 러시아 사람하고 결혼했답니다.' 그리고 이번에는 제 아이를 품에 안고 그 집구석에서 나왔어요. 길을 가다 보니 가파른 내리막이 보였어요. 그 아래쪽으로 골짜기에서 어렴풋이만 보이는 어떤 사람이 우리를 쫓아오는 것 같았어요. 아이가 다른 데로 가자고 했어요. 그래서 다른 쪽으로 가니까 수도원이 나왔어요. 그 사람이 거의 다 쫓아왔을 때 수도원 앞을 지나가면서 근처에 있는 여자들한테 이상한 사람이 왔으니까 안으로 들어가라고 했어요. 하지만 저는 밖에서 아이를 데리고 벽 뒤에 숨어서 어떻게 되나 살폈어요."

이 꿈은 도린에게 한 가지 시나리오로 인생의 여러 부분을 돌아보게 한다. 수도원은 도린이 보호를 받는 자신의 공간이다. 수도원 밖에서 이상한 사람을 만났다는 것은 어두운 아니마를 있는 그대로 마주했다는 뜻이다. 뿐만 아니라 도린이 먼저 욕망에 이끌려 골짜기로 내려감으로써 그 사람을 만났다. 골짜기는 도린의 깊은 무의식이다.

도린의 아이는 다른 곳으로 가자고 했다. 의식으로 나가자는 말이었다. 아이는 도린의 창의성을 상징한다. 자신은 보이지 않고 상대를 볼 수 있는 곳에 숨었을지언정 수도원 안으로 들어가 보호받고자 하지는 않았다. 몇 주 뒤에 도린은 같은 꿈을 꾸었다. 이번에는 좀 더 대담하게 이 숨겨진 자아를 보게 된다.

"제가 찾는 사람이 잠수함에 타고 있었어요. 잠수함이 수면으로 나왔고 그 사람이 나오기를 기다렸지만 나오지 않았어요. 그래서 제가 있던 곳 한가운데 있는 탑에 올라가서 속임수로 그 사람이 나오게 만들었어요. 그 사람이 잠수함에서 나와서 탑으로 왔어요. 잠수복, 잠수 헬멧, 산소통 같은 잠수 장비를 착용한 채였어요. 날씬한 사람이었는데 오른쪽 궁둥이가 튀어나왔어요. 그 사람은 저를 보려고 탑 주위를 돌았지만 저는 계속 움직이며 몸을 숨겼어요. 그러자 그 사람이 탑 계단으로 올라왔어요. 그때 잠이 깼어요."

도린은 아니무스와 술래잡기를 하고 있다. 잠수 장비까지 갖추고 바다 밑에 있던 아니무스는 도린의 꾐에 빠져 모습을 드러낸다. 탑은 큰 변화를 상징한다. 도린은 자신이 이 사실을 깨달았기에 앞으로 삶이 급격히 변할 것을 미리 알 수 있었다.

아니마/아니무스의 통합

연인은 어디선가 갑자기 만나는 것이 아니다.
연인은 늘 가슴 속에 함께 있다. (루미)

태고적 이미지로 나타나는 원형인 남성/여성 에너지의 존재를 깨닫고 인정했으면 이제는 그 아니마나 아니무스를 자아에 통합해야 한다. 융에게는 이 작업이 궁극적인 개성화였다. 남성과 여성, 음양이 조화를 이루는 태극처럼, 자아의 남성과 여성을 화합시켜야 한다.

『결혼식장으로 가는 길(On the Way to the Wedding)』을 쓴 린다 스키어스 레오나르드(Linda Schierse Leonard)는 마침내 결혼하여 하나가 되는 장면을 묘사한다.

"아주 다른 두 사람이 삶의 의미를 찾아 나선다. 영혼의 결혼은 영혼의 근원으로 우리를 데려간다. 영혼의 결혼은 내면의 결합이요, 혼인이며 융에게는 개성화의 절정이었다…… 곧 연금술과도 같은 결합이다……. 최고의 궁극적인 결합의 상징, 연금술의 상징…… 신성한 결혼은 궁극적으로 정반대의 것이 사랑을 통해 하나가 되는 걸 상징한다." (2001, 194쪽)

몇 년 전에 크리스틴은 결혼하는 꿈을 꾸고 정말 결혼하는 줄 알았다. 크리스틴은 나와 함께 꿈을 살펴보면서 내면의 균형을 맞추기 전에 무의식을 좀 더 다듬어야 한다는 걸 알았다.

"막 결혼식을 올리려는 참에, 제가 음식을 담당하게 되었어요. 음식이 모자랐어요. 신랑도 안 보이고 결혼식장에서 일하는 사람들은 옆 방 결혼식에만 신경 쓰느라 저 혼자 헤매게 되었어요. 그런데 그때 돌아가신 이모가 나타나셨어요. 이모는 신부가 식에 나갈 준비를 하지 않고 무얼 하고 있냐고 하시면서 거울을 보여 주셨어요. 음식을 만지자니 웨딩드레스를 망칠 것 같고, 얼굴은 크림으로 분칠이 되어 있었어요."

이다음에 꾼 꿈은 11장에서 살펴보았다. 그 꿈에서 크리스틴은 자신이 내면의 준비를 했고 '연금술'의 결혼을 할 수 있다는 걸 알았다. 그 중 위의 꿈과 연관되는 부분을 보자.

"그런데 멀리서 또 우당탕 하는 소리가 났어요. 이번에는 왼쪽 이었는데, 어떤 여자가 무언가 좋은 날을 맞은 듯했어요. 풍선을 날리고 음악을 연주했어요. 옆에 있던 사람한테 저 분 오늘 무슨 날이냐고 물었더니 '무슨 날 같으냐?'라고 되물었어요. 아마 결혼하는 것 같았어요. 그러다가 아까 잡힐 뻔했던 새 생각이 났고, 궁궐 같은 어떤 저택이 눈에 띄었어요. 거기는 사방에 커다란 하얀 고양이들이 있었어요. 그 고양이들이 그 까마귀랑 어떤 관계인지 잘은 몰랐지만 아마 그 새의 다른 모습인 것 같았어요. 고양이 한 마리는 임금님 침상에 누워 있었어요. 다 좋은 고양이 같아서 마음이 놓였어요."

위의 꿈에서 크리스틴은 결혼하는 여인이 자신이라고 느꼈다. 따라서 이 꿈은 그녀가 정신의 그늘로 내려가 내면의 아니마와 아니무스를 결합했다는 걸 암시하고 있었다. 이는 그녀의 여성적이며 직관적인 본성을 상징하고 있는, 왕의 침상에 있는 하얀 고양이들이 보여주는 바이기도 하다. 검은 까마귀 역시 이 꿈이 그러한 의미라는 사실을 뒷받침했다(검은 새와 하얀 고양이).

요약

꿈에 나오는 집단적 아니마는 어떤 사람은 여성적인 에너지를 갖출 필요가 있고 어떤 사람은 그것이 너무 많아서 줄여야 한다는 사실을 알려 준다. 집단적 아니무스는 남성적 에너지에 대해 같은 역할을 한다. 사람은 모두 어느 정도 문화가 정한 성 정체성에 따라 움직이게 된다고 해도 좋을 것이다. 그렇게 해야 사회가 안정되고 주어진 환경에서 예측을 할 수 있고, 현상 유지를 할 수 있다. 그러나 그 부작용으로 우리는 작아졌고 균형을 잃었다. 집단적 아니마와 아니무스는 꿈에 나와 이 불균형(개인적 불균형과 집단적 불균형)을 조명하며 바로잡을 방법을 일러 준다. 어떤 문화에서는 여성이 자신의 힘으로 살아가는 것을 바람직하지 않게 볼 수도 있지만, 꿈에서는 아니무스가 무소의 뿔처럼 혼자 가는 것도 괜찮다고 격려할 것이다.

실비아는 꿈을 꾸고 나서 과거의 속박에서 벗어나 새 길을 가야 한다는 사실을 알았고, 에일린은 자신이 불평등한 관계를 맺고 있다는 걸 깨달았다. 웨인은 원형 꿈을 통해 그동안 지녔던 낡은 여성관을 버렸다. 이제 웨인에게는 시대에 맞는 여성상이 새롭게 생겼다. 결혼하는 꿈이나 화합이 어려운 두 존재가 합쳐지는 꿈은 아니마와 아니무스가 결합하여 그 사람이 균형을 이루고 개성화를 완수하는 걸 의미한다.

19장

영웅의 원형

밤을 견디지 못하면
새벽을 맞이할 수 없다.

—칼릴 지브란

　가장 잘 알려진 신화는 영웅의 모험 이야기이고, 그건 모든 사람의 이야기이기도 하다. 영웅의 여정은 에고가 끊임없이 자신을 찾아 자각을 발달시키는 탐험이다. 모든 발달 단계가 그렇듯이 태어나는 것도 놀라운 과업이다. 에고는 세상에서 살아남아 계속 발달하고 힘을 길러 성취하는 삶으로 우리를 이끌어야 한다.

　에고는 신화, 전설, 요정 이야기에서 과업을 수행해야 한다. 내면의 원형 에너지가 투사되어 신화의 인물들이 탄생했는데, 때로는 에고가 되고 싶어하는 인물이기도 하고, 혹은 반대로 되고 싶지 않은 인물일 때도 있다. 모든 사람들은 영웅을 숭배하고 영웅처럼 되기 바란다.

　영웅이란 옛 신화의 헤라클레스 같은 영웅이든 요즈음의 배트

맨이든 악을 물리치고 세상을 구해야 한다. 그에 맞서는 악 역시 인간이 투사한 것이다. 투사의 관점에서, 이른바 악은 우리 모두가 인정하지 않을뿐더러 우리에게 없는 그림자의 요소가 있다. 그 그림자는 악마, 용, 신화 속의 괴수의 이미지로 나오며 영웅은 이 것들을 무찔러야 한다.

융은 신화에 등장하는 신과 같은 형상을 다음과 같이 기술했다.

> "완전한 정신의 상징, 그 사람 개인의 에고에게 결여된 힘을 채 워 주는 더 크고 더 포괄적인 정체성이다. 그 특별한 역할은 다음 을 암시한다. 영웅 신화의 핵심적인 기능은 개인이 에고 ―자신 의 강점과 약점 ―를 잘 자각하도록 도와서 삶에서의 과업을 열 정적으로 수행하도록 하는 것이다." (1978, 101쪽)

집단 무의식은 오랫동안 외부로 투사되어 신화와 전설을 만들 었다. 그 시대의 구전, 모험 이야기에서 인물이 한 일을 들으면 그 시대 사람들의 생각과 정신을 짐작할 수 있다. 그런데 영혼의 여 정은 외부가 아니라 내면의 정신으로부터 도전을 받을 때가 많다. 신화와 전설에서 그 도전을 물리치는 데 필요한 무기를 얻는다.

현실의 내가 불화를 겪거나 만족하지 못하는 일이 있을 때 모 험이 시작된다. 인간이 완전해지고 개성화되고자 한다는 신호이 기도 하다. 그러하기에 융의 이론에서 영웅의 여정은 미지의 영역 으로 내려가 원형의 그림자를 극복할 힘을 얻는 과정이다.

캠벨은 영웅의 여정에는 세 부분이 있다고 했다. 현실에서 떠나는 것, 과업의 수행, 귀환이다. 캠벨은 다음과 같이 기술했다.

"자신이 속한 세상을 떠나 알지 못하는 깊은 곳, 혹은 먼 곳, 혹은 높은 곳으로 간다. 전에 살던 세상에서 의식이 보지 못하던 것을 만난다. 그 다음에는 세상이 붕괴하도록 내버려 두고 그것만 갖고 그곳에 그대로 있을지, 그 전리품을 갖고 자신이 속한 현실 사회로 돌아갈 것인지 마음을 정해야 한다. 쉽지 않은 일이다."

(1988, 157-8쪽)

아래로 내려가라는 소명(召命)

내면의 세계가 여러분에게 여러분이 잃어버린 부분이나 보물을 찾아 길을 떠나라고 할 때는 언제인가? 커다란 구멍이나 터널, 지하의 통로나 동굴, 깊은 우물이나 바닷속과 같이 '아득한 아래'가 나올 때이다. 말라붙은 사막이나 어두운 골짜기가 보이기도 한다. 로빈은 결혼이 파경을 맞기 한 해 전 집 아래에 구멍이 나는 꿈을 많이 꾸었다.

"집 아래 큼지막한 구멍이 생겨서 계속 커졌고 집 옆에도 생겼어요. 살림살이가 다 구멍으로 빨려들어 갔어요."

로빈의 무의식이 로빈이 앞으로 떠날 아래로 내려가는 여정을 보여준 것이다. 로빈은 내면의 눈으로 앞날에 공허가 닥칠 것이라는 걸 미리 보았다. 실제로 결혼이 파국으로 끝나고 1년 뒤에 꿈에서 느꼈던 그 공허함이 찾아왔다. 다음의 꿈에서 로빈은 왜 그 길을 가야 하는가와 그 일이 곧 다가올 것을 알았고, 그 길을 헤쳐 나가는 데 필요한 수단도 알았다.

"다른 사람들과 함께 지하 동굴을 탐험했어요. 그 동굴은 안락사와 관계가 있다고 했어요. 다른 사람들이 저만 두고 자기들끼리 깊이 들어갔어요. 두 명은 무사히 돌아왔는데 또 다른 두 명은 그 깊숙한 데서 미쳐 버렸어요. 저랑 돌아온 사람들은 동굴에서 머리카락에 묻은 끈적끈적한 것을 씻어냈어요. 그런데 제 딸이 보이지 않았어요. 딸이 아래로 내려갔다가 미쳐버린 사람 중 하나였던 거예요. 구하러 가려는데 아무도 저랑 같이 다시 내려가려고 하지 않았어요. 담요를 들고 혼자 그 동굴에 발을 들여놓는데 곰 한 마리가 보였어요. 곰에게 도와달라고 했더니, 도와주겠지만 먼저 화장실에 가야 한다고 했어요."

꿈에서 동굴 깊숙이 내려간 두 사람이 미쳤다. 이건 무의식의 영역으로 깊이 내려가면 정신병을 얻어 심리적으로 죽을 수도 있다는 두려움을 의미한다. 그러나 딸이 내려가 버렸기 때문에 구하러 가야만 했다. 온기를 위해 담요를 가져갔다. 곰이 도와주겠다는 건 위험으로부터의 보호와 길잡이를 의미한다.

이 꿈을 꾸었을 때 로빈은 꿈의 상징체계를 알지 못했다. 몇 년 뒤에야 원형의 상징체계가 있다는 걸 알았다. 처음에는 그냥 이상한 꿈이라고 흘려버렸다. 곰이 대모 신과 영혼의 힘을 상징한다는 것도 알 리 없었다. 곰은 어떤 것에 들어가고 시작하는 것, 통과의례를 의미한다. 그러나 로빈의 무의식은 이미 그 의미를 알았고 확신했다. 딸은 꿈에서 지하 동굴에 들어갔듯이 그 뒤 몇 년 동안 힘든 시기를 보내게 되었다. 로빈의 딸은 이미 내면의 자아 한 부분을 잃었고, 그 부분을 찾아야 했다. 머독은 영웅의 여행에서 다음과 같이 썼다.

"딸을 잃는 것은 자신의 자아 중 걱정 없이 살 수 있는 젊은 부분을 잃는 것이다. 외부 세계에서 내부로 투사되는 생의 후반기의 내면 여정으로 들어가는 것이다."(1990, 99쪽)

딸이 지하에 갇혔다는 꿈에는 다음의 세 번째 의미가 있다. 로빈 자신의 그림자를 들추고 걸어서 그 그늘이 딸에게 덮이지 않도록 하는 것이다. 꿈에서 나타나는 상징은 단 한 가지 의미만 있는 것이 아니라 그 뜻이 여러 가지 있다. 로빈은 자신이 꾼 꿈에서 이 상징을 보고 세 가지 뜻이 얽혀 있다는 사실을 알았다.

내려가는 여정

이 꿈을 꾸고 2년 뒤 로빈은 처음으로 아래로 내려가는 꿈을 꾸었다. 꿈에서 예고를 받고 실제로 내려가기까지 2년이 걸렸다. 깊은 곳으로 내려가는 꿈을 꾸려면 오랜 내면의 준비가 필요하다.

"집에서 딸아이를 데리고 있었어요. 처음에는 전남편도 같이 있었어요. 대학 친구 세 명이 놀러 와서 집을 구경시켜 주었어요. 친구들이 집안을 둘러보는 것을 보고 저도 그 친구들 못지않게 훌륭하다고 생각했어요. 그런데 친구 하나가 침실을 보고 제게 전남편과 각방을 쓰느냐고 물었을 때는 제가 내세울 게 없는 초라한 사람처럼 느껴졌어요. 친구들에겐 집에서 쉬라고 하고 딸을 데리고 밥 먹일 것을 사려고 나왔어요. 자전거를 타고 내리막으로 갔는데 내리막길이 거의 수직이었어요. 내려가면서 브레이크를 잘못 밟아 딸애가 굴러 떨어지지 않나 겁이 났어요. 그런데 그 가파른 길을 오르내리는 사람이 아주 많았어요. 문득 하늘을 보니 개 한 마리가 자전거 헬멧을 쓰고 날았어요. 개는 머리만 보였고, 무엇인지는 모르지만 무언가가 잡고 있어서 날 수 있었죠. 알고 봤더니 그 개는 죽어 있던 거였어요. 그런데 그 위에 다른 개 한 마리가 온전히 살아서 날고 있었어요. 위에서 감시하는 것처럼 우리를 내려다보며 날았어요. 저와 딸은 어느 계곡에 내려갔는데, 들어가 보니 사막이었어요. 사람들이 그곳에 있었는데 원시인이 있고 우리 같은 사람들도 있었어요. 딸애가 불탄 자리 세 군데를 보고 전날 밤에 희생제를 올리느라 불을 피운 것 같다고 말했어요. 아까 본 머리만 있는 개가 여기서 죽었을 거라고요. 저는 빨리 친구들이 기다리는 집에 가자고 했지만 딸애는 꼭 봐야 한다며 졸랐어요. 어쩔 수 없이 그쪽을 바라보자 벼랑이 나타났어요. 그 벼랑에는 죽은 개가 흘린 피가 '희생자'라는 글씨를 만들며 흘러내렸어요. 순간 잠이 깼어요."

이 꿈이 로빈에게 대단한 영향을 미쳤다는 건 물론이다. 이 꿈은 그 강렬한 원형 이미지로 볼 때 휴머니티의 꿈이었다. 그렇게 가파른 길을 오르내리는 사람이 아주 많았다고 했듯이, 그들이 가던 곳은 '음부', 지옥이었다.

로빈은 이런 데 있지 말고 돌아가자고 했지만 딸이 거기 있는 것을 보아야 한다고 했다. 딸은 피해의식을 입은 로빈의 자아이다. 로빈은 그 상처투성이인 자아를 마주보고 자신을 짓누르는 폭군으로부터 벗어나야 했다. 의식에서 무의식으로 오지 않고 친구들과 함께 즐거운 집에 있는 것이 훨씬 더 좋았겠지만 로빈의 영웅 자아가 그렇게 내버려 두지 않았다. '희생자'라는 글씨가 붉은 피로 쓰여 있기까지 했으니 이제는 외면할 수 없었다. 로빈은 먼저 피해의식을 극복해야만 스스로 힘과 자유를 얻을 수 있을 것이다. 로빈은 이듬해 다음의 꿈을 꾸었다.

"터널에 들어갔는데 내려가고 올라가는 중간 지점에 어떤 사람이 서 있었어요. 그곳은 더 이상 내려갈 데가 없는 가장 밑바닥이었어요. 그 사람은 죽음이었어요. 그 사람 머리 뒤에서 후광이 비치더니 그 사람은 사라졌어요."

이 꿈을 꾸고 로빈은 아직 지하에서 나오지 못했을 뿐더러 이제 맨 아래 바닥으로 내려갈 것이라는 걸 알았다. 그러나 죽음은 영적인 변화의 일부일 뿐이기에 로빈은 죽음이 두렵지 않았다. 터널 끝에서는 한 줄기 빛까지 보이지 않았던가. 곧 두 번째 꿈을 꾸었다. 그 꿈도 아래로 내려가는 것, 즉 영적인 변화를 보여 주었다.

"하늘에서 그림 상징 세 개를 보았어요. 처음 상징은 사람이 그린 것 같았는데 둘째 그림을 봤을 때는 사람이 그린 것 같지 않았어요. 사람이 어떻게 하늘에다 그런 색조, 대칭, 명도를 표현할 수 있었을까요. 하나님의 메시지였어요. 셋째 그림을 보고 확실히 알았어요. 불꽃같이 어떤 경계 안쪽에 붉은 색으로 쓴 히브리 글자 '신(Shin)'이었어요."

로빈은 나중에 '신(Shin)'의 뜻을 알았다. 타로 카드에서 심판의 길로 쓰이며, 생명의 나무에서는 31번째 길의 상징이었다.

당시 로빈의 외부 삶이 급격하게 변해서, 로빈은 이제까지 알던 모든 사람과 모든 것을 두고 고향을 떠나 수천 킬로미터나 떨어진 곳으로 갔다. 그곳에서 사는 환경은 훌륭했지만 로빈은 여러 번 죽음의 상황을 겪고 나서, 일 년 반 뒤에 최악의 순간을 맞이했다. 이때 자신의 그림자, 부정적인 어머니, 부정적인 아니무스와 협잡꾼과 같은 자신의 원형 에너지를 많이 끌어안았다. 그 나날들 동안 로빈은 자신이 심리적으로 지옥에 있다는 이야기를 했다. 꿈이 끊임없이 그 사실을 말해 주었다. 고독, 혼돈, 배신, 경제적 궁핍과 물밀듯 밀려오는 슬픔이 하루하루의 동반자였다. 정말 로빈의 영혼에겐 그 시간들이 캄캄한 밤과도 같았다.

그러나 로빈은 이 과정을 통과의례처럼 겪어내야 한다는 걸 직관적으로 알았다. 로빈의 내면에선 그 여정을 완수하라는 강렬한 목소리가 들려왔다. 자신에게나 다른 누구에게나 말이 되지 않는 일이었지만 로빈은 용감하게 그 메시지를 따랐다.

나디르

나디르는 아래로 내려가는 여정에서 가장 깊은 밑바닥이다. 많은 작가들의 작품 소재가 되는 지옥이다. 드 베커(De Becker)는 저서 『꿈의 이해(The Understanding of Dreams)』에서 다음과 같이 말했다.

"지옥으로 들어가는 사람은 나오기도 한다. 지옥으로 향하는 영웅은 보통 사람에게는 없는 지혜와 힘이 있다. 그리스도도 지옥에 갔다 온 뒤 부활했다. 칸트는 그에 대해 이렇게 썼다. '자신을 아는 데 있어서 저승으로 가는 것만이 신격화에 이를 수 있다.' 물론 신학에서는 지옥과 저승이 다르다. 그러나 심리학에서는 두 곳이 좀 더 가깝다. 지옥과 저승은 모두 땅속에 있는 명부(冥府)이다. 둘 다 오래된 집단 무의식의 상징이다."(1968, 316쪽)

로빈은 이 무렵 무서운 꿈을 많이 꾸었다. 다음의 꿈에는 '지옥으로의 여정'이라는 이름을 붙였다.

"구해야 할 것이 있어서 친구의 비행기를 타고 갔어요. 친구는 뱀이 많은 곳의 어느 건물 쪽으로 비행기를 낮게 몰았는데, 여기저기 뱀이 물려고 독니를 드러냈어요. 겁이 나서 친구에게 빨리 가자고 했는데 친구는 오히려 걷는 속도만큼이나 천천히 날았어요. 떨지 않으려고 무진 애를 썼지요. 놀란 마음이 가라앉을 무렵 착륙을 한 곳에는 악어가 입을 벌리고 있었어요. 악어가 덮쳐서 비행기를 덥석 물려는 찰나 친구가 급히 속도를 올려서 아슬아슬하게 날아올랐어요. 악어 입이 비행기의 꼬리 언저리에서 철커덕 닫혔어요. 까딱했으면 악어에게 비행기가 먹힐 뻔 했죠."

로빈은 이 단계에서 원형의 그림자가 무자비하고 명령적이라고 이야기했다. 이 꿈을 보면 마치 로빈의 영혼이 화산처럼 폭발해 감추어 두었던 위험한 것들을 모두 내뿜는 듯하다. 고통스럽겠지만 로빈은 이 꿈을 통해 내면의 변화를 얻는다. 로빈은 조셉 캠벨이 다음과 같이 했던 말이 무슨 뜻인지 알았다.

"구원의 목소리가 심연에서 들린다. 어둠은 변화의 메시지가 나오는 때이다. 가장 어두운 순간에 빛이 찾아온다." (1988, 37쪽)

보물찾기

로빈은 내면의 투쟁을 통해 서서히 자신의 잃어버린 부분을 통합했다. 내면의 아이를 찾고 나자 로빈의 꿈이 변했다. 로빈은 캠벨이 은혜라고 한 보물을 찾았다. 그 보물은 자신 안에 있는 '진정한 자아'였다. 로빈은 살아야 한다는 걸 깨달았다. 정말로 참된 자신의 모습으로 살 결심을 했다. 마음의 안정과 경제적인 안정, 행복과 사랑을 모두 얻어야 한다는 사실을 다시금 깨우쳤다. 보물은 바로 신의 불꽃, 로빈의 창의성이었다.

보물을 찾는 것만큼이나 찾은 보물을 빼앗기지 않고 돌아오는 것도 힘들다. 로빈은 자신이 삶이 파탄이 나는 걸 감당할 수 있다면 행복한 삶 역시 찾아갈 수 있다고 생각했다.

로빈은 이제는 더 이상 희생자가 아니었다. 앞으로는 불행과 실패, 마음의 아픔과 학대를 하나님, 부모님, 다른 사람의 탓으로 돌릴 수 없었다.

그 모든 것들은 모두 자신에게 달려 있었다. 더 이상 심리적으로 방어기제를 쓰지 않을 것이며, 자신이 만든 환영을 다른 이에게 투사하지도 않기로 했다. 무슨 일이 닥치든 자신을 받아들이고 스스로 책임을 져야 했다. 로빈은 그 변화를 위해 힘쓰자고 다짐했다.

보물을 갖고 돌아올 준비

이제까지 늘 그랬듯이 여기서도 길잡이가 있었다.

"꿈에서 저의 빛을 비추어야 했어요. 한 방에서 나와 아주 길고 위험한 길을 지나서 다른 방으로 갔는데, 같이 그 방에 있던 사람이 불을 켜야 한다고 했거든요. 여기저기 위험이 도사리고 있었지만 불을 켜면 괜찮을 것 같았어요."

그 다음에 꾼 꿈은 로빈에게 이 지점에서 마음을 차분히 하고 잘 생각하라는 메시지를 보여 주었다.

"땅 속의 동물원같이 짐승들이 많은 곳에 있었어요. 아무 동물도 보이지는 않았지만 동물들이 있다는 건 알았어요. 웬지 기분

나쁜 곳이었어요. 갑자기 진공청소기로 빨려들어 가듯이 위로 올라갔어요. 다음 순간 제가 그물에 걸려 있었어요. 하지만 겁먹지 않고 정신을 똑바로 차렸죠. 여차여차해서 그물을 헤집고 겨우 빠져나올 수 있었어요."

후에 로빈은 그물이 부정적인 어머니의 상징이라는 사실을 알았다. 다음의 꿈은 로빈이 돌아오기 위해서는 다시금 정신을 차리고 집중하는 것이 중요하다는 걸 일깨웠다. 잠시라도 마음을 놓으면 미쳐서 정말로 정신병원에 가게 될지도 모를 일이었다. 바다를 헤쳐 나오려면 자신 안에 있는 무의식의 힘을 사용하고 그 내면의 힘에 의지해야 했다.

"차를 타고 어딘가로 가는 중이었는데 잠시 한눈을 팔다 보니 이상한 정신병원으로 왔어요. 다시 방향을 잡아 떠났지만 이번에는 파도치는 바닷가로 왔어요. 차가 파도에 휩쓸려 바다에 빠질 지경이었죠. 제가 내려서 차를 밀고서야 가까스로 빠져나왔어요."

로빈은 가장 귀중한 보물을 찾았다. 바로 자기 자신이었다. 이제 고향으로 돌아가야 했다. 그런데 막 사업이 궤도에 오른 지금 다시 고향으로 돌아가기가 쉽지 않았다. 그러나 내면의 목소리는 점점 더 커져만 갔고 꿈을 몇 번 더 꾸면서 어떻게 정리하고 돌아가야 하는지도 깨달았다.

그 꿈들은 로빈이 앞으로 경제적으로 궁핍해지지 않을 것이고, 감정적으로나 영적으로도 든든한 후원을 받을 거라는 걸 보여 주었다.

"별빛을 잡고 있으라는 말을 들었어요. 그랬더니 제 몸에 에너지가 차올랐어요. 방 여기저기서 에너지가 빛났어요. 그 에너지는 색이 폭발하는 듯했지만 색이 아니었어요."

더 좋은 소식이 있었다. 다음의 꿈은 로빈의 아이도 무사히 보물로서 데려갈 수 있다고 알려 주었다.

"위험천만한 다리를 건넜어요. 난간은 부서졌고 바닥은 금방 구멍이 뚫릴 듯했어요. 저는 갓난아이까지 안고 있었어요. 시드니 하버 브리지같이 멋진 다리였는데 꼭대기에는 아치케이블이 있었어요. 저와 어떤 연관이 있는지는 몰랐지만 뒤에 큰 트럭을 남겨 두고 왔어요. 그 트럭도 다리를 건널 것 같았어요. 제가 트럭보다 더 빨리 맞은편까지 가야 했어요. 아이를 안고 삐그덕 삐그덕하는 다리 위를 한 발 한 발 디딜 때마다 마치 내딛는 그곳을 누가 튼튼하게 고쳐주는 듯한 느낌이었어요. 하지만 다 건너고 보니 어디로 가야 할지 몰랐어요. 지나 온 길을 돌이켜 보니 열쇠를 빠뜨리고 가져오지 않았다는 걸 알게 됐죠. 열쇠가 없으면 더 갈 수 없었고, 뿐만 아니라 따라오는 트럭도 걱정이었어요."

앞으로 돌아가는 길에서 마주칠 것이 모두 이 꿈에 나왔다. 로빈은 빅토리아로 돌아갈 참이었다. 그러나 돈이 없었고 직장도 없었다. 고향이기는 했지만 거기 가면 집도 없었다. 이제까지 있었던 것은 다 날아갔고 앞으로 무슨 좋은 방법이 생길 것 같지도 않았다.

자신은 벌써 죽었고 오랫동안 이상한 곳에 아무 의미 없이 존재하는 느낌이었다. 그토록 공을 들인 사업도 포기했다. 그러나 이 꿈에서 무너지던 다리가 저절로 수리된 것처럼 이전으로 돌아갈 수 있다는 걸 알았다. 중요한 것은 아이를 데려갈 수 있다는 사실이었다.

그러나 안정적으로 자리를 잡는 동안 아이는 어디 다른 곳에 맡겨야 했다. 즉, 새로 일자리를 구해 생활비를 벌 때까지는 새 사업을 미루어야 했다. 그러나 그날까지는 그리 멀지 않다는 걸 꿈을 통해 알 수 있었다. 로빈은 이 꿈을 '안정적으로 자리 잡기'라고 이름 붙였다.

"아이를 안고 계단을 내려가고 있었어요. 계단이 부서져서 아이를 안고는 가기 힘들었어요. 그래서 다른 사람한테 아이를 좀 봐 달라고 했어요. 그때는 무슨 일을 이루었는지 몰랐어요. 다 내려가자 바닥에 잃어버렸던 지갑이 있었어요. 두둑하게 배가 부른 지갑을 다시 찾아서 길을 계속 갔어요. 얼마쯤 가니까 아이를 맡아 준 사람이 아이를 데려왔어요."

하계에서 나갈 준비

고향으로 돌아온 지 3년 만에 로빈은 바닥까지 거의 다 내려왔다는 신호를 받았다. 이때쯤 바닥 생활에 어느 정도 적응을 했다. 방향을 잡아 주는 남성 자아도 믿고 있었다. 그런 의미에서 다음의 꿈은 아주 신나는 것이었다.

"어디인지는 모르지만 어떤 건물을 찾아가고 있었어요. 지하에 있는 건물이었는데 누가 거기 가는 방향을 알려 주면 좋겠다고 생각했어요. 어떤 집으로 들어가서 안에 있는 사람한테 물었어요. 그 사람 옆에는 아이가 하나 있었어요. 그 사람이 그곳까지 데려다주겠다고 했고 저는 그 말을 믿고 따라갔어요. 좀 처지기는 했지만 아이도 따라왔어요. 그 사람은 지름길을 아는지 지하 여기저기로 휙휙 앞서 갔어요. 거리가 벌어지기는 했지만 저도 잘 따라갔어요. 맨발이었는데도 하나도 아프지 않았어요. 갑자기 공터가 나왔어요. 그 사람은 사라졌고 아이만 있었어요. 거기서 화석 같은 뱀을 봤어요. 그 아이가 그걸 보고 고릴라 뱀이라고 한 것 같아요. 다른 어딘가로 통하는 입구 옆에 거대한 통나무가 있었고 뱀은 그 나무를 감고 있었어요. 아주 크고 긴 뱀이었어요. 화석같이 보일 정도로 오래된 것이었지만 조심하면서 지나갔어요. 그리고 땅 위로 나왔어요. 아까 그 사람이 저쪽 버스 정류장에서 다른 사람들이랑 같이 있었어요. 저를 보고 손을 흔들면서 여기서부터는 찾아갈 수 있을 거라고 소리쳤어요."

꿈에서 더듬어 가는 영웅의 길은 하루 이틀 가는 길이 아니다. 오랜 시간이 걸린다. 로빈은 추락하는 꿈을 꾸고 7년이 지나서야 다시 올라오는 꿈을 꾸었다. 이제 로빈에게 무의식의 활동은 현실적이고 힘이 있었다. 몇 주 뒤 이 주제의 마지막 꿈이 찾아왔다. 제목은 '폭발하는 우물'이다.

"어느 건물 옥상에서 어떤 남자랑 우물을 파고 있었어요. 그런데 우물가에 있던 양초를 제가 건드려서 우물 안에 초가 빠졌어요. 금세 펑 소리가 나더니 불꽃이 확 타올랐어요. 물을 끼얹어서 불을 껐어요. 그러다가 역시 우물가에 놓았던 제 자수정까지 건드려서 떨어뜨렸어요. 그런데 같이 우물을 파던 사람이 자수정을 아래에서 던져 올리더군요. 방금 전까지 옆에 있던 사람이 언제 우물 바닥에 내려갔는지 알 수 없었어요."

이 꿈을 꾸고 로빈은 드 베커가 우물이 아주 다른 두 요소를 결합시킨다고 한 것을 알고 놀랐다.

"물이 빗물로 있을 때는 하늘의 공기가 그 물을 모은다. 빗물이 땅에 떨어지면 흙 아래로 깊숙이 내려간다. 이 아름다운 상징 결합에서 불의 요소만 빠졌다." (1968, 327쪽)

불의 상징도 꿈에 등장한다. 이리하여 로빈은 네 가지 요소가 다 튼튼하게 통합되었다는 걸 보았다. 로빈은 심원한 차원에서 문제를 파고든 것이다.

우물에 빠진 자수정이 밑바닥에서 돌아왔다는 것은 로빈이 연금술적인 변화를 겪는 과정을 보여준다. 이제 로빈은 길을 떠날 자신이 생겼다. 이 꿈을 꾸고 고향으로, 자기 자신으로 돌아가게 되었다.

요약

태고적 이미지인 영웅의 원형에 대해서 지금까지 한 많은 이야기대로, 정도는 다르지만 우리 모두 일상생활에서 영웅의 모습을 보고 겪는다. 영혼의 영역에서 이 원형은 여러 단계를 무대로 한다. 조셉 캠벨은 다음과 같이 그것을 분류했다.

-))) 아래로 내려가라는 소명(召命)
-))) 내려가기
-))) 나디르
-))) 보물찾기(잃어버린 보물)
-))) 보물을 갖고 돌아오기

로빈의 꿈은 영웅 원형이 모습을 드러내는 것을 보여준다. 로빈은 7년이라는 긴 시간에 걸쳐 꿈을 꾼다. 아래로 내려가라는 소명을 들을 때부터 마지막 단계로 가서 내면의 지혜를 얻을 때까지의 모든 과정을 분명히 볼 수 있다. 꿈은 로빈의 여정에서 훌륭한 길잡이가 되어 주었다.

20장

원형의 배경

꿈은 밤마다
새로운 음식으로 영혼을 먹인다.

—힐먼

원형 꿈을 꿀 때는 그 배경을 눈여겨 보자. 19장의 두 번째 꿈에서 로빈은 골짜기로 내려간다. "어느 계곡에 내려갔는데, 들어가 보니 사막이었다." 지옥 같은 곳이었다. 꿈이 바뀌면서 장면도 바뀐다. 마리온 역시 다음의 꿈을 꾸고 집단 무의식을 들여다본다.

"옛날이야기에서나 들을 수 있는 온갖 괴물, 이상한 풍경이 나오는 마법사 꿈같은 것이었어요. 어떤 섬에 어느 여인과 함께 있었는데 그 섬은 공룡 섬이었어요. 섬의 구부러진 능선을 따라 바위가 있었는데 공룡 등같이 생겼거든요. 섬에서 나가야 했어요. 길은 두 가지였어요. 그 여인이 하자는 대로 물길로 가는 방법이 있었어요. 그러려면 아치를 하나 지나야 하는데, 그리로 가면 개구리 입을 한, 가시 돋친 올빼미 같은 괴물의 공격을 받을지 몰랐고 바다 속에는 이상한 금속 물고기도 있었어요. 이 물고기는 입이 콘서티나 같은 스프링이었는데, 이 괴물은 물밑에서 우리가 탄 나무배 속을 볼 수 있었기 때문에 잡힐지도 몰랐어요. 물속에서 열두셋 정도 된 아이가 그 괴물에게 쫓기다가 가까스로 괴물의 입을 벗어났어요. 저랑 같이 있던 여인은 주위를 살펴볼 수 있는 레이저총이 있었는데 그 총으로 주위를 살펴보더니 뒤쪽에 있는 산길로 가자고 말했어요. 여인이 다시 레이저총으로 산이 얼마나 높은지, 거리는 얼마나 되는지 알아보았는데 꽤 높은 바위산이었어요. 꼭대기로 올라가는 길은 요정 이야기에서나 나올 법한 정말 깎아지른 듯한 절벽이었어요. 가파른 산은 아주 높아서 끝이 보이지 않았어요. 레이저를 쏘았는데 빔이 계속 나오는 걸 보니 아직 꼭대기에 닿지 않은 것이라더군요. 얼마나 높은지 짐작할 수조차 없었어요."

마리온은 이 꿈이 심원한 것 같기는 한데 왜인지는 모르겠다고 했다. 시간의 제약을 받지 않으면서도 선명한 꿈이었다. 꿈에 나온 바위산 같은 것에 대해서 말해 달라고 했더니 마리온은 눈앞에 그 산을 보는 듯이 이야기했다. 무엇에 관한 것인지는 몰랐지만 강력한 메시지가 담긴 꿈이라는 사실은 알았다. 물론 꿈의 내용은 말이 되지 않았지만 말이다.

마리온은 자신이 집단 무의식을 들여다보았다는 것은 몰랐다. 집단 무의식은 지구의 역사를 담은 보편적 의식이다. 어쩌면 집단 무의식에서 미래까지 볼 수 있을지 모른다.

집단 무의식은 시간의 제약을 받지 않는다.

마리온의 꿈에서는 그 사실이 훌륭하게 부각되었다. 마리온은 레이저총의 힘을 빌려 공룡 섬을 떠날 수 있었다. 꿈에서 신화와 요정 이야기의 요소가 깃든 신비한 풍경을 보았다면, 이성, 시간 같이 일상생활의 의식을 규제하는 모든 것을 뛰어넘는 특수한 의식을 들여다본 셈이다.

꿈에서 마리온은 내면의 탐험을 하고 있다는 걸 깨달았다. 그리고 필요한 수단을 갖추었기에 무의식의 깊은 바닥으로 내려가고 높은 꼭대기로 올라가는 여정을 잘 마칠 수 있다는 것도 알았다.

마리온 일행은 '주위를 살펴볼 수 있는 레이저총이 있었다.' 마리온은 개인 무의식을 초월하고 나서야 이를 깨달을 수 있었다.

태고적 이미지를 담은 원형의 배경은 교회, 사원처럼 영성을 나타내는 곳에서 잘 볼 수 있다. 그 건물에는 강력한 힘이 있고 복잡하면서도 분명한 상징이 곳곳에 있어 주의를 끈다. 페이는 비구니로 출가할 무렵 다음과 같은 꿈을 꾸고 강렬한 상징을 분명히 보았다.

"큰 절에 있었어요. 벽에는 탕카가 걸려 있고 사람들이 아주 많

있어요. 저는 나무가 윤이 나는 찬장에 기대 있었는데 온통 정교
한 조각이 새겨져 있었어요. 그 조각 무늬의 일부가 벽을 따라 올
라갔어요. 거울이 없는 옛날 화장대 비슷하게 생겼는데 정말 컸
어요. 나무 재질은 관솔이나 오레곤 떡갈나무 같았어요. 그런데
그때 달라이 라마가 제 옆에 서서 웃고 있었어요. 저는 깜짝 놀랐
고 무척 기뻤어요. 달라이 라마와 무슨 이야기를 했는데 기억은
나지 않아요. 아주 즐거운 시간이었다는 건 확실해요. 왼쪽에는
티베트 절에서나 볼 수 있는, 나무로 만든 커다란 문이 두 개 있
었는데 장식 조각이 있었어요. 절 밖에서는 폭탄이 터져 연기가
나고 사람들이 소리 지르면서 숨을 곳을 찾아 뛰어다녔어요. 그
런데 작은 아이 둘이 땅바닥에 앉아 있었어요. 그 중에서 더 어린
아이, 태어난 지 몇 달밖에 안 된 것 같은 갓난쟁이를 일으켜 안
았어요. 또 다른 아이는 손을 잡은 채 둘을 데리고 절 쪽으로 가
면서 생각했어요. '달라이 라마여, 왜 밖에 계십니까? 안전하게
절 안에 계셔야지요.' 두 아이는 모두 다른 나이의 달라이 라마였
어요. 두 아이를 안전한 절 안으로 데려다 놓았어요. 밝은 황금빛
이 사람들을 비추었어요. 달라이 라마가 제게 와서 축복해 주었
어요. 달라이 라마가 제 이마에 손을 얹는 순간 엄청난 충격이 느
껴졌고 저는 뒤로 넘어졌죠. 그리고 그때 잠에서 깨어나자 아주
평온한 마음이 들더군요."

사원을 배경으로 한 이 꿈에서 페이는 수많은 세부적 상징들,

예컨대 그녀의 주의를 끌었던 찬장의 정교한 장식 등 또한 목격했다.

요약

원형 꿈을 꾸었을 때 그 배경이 기억난다면 여러분의 탐험에 대한 더 큰 통찰력을 얻을 수 있을 것이다. 게다가 집단 무의식은 시공간을 초월하므로 꿈에서 묘사된 지형은 깊이가 있고 오묘한 차원을 보여준다.

예를 들어, 마리온의 꿈에서는 과거와 현재가 그 한 가지 꿈 시나리오에 모두 있는 듯하다. 페이는 이 원형 꿈을 꾸고, 눈부신 아름다움이 위대하고 장엄한 광경에만 있는 것이 아니라 아주 작은 곳에도 있다는 걸 알았다. 페이는 이 꿈을 경험한 이후 영혼이 더 풍요로워졌다.

21장

괴물의 원형

무의식의 생명을 상징하는 뱀이 없다면
창조의 힘이 어디서 나오며,
의식으로 들어가는 탄생을 상징하는 아이가 없다면
세계가 어떻게 변화할 수 있겠는가?

—베드 그리피스

뱀

집단 무의식 자체는 뱀으로 상징된다.

　　　　　　　　　　　　　　　　　　　　　—사히, 1980

　뱀은 꿈에 나오는 이미지 중 가장 강력한 상징이다. 여러 문화
권의 신화와 종교 체계가 '치유와 영적 성장'의 상징이자 '파괴'의
상징인 뱀을 중심으로 하고 있다. 기독교는 뱀에게 유혹받은 이브
의 이야기에 기초를 둔다. 히브리 카발라 교리는 생명의 나무를
감고 있는 뱀의 움직임과 우리 의식 단계의 관계를 이야기한다.
　힌두교에서는 깨달음의 상징인 코브라가 파괴와 재생의 신인

시바와 연관되어 있다. 따라서 뱀은 용의 성질이 많이 있는 아주 복잡한 상징이다. 그 예로 부처 뒤에 자리 잡은 머리 일곱 달린 뱀은 부처의 영적 부활과 정복을 상징한다. 여러 여신이 그러하듯이 위대한 어머니 역시 뱀과 함께 있을 때가 많다.

뱀이 또 의미하는 바로는 '삶과 죽음, 빛과 어둠, 선과 악, 지혜와 눈먼 정열, 치유와 독, 보존자와 파괴자, 영혼의 부활과 육체의 부활'의 순환이 있다(쿠퍼, 1984, 146-7쪽). 뱀은 때로는 여러 문화에서 임신과 관련되는 남근의 상징으로 나타난다. 차크라나 사람 등골을 타고 올라가는 뱀은 성장하는 의식(쿤달리니 에너지의 성장)으로 묘사되며, 따라서 그 사람이 영적으로 얼마나 깨어 있는지 보여주는 아주 강력한 상징으로 여겨진다.

> "척수 기둥의 바닥에 있는 뱀은 프로이트가 리비도라고 하는 것과 비교할 수 있다. 사람이 사는 데 꼭 있어야 하는 에너지이다. 인간의 성장은 이 에너지를 척수 기둥 바닥에서부터 의식의 더 높은 마디로 끌어올리는 과정이다. 그 움직임은 나선형으로 표현되는데 사실은 뱀이 척수 기둥 중앙을 세 바퀴 반 도는 것이다. 척수 기둥의 중앙은 서른 세 차원으로 나뉜다." (사히, 1980, 161쪽)

뱀의 파괴적인 면

나오미는 자신이 꾸는 꿈을 통해 내면 활동을 많이 하고 있을 때 다음의 꿈을 꾸었다. 그리하여 무의식의 파괴적인 부분이 의식으로 들어와 깨끗해졌다. 다음 나오미의 꿈에 나오는 뱀은 더욱 파괴적인 성질을 표상한다. 나오미는 무서웠지만 이 부정적인 에너지를 똑바로 마주보았다.

"멀리 뱀 한 마리가 있었어요. 뱀이 쫓아올 것 같아서 무서웠는데 정말로 쫓아왔어요. '팔(8) 자'를 그리면서 다가오더니 제 몸에 기어 올라왔어요. 스멀스멀 올라오는 것이 너무 무서웠어요. 팔을 물 것 같았어요. 뱀은 제 한쪽 팔을 감았고 저는 다른 손으로 뱀을 잡아서 떼어내려 했어요. 뱀이 저를 물어 죽일 것 같았지요. 길고 가는 뱀 머리를 거울에 내리쳤어요. 뱀은 고개를 들려고 했지만 저는 계속 거울에 내리쳐서 마침내 죽였어요."

나오미는 이 무의식에 있는 부정적 에너지를 보고 '뱀 머리를 거울에 내려침'으로써 힘을 얻었다.

변화와 치유의 상징

무의식의 생명을 상징하는 뱀이 없다면 창조의 힘이 어디서 나오며, 의식으로 들어가는 탄생을 상징하는 아이가 없다면 세계가 어떻게 변화할 수 있겠는가?
— 베드 그리피스(Bede Griffiths), 사히에서, 1980

집단 무의식이 분명히 지니고 있는 양면성이 뱀으로 상징될 때가 많다. 꿈에서 뱀에 물렸다는 것은 긍정적으로든 부정적으로든 무의식에 지배받기 쉬워졌다는 것을 암시한다. 만일 무의식의 내용을 무시하고 있었다면, 뱀에게 물린 것은 우리가 인정하지 않은 그 무의식 내용 때문에 해로운 영향을 받고 있다는 경고일 수 있다. 그러나 그 내용을 표면으로 끌어올려 의식의 영역으로 가져오면 치유와 변화의 길이 보일 수도 있다. 융은 초월성의 가장 흔한 상징이 바로 뱀이라고 했다.

벤이 무의식을 대면했을 때 가장 뚜렷이 나타나는 상징적인 주제는 뱀이었다. 처음에 꿈에 나온 뱀들은 작았지만 교활하고 위험했다. 벤은 몇 년 동안 이 뱀들을 짓이기거나 뱀들에게서 도망가려고 했다. 자신의 삶에 필요한 개인적 변화를 실행할 만큼 강하지 못하다고 생각했기 때문이다.

그러나 뱀은 죽지 않았다. 그 메시지는 점점 더 급박하게 계속 나타나 마침내 벤이 받아들일 수밖에 없었다. 시간 순서대로 소개하는 벤의 다음 꿈들을 통해 오랫동안 그가 변화에 저항하던 것이 어떻게 바뀌었는지 알 수 있을 것이다.

"인적 없는 곳에서 화장실에 갔는데 뱀 한 마리가 제 몸통을 감고 있었어요. 입으로는 꼬리를 물고 있었고 아주 길었으며, 머리는 아주 작은 뱀이었는데 무척 딱딱해서 화석인 줄 알았어요. 뱀의 입에서 꼬리를 끄집어내 저를 감았던 것을 풀고 달아났어요. 그런데 뱀은 살아 있었고 저를 쫓아왔어요. 하지만 제가 빨리 뛰었기 때문에 따라오지 못했어요. 그러자 뱀은 말 목장으로 가더니 말을 한 마리 삼켰어요."

몇 달 뒤에 벤은 몇 주 간격으로 뱀 꿈을 두 번 꾸었다.

"어떤 사람 정원에 숨어 있던 아주 크고 굵은 뱀이 제 어린 딸을 물었어요. 딸을 차에 태워서 병원으로 가려는데 뱀이 차에 기어들어오려고 했어요. 와이퍼로 절단 내서 조각난 뱀을 땅바닥에 버렸어요."

"꽤 큰 뱀의 머리를 자르고 으깼어요. 그런데 또 다른 가느다란 뱀이 텐트에 들어와서 우리가 그것도 잡았어요."

몇 년 뒤에 벤이 꾼 다른 꿈에서는 거대한 비단뱀이 나와 벤에게 자신을 받아들이라고 했지만, 그때는 아직 그럴 준비가 되지 않았다.

"집 아래 진창 밑에 거대한 비단뱀이 있었어요. 뱀이 집으로 들어오지 못하게 구멍을 모조리 막았어요."

벤은 몇 년 후에 몇 주 간격을 두고 또 다른 뱀 꿈을 두 번 꾸었다. 이번 꿈들은 너무 강력해서 벤은 더 이상 자신의 두려움을 덮어 놓을 수 없었다. '냉장고 속의 뱀'이라고 이름 붙인 첫 번째 꿈에서 마침내 벤은 자신이 변화에 왜 계속 저항해야만 할까, 라는 의문이 들었고 투쟁은 시작되었다.

"안(Anne)과 저는 큰 뱀 두 마리를 냉장고 아래 칸에 넣었어요. 죽은 뱀을 넣으면 냉장고가 더 잘 돌아간다는 소문을 들었기 때문이죠. 안이 뱀을 쑤셔 넣었지만 저는 마음이 편치 않았어요. 뱀을 죽이면 안 되는 것 같았어요. 한 시간쯤 지나니까 냉장고에서 시끄러운 소리가 나더니 아까보다 두 배 더 커진 뱀들이 냉장고 문을 열고 기어 나왔어요."

"거대한 비단뱀 한 마리가 저희 집 아래를 다 차지했어요. 뱀이 창을 부수었고, 깨진 창을 통해서 뱀을 보았어요."

이 꿈을 꿀 무렵 벤은 결혼에 대해서 두 가지 생각을 하고 있었다. 벤은 나에게 자신과 안이 좋은 팀이며 결혼 생활이 여러 모로 안정적이라고 했다. 벤이 결혼 생활을 계속한 것은 안정감 때문이었다.

그러나 벤은 한편으론 성장해야 했고 스스로 좀 더 힘을 길러 자신을 더 잘 알아야 했다. '냉장고 속의 뱀' 꿈에서 벤은 커지는 뱀의 에너지를 더는 못 본 체하거나 막을 수 없었다. 몇 주 뒤에 안에게 헤어지자고 말했다. 마지막으로 꾼 뱀 꿈에서 벤은 아주 크게 변화한다.

　"안이 집 옆에 있는 공원을 가로질러 붉은 벽돌을 깔아 길을 냈어요. 그런데 길 오른편에 길가 쪽과 멋진 조화를 이룬 뱀이 한 마리 웅크리고 있었어요. 그러고 보니 공원 풀밭은 온통 뱀 천지였어요. 어떤 놈은 몇 백 미터나 되는 것도 있었어요. 저와 아이들은 뱀을 한 마리도 밟지 않고 공원을 지나갔어요. 지나가면서 보니 뱀들은 보호 플라스틱을 뒤집어쓰고 있었어요. 다음부터는 이 뱀들을 보지 않아도 되게끔 차를 타고 공원을 돌아서 가야겠다고 생각했어요. 다음 장면에는 아이들과 저는 집 안에 있었어요. 저희 집에는 긴 복도가 많았는데 거기에도 뱀이 우글거리는 것이었어요. 여기 있는 놈들 중에도 아주 긴 것이 있었고 모양이며 크기가 다양했어요. 침실 문을 열어 보니 그곳도 침대 위, 아래 할 것 없이 뱀투성이였어요. 집안 곳곳에 뱀이 없는 데가 없었죠. 그런데도 우리는 집에 뱀이 있다는 것이 성가실 뿐 무섭지는 않았어요. 하지만 뱀 때문에 우리가 있을 곳은 없었어요. 어떻게 뱀을 쫓을까 생각하다가 고양이가 뱀을 잡을 수 있지 않을까 하는 이야기가 나왔어요. 그런데 뱀이 너무 많아서 고양이로는 안 될 것 같았어요. 고양이가 덤비기에는 너무 크기도 했거든요. 그러다 작은 뱀 한 마리와 눈이 마주쳤는데 아무 두려움 없이 태연했어요. 그때 이 뱀들이 어떻게 집에 들어왔을까 하는 생각이 문득 들었어요. 아들이 지하실(아주 오래되고 넓은 지하실)로 통하는 문을 누가 열어 놓아서 들어왔을 거라고 이야기해줬어요. 그 문을 닫아야겠다고 말하고 나서 잠이 깼어요."

아주 놀라운 꿈이다. 벤은 이 꿈을 통해 자신이 몇 년 동안 내면을 많이 정리했다는 걸 알았다. 뱀은 벤의 무의식의 한 부분으로서, 벤은 이것을 두려워하지 말고 대면하여 받아들여야 했다.

또 꿈의 내용이 천천히 전개되어서 우리가 스스로 공포 반응 단계를 시험할 수 있도록 해준다. 마치 이 꿈들은 스스로를 시험하여 주어진 과업에서 자신의 수준을 설정하도록 하는 것 같다. 벤이 꾸는 꿈에는 이런 일이 많이 나타난다. 이 꿈의 처음에 뱀이 한 마리 나왔지만 벤은 전처럼 도망가지 않았다.

그 다음에는 공원에 보호 플라스틱을 뒤집어쓴 큰 뱀 여러 마리가 나왔다. 벤은 무의식 속에서 이 뱀을 마주했지만 여전히 그 위에 보호막을 둘렀다. 그러나 벤은 달아나지는 않았다. 세 번째에는 보호막 같은 것 없이도 벤은 작은 뱀의 눈을 마주볼 수 있었다.

초월의 상징

우로보로

우로보로는 고대 그리스와 이집트 신화에 나오는 원형의 상징으로 완전, 부활, 불멸을 나타낸다. 자신의 꼬리를 삼키는 우로보로의 모습은 끝이 곧 시작임을 말한다. 또한 완결, 영적/육체적 통일을 표상한다. '재통합, 끊임없이 스스로를 먹으며 재생하는 힘, 곧 시공의 무한한 순환'(쿠퍼, 1984, 123-4쪽)의 뒤에 오는 분열의 영원한 순환이다.

나는 이 책을 쓰기 20년 전에 다음의 꿈을 꾸었다. 꿈과 함께하는 삶을 막 받아들였을 때였다. 그러나 그 주제가 보편적인 것이었고 '모두' 꿈에 관여했기 때문에 집단 무의식에서 왔다는 걸 조금도 의심하지 않았다.

"온통 뱀 천지였다. 어디를 가도 뱀뿐이었다. 화장실, 침실, 수도꼭지에서도 기어 나왔다. 소름끼치는 뱀들은 모양, 크기도 제각각이었다. 이 꿈에서 끝이 제일 무서웠다. 모두 배를 타고 어떤 바닷가에 내렸다가 뱀들에게 둘러싸였다. 뱀들은 꼬리에 꼬리를 물어서 큰 고리를 이루고 있었다. 다른 사람들은 모두 그 뱀의 고리에 갇혀 있었지만 더 이상 뱀이 무섭지 않았던 나는 뱀을 잡았다. 크고 흉측한 머리 모양을 한 채 모든 걸 다 안다는 표정을 짓던 뱀은 나를 보고 씩 웃었다."

치유의 상징

머큐리의 지팡이

무의식의 힘이 분출되고 대립하던 에너지들이 조화를 이루면 치유, 재생이 가능해진다. 치유의 보편적인 상징인 머큐리의 지팡이는 뱀 두 마리가 지팡이를 감은 모습이다. 뱀 중 하나는 치유, 다른 하나는 위험하고 파괴적인 면을 표상한다. 이는 곧 건강과 질병이 신비로운 방식으로 서로 긴밀히 얽혀 있는 관계임을 표상하는 것일 수 있다. 자연이 그 자체로 스스로를 극복하는 능력을 지녔다고 여겨지는 것이다. 타냐가 어릴 때 아버지는 타냐의 가치를 인정하지 않아 어린 영혼에 상처를 주었다. 하지만 타냐는 다음의 꿈을 꾸고 돌아가신 아버지의 도움을 받아들였다.

> "어떤 모임에 참석하고 있었어요. 살갗이 노란 사람이 옆에 있었어요. 왠지 그 사람을 믿을 수가 없어서 누군가에게 저를 보호해달라고 요청했어요. 다음 순간 저는 다른 방에 다른 여자아이랑 같이 있었어요. 그곳은 시설(타냐가 어린 시절을 보낸 양육시설)에 있는 방 같았어요. 어떤 사람이 방에 들어오려고 했어요. 아까 그 사람 같았는데 아버지 같기도 했어요. 같이 있던 여자애가 문을 열자 30센티미터 정도 되는 뱀이 들어와 저를 물었어요. 아버지가 계시면 뱀에 물린 상처를 치료해 주실 텐데…… 하는 생각을 했는데, 누군가 정말 아버지를 모셔 와서 아버지가 절 치료해

주셨어요. 아버지는 제게 '아버지 하면 뱀이 무는 것'이 생각날 정도로 무서운 분이었기 때문에, 아버지가 상처를 치료해 주셨다는 것이 이상했어요. 그러다가 제가 시설의 복도를 뛰어 내려가고 있었어요. 뛰어 가면서 뱀의 상징이 마룻바닥에 있는 것을 보았어요."

본능의 상징

뱀은 인간의 원시적 본능을 상징할 때가 많다. 쿠퍼는 뱀의 상징이 다음을 나타낸다고 한다.

"걷잡을 수 없이 달라지는 분출하는 생명력, 잠재 에너지, 생기를 주는 혼. 하늘, 땅, 명부의 중재자. 공기, 흙, 물, 그리고 특히 우주의 나무와 연관되어 있음." (1984, 147쪽)

본능적인 에너지는 인간의 성적 관능을 능가한다. 이는 인간의 근본적이고 원초적인 에너지이다. 그만큼 창조력이 있고 강력하다. 다음의 꿈에서 분명히 드러난다. 조안은 몇 년 동안 본능을 억제하다가 이 꿈을 꾸었다. 꿈 일기에 다음과 같이 썼다.

"파이프에 무엇인가가 들러붙어 있었는데 사람인지 짐승인지 알 수 없는 괴물 같은 것이었어요. 그것을 해방시켜 주어야 한다는 것은 알았어요. 유일한 방법이 목을 따는 것이었기 때문에 끔찍했지만 그렇게 했어요. 그러자 그것이 제 눈앞에서 뱀으로 변하더니 엄청나게 커졌어요(스스로 크기를 키우는 듯했어요). 그리고 급행열차같이 저를 지나쳐 갔어요. 에너지의 힘은 믿을 수 없을 만큼 강했지만 위험하지는 않았어요.”

조안은 자신의 생각을 표현해야 했는데 그것이 근본적으로 불안하고 두려웠다. 뱀의 목을 딴 것이 자신을 표현해야 하는 조안의 필요를 상징하는 것 같았다. 이 꿈은 조안이 자신의 기본적인 욕구와 생각을 무리 없이 표현할 수 있다는 걸 보여주는 것이었기에 조안은 힘을 얻은 듯했다. 몇 달 뒤에 글쓰기를 다시 시작한 조안은 창조적인 글쓰기가 술술 잘되어 나오는 것에 놀랐다.

성적 관능의 상징

뱀은 이따금씩 강한 성적 관능을 상징한다. 그리하여 여러 문화권에서 남근으로 표현되며 이교도(비기독교)가 다산을 기원하는 의식에서도 뱀을 볼 수 있다. 프로이트는 성적인 문제를 정신병 치료의 실마리로 생각했기 때문에 뱀의 이러한 면에 주목한 듯하다. 크리스틴은 다음 꿈에서 관능을 분명히 보았지만 당시에는 그 힘이 두려웠다. 무의식 단계에서 그것을 파괴하고자 했다.

"요람을 보았는데 큰 뱀이 하얀 고양이(저였어요)를 감고 있었어요. 뱀은 고양이의 친구였지만 고양이의 털을 핥으면서 물어뜯을 자리를 찾고 있었어요. 뱀은 저(관찰자)를 위협적이고 모든 것을 안다는 눈빛으로 쳐다보았어요. 저는 겁이 나서 남편 스티븐을 불렀어요. 남편이 뱀을 죽여서 갈색 봉지에 담아 밖에 버렸어요."

보물을 지키는 이

뱀과 용은 여러 신화에서 보물을 지키는 자로 나온다. 이 보물은 신비스런 종교적인 지혜나 우리가 되찾아야 할 우리 자신 안에 있는 그 무엇이다. 신화의 뱀과 용은 보물을 찾으러 가는 길목의 문을 지키는 문지기로 묘사될 때가 많으며, 영웅은 이들을 통과해야 한다.

타냐는 다음의 꿈을 꾸고 '찬장 주위를 어슬렁거리는 뱀'이라는 이름을 붙였다.

"보육원 시절 친구인 코라를 만났어요. 내가 코라한테 9시 30분에 있는 취업 면접을 보러 갈 거냐고 물었는데, 코라는 면접이 있다는 사실을 모르더라고요. 나는 면접을 보러 갈 거라서 예상 질문이랑 이력서를 준비해야 한다고 코라한테 말했죠. 또 내가 그걸 준비할 때 우리 집에 와줬으면 좋겠다고 부탁했어요. 그런데 집 열쇠를 찾는데 처음에는 나오지 않았지만 곧 찾았어요. 우리 집이 코라의 마음에 들었으면 했는데 그 애는 아무 말이 없더군요. 찬장으로 갔더니 옛날 분위기가 나는 갈색 뱀이 찬장 문 앞에서 찬장을 막고 있었어요. 잠시 후엔 찬장이 얼음으로 덮여 꽝꽝 얼기도 했고요. 나는 뱀을 치워 줄 사람을 찾으러 갔어요."

이 꿈을 꾸었을 당시 타냐는 일자리를 찾으려던 중이 아니었기 때문에 의아했다. 꿈속의 뱀이 고풍스러운 분위기라는 것도 이상했다. 코라는 타냐가 어린 시절에 보육원에서 함께 지낸 친구였다. 코라는 이 꿈에서 중요한 인물이다. 보육원에 있던 타냐의 자아를 상징하기 때문이다.

타냐는 보육원에서 자랄 때 심리적인 장벽을 많이 둘러치고 있었고, 취업 면접을 위해서는 이를 극복해야 했다. 나중의 상황 전개에 비춰볼 때, 이 꿈은 예언의 성격도 지녔다. 몇 주 뒤 보육원에 함께 있었던 옛 친구 두 명이 타냐에게 연락을 해서 만나자고 한 것이다. 만나자는 장소가 타냐가 사는 곳과 너무 멀었던 데다가 타냐는 그때 신경 써야 할 사업도 있었기 때문에 친구들을 만나지는 못했다.

보육원 시절 친구들과 연락이 닿은 것은 무려 30년 만에 처음이었다. 친구들과 대화를 나누고 나서 타냐의 심리적인 장벽들이 수면 위로 떠올랐고, 그녀는 그것들을 무너트릴 수 있었다. 타냐는 몇 주 뒤 고향 퀸즐랜드로 돌아가 몇 군데 취업 면접을 보기로 했다. 타냐는 찬장에서 뱀을 치움으로써 어린 시절 이후로 '찬장'에 넣어 두었던 '귀중한 보물'을 꺼내게 되었다.

뱀이나 용이 아닌 파충류 원형

개인 무의식과 집단 무의식으로부터 뱀과 용 외에도 강력한 파충류가 꿈에 등장한다. 파충류는 지구상에서 가장 오래된 생물 중 하나이며, 그 점에서 인간의 본능적인 면과 밀접하게 연관되어 있다. 또한 냉혈동물이다.

에드가 케이시는 늪에 숨어 사는 악어를 보고 인간의 무의식 깊은 곳에 있는 파괴적인 감정과 관련이 있다고 생각했다. 악어는 탐욕스럽게 다른 것을 집어삼킨다. 쿠퍼는 악어에 대해 다음과 같이 말했다.

"죽음을 거쳐 생명으로 가는 필연성을 나타낸다. 때로는 그 문을 지키는 문지기일 때도 있다." (쿠퍼, 1984, 44쪽)

게오르기나의 꿈에서는 재미있는 변천의 메시지를 볼 수 있다.

"하늘을 날던 악어 한 마리가 어떻게 땅에 내릴지 생각하고 있었어요. 땅에 그냥 떨어질 것 같았어요. 그 크기며 모양으로 보아 나는 것이 쉬운 일이 아니었지만 악어는 땅바닥에 떨어지려 할 때마다 다시 날아올랐어요. 악어는 그렇게 계속 하늘에 떠 있다가 드디어 땅에 내려왔어요. 그리곤 말로 변해서 발을 잘 디딜 수 있었죠. 곧 꿈의 배경이 목장으로 바뀌고 말은 저 멀리 초원으로 자유롭게 뛰어갔어요."

게오르기나는 당시 깊이 뿌리박힌 무의식의 메시지 때문에 무모하게 행동하고 있었고, 이를 뿌리 뽑기 위해 애쓰는 중이었다. 이 꿈을 꾸고 나니 어리석고 걷잡을 수 없는 충동을 다소 억제할 수 있을 것 같고 인생에서 발을 잘 디딜 수 있을 것 같았다. 꿈을 꾼 뒤 기쁨이 찾아왔다.

셰인의 꿈에서는 도마뱀이 주된 주제였다. 도마뱀은 문화에 따라 그 의미가 달라진다. 기독교에서는 악의 상징이지만, 고대 이집트와 그리스 문화에서는 신성한 지혜와 행운을 상징한다.

셰인의 다음 꿈에 나온 도마뱀은 분명히 셰인이 파괴해야 할 부정적인 상징이었다.

"도마뱀 한 마리가 오랫동안 저를 쫓아오자 넌더리가 나서 머리를 잘라 죽였어요."

셰인이 꾼 다른 도마뱀 꿈에서는 '도마뱀 인간'이 나온다. 이 도마뱀 인간은 셰인을 쇠약하게 하는 그 무엇, 그가 피해야 할 무언가를 나타낸다.

"땅을 내려다보았더니 큰 도마뱀이 있었어요. 그 도마뱀이 사람으로 변해서 저를 쫓아오기 시작했어요. 저는 하늘로 날아올라 도망쳤지요. 날면서 큰 막대를 갖고 있었는데 도마뱀 인간이 그 막대를 잡으려고 뛰어올랐어요. 거의 잡힐 뻔하던 찰나 도마뱀 인간의 발밑에 있는 땅이 움푹 꺼져서 전 잡히지 않았어요."

용

에고의 영웅 신화에 자주 연결되는 용은 영웅의 에고가 정복해야 하는 감정의 내면세계와 무의식을 상징한다. 특히 기독교 신화에서 원시적이고 강력한 용의 에너지에 대한 두려움을 많이 볼 수 있다.

그러나 용의 원시적 에너지가 다른 문화권, 특히 동양에서는 파괴적이기도 하고 창조적이기도 한 방향으로 쓸 수 있는 강한 힘으로 조명된다. 테드의 꿈에서(1장 참조) 용은 강력한 원형의 힘으로 묘사되었고, 테드는 용과 싸워서 오랫동안 시달린 알코올중독을 극복해야 했다. 전에는 술 때문에 자신을 망치던 테드였지만 그 꿈을 꾸고 나서는 창조적인 방향으로 에너지를 바꿔 다시 그림을 그릴 수 있었다.

폰타나는 '고대 세계의 네 가지 요소를 상상할 수 있고 그 요소들을 하나의 존재로 묶는' 상징적인 능력이 용에게 있다고 한다 (2003, 132쪽). 그 뱀과 같은 모양은 흙, 날개는 공기, 물고기의 비늘은 물, 내뿜는 불꽃으로는 불을 각각 상징한다. 꿈에서 본 용의 이미지를 영예로운 것으로 생각했다면 아마도 창조적이고 파괴적인 깊고 강력한 힘과 접촉한 것이다.

태고적 이미지의 다른 피조물 원형

신화는 전설적이고 신비로운 원형의 수많은 피조물로 가득 차 있다. 꿈속에서 현실에 없는 이상한 생명체를 만난다면 태고적 이미지가 담긴 원형과 만나는 것이다. 잡종이라면 여러 동물을 함께 상징하고, 그 경우는 보통 긍정적인 의미이다. 이유는 두 가지이다.

"이들은 이승과 저승에 걸친 차원에 살기에 어둠의 힘과 싸우는 인류를 도울 뿐만 아니라 신의 사자(使者)이자 그 자체로 지혜의 원천이다." (폰타나, 2003, 160쪽)

그러므로 이 신화의 짐승 중 하나가 꿈에 나오거나 말로 표현된다면 그 메시지에 특히 주의하라. 엘리스는 꿈에서 뱀의 상징을 보았고, 뜻을 모른 채 '가루다(Garuda)'라는 말을 들었다. 나중에 이들이 옛적부터 있었던 독수리와 뱀의 싸움을 상징한다는 것을 알고 나서 그 상징체계를 이해했다.

요약

꿈에 괴물을 상징하는 원형이 나온다면 영웅의 꿈이라는 것을 알 수 있다. 다시 말해, 우리가 영혼의 여정에서 어느 단계에 있는지와 과업을 수행하기 위해 도전해야만 한다는 메시지를 전해준다. 괴물 원형은 생명력이 아주 강하여 태고부터 살아남은 원시적 파충류의 모습으로 나타날 때가 많다. 뱀이 자주 나오지만 도마뱀과 악어도 흔히 등장하는 태고적 이미지를 가진 원형의 상징이다.

여러 신화와 민간전승에 등장하는 용도 꿈에 흔히 나오는 원형이다. 이 책의 처음에 나오는 테드는 머리가 여럿 달린 용을 상대하는 꿈을 꾸었다. 괴물의 원형은 상징적으로 많은 의미를 지닌다. 예를 들어, 꿈에 나오는 뱀은 다음을 의미할 수 있다.

- 투쟁
- 치유
- 초월(우로보로)
- 변화
- 두려움 대면
- 본능과 본능적인 에너지
- 여러분이 찾는 보물을 지키는 이

22장

나무의 원형

오래된 나무와 같은 식물은
성장과 정신적인 삶의 발전을 상징한다.

—융

　나무 역시 심원한 원형의 상징으로 그 기원은 인류 역사의 출발점으로 거슬러 올라간다. 개성화를 하고자 하는 바람이 나무로 표현되기도 한다. 융은 다음과 같이 기술했다.

　"오래된 나무와 같은 식물은 성장과 정신적인 삶(보통 동물로 상징되는 본능과 구분되는 삶)의 발전을 상징한다." (1978, 152쪽)

　나무는 하늘, 땅, 물을 연결하는 보편적인 상징이기에 여러 문화의 종교, 비교(秘敎), 신화에서 중요한 상징이다. 몇몇 문화의 전통에 따르면 나무를 중심축으로 우주가 배열된다고 한다. 힌두교에서 나무는 우주의 중심이며 더 높은 의식 단계로 올라가는 사다리이다.

크리슈나는 카담바 나무 아래서 사랑하는 이와 함께 서 있다가 나무에 오르는 모습으로 묘사된다. 에덴동산의 상징적인 존재인 기독교의 지혜의 나무(Tree of Knowledge, 역주 : 선악과)는 선악의 이중성 속에서 영적인 지혜를 찾는 것을 상징한다. 인간은 선악의 이중성을 초월하기 위해 지혜의 사과를 먹는다.

세상의 나무

세상의 나무는 땅에 뿌리를 박고 하늘에 가지를 뻗치는 모습이다. 이로써 의식과 무의식, 양과 음, 영과 혼, 남성과 여성의 완전한 균형을 나타낸다. 샤머니즘에서 이 나무는 세 부분으로 되어 있다. 세상의 축을 상징하는 줄기는 비현실 세계(집단 무의식)의 상하 세계를 연결한다. 땅에 박힌 뿌리는 비현실 세계의 아래 세상, 가지는 비현실 세계의 위 세상이다.

힌두교는 또 우주를 명부에 뿌리내린 거대한 나무로 여긴다. 그 줄기는 인간 세계와 땅에 있으며 가지는 하늘로 뻗어 있다. 부처가 지혜의 나무(Tree of Wisdom, 역주 : 보리수) 아래에서 깨달음을 얻었다고 한다.

이와 같이 나무는 신성한 중심, 곧 불교의 정수인 위대한 각성이다. 이 나무는 '평정에 뿌리를 내리며…… 그 꽃은 도덕적인 행

위로 피어나고…… 정의로써 열매를 맺는다.'(쿠퍼, 1984, 178쪽)

모니카가 꾼 꿈에서 그녀 영혼의 깊이가 분명히 나타난다.

"퇴근하는 길에 도로 오른편을 보니 커다란 나무 두 그루가 나란히 자라고 있었어요. 높이는 산 만했고 굵고 튼튼한 가지는 하늘까지 닿을 듯했어요. 두 나무가 가까이 붙어 있었어요. 땅 위에서부터 난 거대한 뿌리는 흙 깊숙이 뚫고 들어간 듯했어요."

생명의 나무 : 카발라

히브리 생명의 나무, 카발라는 보통 나무와 반대로 하늘로 뿌리를 내리고 땅을 향해 자라는 것으로 묘사되며, 육신의 모습을 취한 영혼의 창조력을 상징한다. 생명의 나무는 빛과 어둠, 삶과 죽음 같은 현실의 이중성을 나타낸다.

카발라는 또한 신과 우주의 신비를 비추는 신학적이고 실재적인 지혜를 결합하는 은유적인 상징체계이다. 영적으로 추구하는 목표가 있는 사람은 심리적·영적 변화를 위한 여정에서 얻는 교훈이나 부여받는 과업을 이해하고 자신의 것으로 소화해야 한다. 상징체계에 대한 설명은 다음과 같다.

"생명의 나무의 상징체계는 현실을 위한 상징적인 지도이다.

내면의 눈에 보이는 정신세계, 감정 세계의 지형을 나타낸다……
상징체계의 완전한 의미는 그 모든 면을 알 때에야 온전히 드러
난다. 교향곡의 음표와 같이 그 체계의 상징은 각각의 의미가 있
을 뿐 아니라 다른 상징과의 관계에서도 의미를 지닌다. 전체는
부분의 합보다 크다." (폰타나, 2003, 236-7쪽)

생명의 나무 구조

카발라 교리에 따르면 생명의 나무는 위로부터 원형계·창조
계·형성계·활동계로 된 사중구조를 이룬다. 또 생명의 나무에는
세 개의 기둥과 열 개의 구(球 : 세피로트), 스물두 개의 통로가 있
다. 왼쪽 기둥은 수동적이고 여성적인 에너지를, 오른쪽 기둥은
적극적이고 남성적인 에너지를, 가운데 기둥은 다른 두 기둥과의
균형을 나타낸다.

열 개의 구는 신(神)이 현세계에 나타나는 모습이다. 1부터 10
까지의 구는 각각 고유한 속성을 지닌다. 영적인 지혜를 추구하
려는 사람은 완전한 수행에 도달해야 그 다음 구로 갈 수 있다. 열
개의 구는 히브리 문자의 알파벳을 나타내는 스물두 개의 통로로
연결되어 있으며 각각의 상징체계를 지닌다.

> "생명의 나무의 통로는 모두 연금술에서 말하는 모종의 금속
> 변성을 가리키며, 각 통로와 연관되는 상징은 그 금속 변성을 일
> 으킬 수 있는 방법을 암시한다." [피치(Peach), 1988, 157쪽]

생명의 나무에 나타난 상징

생명의 나무는 점성술, 타로점, 숫자, 색깔, 동물 등 여러 가지 상징체계로 이루어진다. 나무를 지키는 지혜로운 뱀이 모든 통로를 휘감고 있다. 나무의 꿈, 특히 뱀이 출현하는 나무의 꿈은 가볍게 여겨서는 안 된다. 영혼의 여정을 위한 아주 중요한 정보를 얻을지도 모르기 때문이다.

매튜는 몇 년 전에 생명의 나무에 관한 다음의 원형 꿈을 꾸었는데, 카발라를 공부했으면서도 도무지 무슨 꿈인지 알지 못했다.

"저는 나무에 오르고 있었어요. 나무 중앙 부분의 꼭대기 근처에 이르자 더 올라가기 힘들어졌어요. 하지만 가지가 몇 개 나와서 그 가지를 타고 계속 올라갔어요. 똬리를 튼 큰 뱀이 저를 쳐다보았어요. 그러자 제가 나무에서 떨어져서 사자에게 쫓기게 되었어요. 담을 쳐서 막았지만 사자는 머리에 달린 유니콘 같은 뿔로 담을 꿰뚫었어요."

매튜는 다음 날 아침, 꿈 일기에 다음과 같이 적었다.

"뱀과 유니콘 같은 사자에게서 달아났으니 앞으로 그것들을 마주해야 할 것이다."

매튜는 자신이 딛고 있는 구(球)에 대한 실마리를 찾은 듯했다.

이제 도전해야 하는 것이 무엇인지 알았다. 뱀은 나무 가운데, 꼭대기에서 3분의 1 정도 되는 곳에 있었다. 매튜는 나에게 구의 이름이 티파레트라고 했고, 나중에는 사자와 유니콘이 대립하는 에너지의 상징이라는 것도 알았다고 했다.

유니콘은 여성적인 달의 에너지를 상징하며 사자는 남성적인 해의 에너지를 상징한다는 것이다. 유니콘과 사자의 상징 의미를 알고 나니 매튜는 결합된 상징(유니콘 같은 뿔이 달린 사자)이 곧 자신이 균형 잡히지 않은 에너지를 마주하게 될 순간을 뜻하는 것 같아서 두려워졌다. 티파레트는 '생명의 나무' 가운데 기둥에 있고, 균형과 대립하는 것들의 조화를 나타낸다. 사자와 유니콘은 매튜의 꿈에서 '사자유니콘'으로 훌륭하게 결합되었다. 이 꿈을 꾸고 나서 2년 뒤에 매튜는 다른 꿈을 꾸었다.

다음의 꿈을 통해 자신이 있던 구가 티파레트였으며 그곳에서 그 다음 단계로 나아간 걸 알았다. 매튜는 이렇게 생각했다.

"꿈속에서 '그대는 막 미(美)를 지나갔다'라는 말을 들었다. 이때 뱀은 아름다움을 상징한다고 생각한다."

매튜는 티파레트가 생명의 나무에서 아름다움을 의미하기 때문에 자신이 당시 나무 위에 있을 때 티파레트를 상징하는 뱀을 지나간 것이라고 여겼다.

다른 나무 상징

역사상 많은 문화가 나무를 숭앙했다. 예를 들어, 녹색 인간(혹은 나무 인간)은 뿌리로 여성인 땅을 수태시키는 남성 에너지와 연관이 있었다. 그런가 하면 나무의 보호자, 피난처로서의 성질 때문에 나무를 여성적 상징이라고 여긴 문화도 적지 않다.

여러 신과 다양한 관련을 맺는 나무들도 있다. 드루이드 교인들은 떡갈나무가 신성(神性)과 남성적인 원리를 나타낸다고 생각하여 중요하게 여겼다. 그리스 신화의 떡갈나무는 하늘의 신 제우스와 태양의 원리와 연관되어 있었다. 고대 그리스인은 또한 올리브나무를 헤라클레스, 야자나무와 월계수를 아폴로, 포도덩굴을 디오니소스와 각각 연결시켰다. 고대 이집트에서는 무화과나무가 다산의 상징이었다.

> **요약**
>
> 나무는 항상 고대의 영적·비교(秘敎)적 교훈과 신화, 민화로 전해지는 강력한 태고적 이미지를 상징하는 원형이었다. 나무의 모습부터가 그렇게 생각하기 쉽도록 되어 있다. 하늘로 뻗은 가지, 땅 깊이 박힌 뿌리, 그 둘을 연결하는 줄기…….
> 만일 나무가 나오는 꿈을 꾸었는데 집단 무의식, 곧 원형의 꿈인지 아니면 개인 무의식에서 나온 꿈인지 알 수 없을 때는 그 꿈에 다른 원형, 예를 들어 매튜가 꿈에서 만난 것처럼 대면해야 하는 괴물의 원형은 나오지 않았는지 반드시 생각해 보라.

에필로그
:

　이 책은 여러분이 꿈을 통해 여러분 내면의 지혜에 대한 기초적인 이해를 할 수 있도록 쓴 책이다. 이 지혜를 만나 꿈의 언어를 이해하면, 여러분에게 맞는 것이 본질적으로 무엇인지 알게 되어 삶의 방식이 바뀔 것이다. 그렇다고 해서 삶이 쉬워지지는 않는다. 쉽지 않은, 고통스러운 결정을 해야 할 때도 있다.

　그러나 여러분 안에서 들려오는 현자의 목소리를 듣고 따르면 많은 보상을 받을 것이다. 일상생활에서 좀 더 참된 자신의 모습을 발견하리라. 여러분의 진실을 자신 있게 말하고, 결정을 내릴 때도 자신감을 가질 수 있으며, 다른 사람과의 관계에서도 자신이 생기고, 타인과 여러분 자신을 더 동정하며, 삶이 좀 더 조화를 이룰 것이다.

신체적인 면에서는, 여러분이 겪고 나서 정리하지 않은 채 놓아두었던 오래되고 고통스러운 일들을 마침내 정리하고, 머릿속에 알맞은 자리를 찾으면서 기억력과 다른 인지능력이 좋아질 것이다.

꿈의 언어는 삶의 모든 부분에 정교하게 맞추어져 있기에 모든 꿈은 특별하다. 그렇기 때문에 '밤마다 새로운 음식으로 영혼을 먹이면서'(힐먼, 1979, 96쪽) 꿈꾸는 의식의 지혜로부터 혜택을 얻어야 한다(힐먼, 1979, 96쪽).

꿈은 집단적인 기능이 있어서 꿈을 꾸는 사람뿐만 아니라 인류 전체에게 유용하고 그 발달에 도움을 준다. 인류는 태초부터 지식, 지혜, 경험을 공유했다. 집단 무의식에서 나오는 꿈은 과거 역사를 보여주고, 현재에서 태고적 이미지를 상징하는 원형을 흡수하며, 나아가 미래에 영향을 끼친다.

집단 무의식은 시공을 초월하므로 과거, 현재, 미래가 모두 동일하게 그 안에 들어 있다. 집단 무의식에서 온 꿈은 그 양상과 에너지가 다른 꿈과 확연히 다르다. 그 꿈은 우리에게 더 큰 그림을 떠올리도록 하고, 그 그림을 통해 우리의 자리가 작지만 중요하다는 진리를 일깨워 준다.

나는 개인 무의식에서 나오는 꿈과 집단 무의식에서 나오는 꿈을 구별할 수 있도록 각각의 예시를 풍부하게 들어 둘의 차이를 서술했다. 이 책은 여러분에게 도움이 되는 정보는 물론 앞으로도 계속 활용할 수 있는 참고도서가 될 것이다.

다음의 과제를 수행하면 꿈을 최대로 활용할 수 있다.

- ⑨ 적극적으로 꿈을 꾸고자 한다.
- ⑨ 꿈을 회상하는 훈련을 한다.
- ⑨ 꿈을 이해한다.
- ⑨ 꿈을 기록한다.

꿈은 여러분에게 말하고 있다.
여러분은 그 언어를 배우고 꿈의 목소리를 듣기만 하면 된다.

용어

.
.
.

연금술 : 기초 금속을 금으로 바꾸는 연금술은 종종 영적 변화의 상징적 과정을 은유할 때 쓰였다.

알파/베타 경계 : 7-8헤르츠. 입면몽과 반수반성몽을 꿀 때의 트랜스 상태.

괴물의 원형 : 신화와 전설에 자주 등장하는 유명한 괴물들이다. 아누비스(이집트 신화에서 죽은 자를 인도함), 케레부스, 용, 미노타우로스, 인어, 불사조, 스핑크스, 바실리스크(반은 닭, 반은 뱀)와 같은 잡종, 키메라, 가루다(반은 인간, 반은 독수리), 그리핀(독수리와 사자가 합쳐진 것), 하피(반은 여자, 반은 독수리), 페가수스(반인반마), 사이렌(반은 여자, 반은 새)이 있다. 박쥐, 거미, 뱀도 자주 등장하는데 이런 것들이 태고적 이미지의 상징을 담은 괴물 원형이다.

뇌파 : 뇌파전위기록장치(Electro-Encephalograph : EEG)로 측정되는 뇌세포 사이의 신경전기 활동. 인간의 뇌파는 0.1에서 30헤르츠에 걸쳐 발생한다. 델타파(깊은 수면)는 0.1-4.0헤르츠, 세타파(깊은 이완)는 4-8헤르츠, 알파파(가벼운 이완)는 7-12헤르츠, 베타파(평소의 각성 상태에서 불안, 공포, 스트레스가 생기는 극단)는 12-30헤르츠이다. 30헤르츠를 넘으면 인간의 뇌파 범위 밖인 감마파이다.

뇌 가변성 : 새 신경 연결이나 뇌세포 재생을 통해 뇌가 스스로 젊어지는 능력.

차크라 : 잠재적인 심리적·정신적 에너지 중심. 흘러들어오는 우주 에너지를 받아들여 온몸으로 보낸다. 몸통을 따라 주요 신경총 주위로 주요 차크라 일곱 개가 있으며 작은 차크라가 곳곳에 퍼져 있다.

집단 무의식 : 개인, 시공을 초월하여 모두가 쓸 수 있는 보편적인 기억, 지식의 존재를 기술하기 위해 융이 사용한 용어. 이 보편 무의식의 원천의 언어가 원형으로 표현된다.

예고 : '외부 세계와 접촉하고 그를 조정하는 정신의 교육받은 부분' (피어슨, 190쪽).

EEG : 뇌파를 측정하는 뇌파전위기록장치.

에너지체 : 육체를 둘러싸고 관통하는 에너지장.

개성화 : 성숙, 치유와 정신의 극화된 부분을 통합하고 완전한 자아실현을 향한 심리적 움직임을 기술하기 위해 융이 사용한 용어.

통합 : '관념, 통찰, 기억, 믿음의 조직을 흡수하여 보다 통일되고 완전한 느낌이 들도록 하는 것' (피어슨, 190쪽)

투사 : 자신이 갖지 못한 내면 속성을 다른 사람에게 비추는 것. 언제나 무의식적이다.

정신(Psyche) : 의식적이고 무의식적인 정신(Mental) 활동의 총체.

PTSD : 외상 후 스트레스 증후군(Post Traumatic Stress Disorder). 심리적·감정적으로나 영적으로 입은 심각한 손상. 트라우마를 유발한 것이 내면에 억압되어 정신에 통합되지 않은 때가 많으며, 그리하여 정신이 분열되는 듯한 고통을 겪는다. 트라우마 치료의 목적은 이 분열된 부분들을 재통합하고 새로운 의미를 찾는 것이다.

렘(REM)수면 : 급속 안구 운동(Rapid Eye Movement) 수면. 수면의 다섯 단계 중 하나로, 꿈은 대부분 여기에서 꾸게 된다.

무의식 : 뇌와 몸에 저장된 기억, 감정, 느낌과 욕구의 집합. 행동에 영향을 미치나 자신은 보통 알지 못한다.

참고 문헌

⋮

American Academy of Sleep Medicine, 'Four Days of REM Sleep Deprivation Aff ects Forebrain, Long Term Memory in Rats', *Science Daily*, 6 February 2008. Retrieved from http://www.sciencedaily.com / releases/2008/02/080201085713.htm

Ashcroft-Nowicki, Dolores, *The Shining Paths: An Experiential Journey through the Tree of Life*. Northamptonshire, The Aquarian Press, 1983.

Auerbaum, N. and Laub, D., 'Play and playfulness in holocaust survivors'. The *Psychoanalytic Study of the Child*, 1987, Vol. 42, 45-57.

Ball, Pamela, *10,000 Dreams Interpreted*. New York, Gramercy, 2000.

Barbato, Michael, *Caring for the Dying*. Sydney, McGraw-Hill, 2002.

Brennon, Ann, *Hands of Light*. Toronto, Bantam, 1988.

Bruce-Mitford, Miranda, *The Illustrated Book of Signs and Symbols*. Sydney, Reader's Digest, 1996.

Campbell, Joseph, *The Hero With A Th ousand Faces*. London, Fontana Press, 1993.

Campbell, Joseph, *Reflections of the Art of Living*. New York,

HarperCollins, 1991.

Campbell, Joseph, with Moyers, Bill, *The Power of Myth*. New York, Anchor Books, 1988.

Cartwright, Rosalind and Lamberg, Lynne, *Crisis Dreaming*. London, Aquarian/Th orsons, 1992.

Castaneda, Carlos, *The Art of Dreaming*. New York, HarperCollins, 1993.

Chopra, Deepak, 'Under the Wishing Tree', from Shapiro, Eddie and Debbie, *The Way Ahead: 50 Visions*. London, Element, 1992.

Cooper, J.C., *An Illustrated Encyclopaedia of Traditional Symbols*, London, Th ames and Hudson, 1984.

De Becker, Raymond, *The Understanding of Dreams*. London, Allen & Unwin, 1968.

Delaney, Gayle, *Break Th rough Dreaming*. New York, Bantam, 1991.

Doige, Norman, *The Brain that Changes Itself*. Melbourne, Scribe, 2007.

Eagle Feather, Ken, *Tracking Freedom*. Charlottesville, Hampton Roads, 1998.

Evans, Richard. I. *Jung on Elementary Psychology*. New York, E.P. Dutton, 1976.

Fontana, David, *The Secret Language of Dreams*. London, Duncan Baird, 1994.

Fontana, David, *The Secret Language of Symbols*. London, Duncan Baird, 1993.

Frank, Marcos, cited in Young, Emma, 'Sleeping Like a Baby', *New Scientist*, 26 April 2001.

Garfi eld, Patricia, *The Universal Dream Key*. New York, Cliff Street, 2001.

Gerne, Margaret, 'Problem-solving in dreams: References to the process of mourning'. *Association for the Study of Dreams Newsletter*, 1989, 6 (2), 304.

Griffiths, B., foreword to Sahi, Jyoti, *The Child and the Serpent*. London, Routledge & Kegan Paul, 1980.

Hamilton-Parker, Craig, *The Hidden Meaning of Dreams*. New York, Sterling, 1999.

Hillman, James, *Archetypal Psychology: A Brief Account*. New York, Spring, 1983.

Hillman, James, *The Dream and the Underworld*. New York, Harper & Row, 1979.

Hillman, James, *Re-Visioning Psychology*. New York, Harper & Row, 1975.

Holberg, Soozi, *The Power of Your Dreams*. London, Piatkus, 1991.

Holroyd, Stuart, *Mysteries of the Inner Self*. London, Bloomsbury, 1992.

Horowitz, M.J., 'Psychological Response to Serious Life Events', in Hamilton, V. and Warburton D.M. (eds), *Human Stress and Cognition*. New York, Wiley, 1979.

Horrocks, Roger, 'The Divine Woman in Christianity', in Pirani, Alix (ed.), *The Absent Mother: Restoring the Goddess to Judaism and Christianity*. London, Mandala, 1991.

Ingerman, Sandra, *Soul Retrieval: Mending the Fragmented Self*. San Francisco, Harper, 1991.

Jacobs, B.L., van Praag, H. and Gage, F.H. (2000), cited in Doige, Norman, *The Brain that Changes Itself*. Melbourne, Scribe, 2007.

Jung, C.J., Dreams. London, Ark, 1986.

Jung, C.J., *Man and His Symbols*. London, Aldus, 1969.

Jung, C.J., *Man and His Symbols*. London, Picador, 1978.

Jung, C.J., *Memories, Dreams, Reflections*. New York, Random House, 1961.

Jung, C.J., *Memories, Dreams, Reflections* (Jaff e, A., ed.). London, Fontana, 1995.

Jung, C.J., *Psychology and Religion: West and East* (Collected Works: Vol. 11). Princeton, Princeton University Press, 1969.

Jung, C.J., *The Portable Jung* (Campbell, J., ed.). Harmondsworth, Penguin, 1972.

Kenton, Leslie, *Journey to Freedom: 13 Quantum Leaps for the Soul*. London, Thorsons, 1999.

Kandal, E.R., Schwartz, J.H. and Jessell, T.M., *Principles of Neural Science* (4Thedn). New York, McGraw-Hill, 2000.

Leadbeater, Charles W., *Dreams, What They Are and How They Are* (4th edn). London, Theosophical Publishing Society, 1918.

Miller, Iona and Swinney, Graywolf, *The Fractual Nature of Active Sleep and Waking Dreams: Restructuring Consciousness through Metaphor, Fetal REM and Neural Plasticity*. Askledepia Foundation, 2001.

Mindell, Arnold, *The Shaman's Body*. New York, HarperCollins, 1993.

Moss, Robert, *Conscious Dreaming*. London, Rider, 1996.

Murdock, Maureen, *The Heroine's Journey: Women's Quest for Wholeness*. Boston, Shambhala, 1990.

Myers, David G., *Psychology* (2nd edn). New York, World Publishers, 1989.

National Institute of Neurological Disorders and Stroke (NINDS), 'Brain Basics: Understanding Sleep'. May 2007, 1-8.

Peach, Emily, *Tarot Predictions*. London, Aquarian Press, 1988.

Pearson, M., *The Healing Journey*. Melbourne, Lothian, 1997.

Pease, Allan, *Body Language*. Sydney, Camel, 1981.

Pirani, Alix (ed.), *The Absent Mother: Restoring the Goddess to Judaism and Christianity*. London, Mandala, 1991.

Richmond, Cynthia, *Dream Power: How To Use Your Dreams to Change Your Life*. New York, Fireside, 2000.

Robinson, Stearn and Corbett, Tom, *The Dreamer's Dictionary*. London, Element, 1984.

Sahi, Jyoti, *The Child and the Serpent*. London, Routledge & Kegan Paul, 1980.

Sanford, John. A., *Dreams and Healing*. New York, Paulist Press, 1978.

Schierse Leonard, Linda, *On the Way to the Wedding: Transforming the Love Relationship* (2nd edn). Boston, Shambhala, 2001.

Sechrist, Elsie, *Dreams: Your Magic Mirrors: With Interpretations of Edgar Cayce*. New York, Warner, 1974.

Spalding, Baird T., *Life and Teachings of the Masters of the Far East* (Vol. 4). Camarillo, DeVorss, 1976.

Tacey, David, *Jung*. London, Granta, 2006.

Vythingam, M., Heim, C., Newport, J., Miller, A.H., Anderson, E., Bronen, R., Brummer, M., Staib, E., Vermetten, E., Charney, D. S., Nemeroff , C.B. and Bremmer, J. D., 'Childhood Trauma Associated with Smaller Hippocampal Volume in Women with Major Depression', *American Journal of Psychiatry*, 2002, 159 (12), 2072-80, cited in Doige, Norman, *The Brain that Changes Itself*. Melbourne, Scribe, 2007.

Wolf, Fred Alan, *The Spiritual Universe*. New York, Simon & Schuster, 1996.

Young, Emma, 'Sleeping Like a Baby', *New Scientist*, 26 April 2001.

옮긴이 **이사무엘** 충남대학교 불어불문학과를 졸업했다. 도서출판 아카데미
아와 도서출판 진홍에서 근무했으며 한국통번역진흥원과 번역회사 X-trans
에서 영어 및 불어 번역 업무를 담당했다. 현재 인트랜스 번역원 전문 번역가
로 활동 중이다.
역서로는 『2013 세계경제대전망』(공역), 『2014 세계경제대전망』(공역), 『맥킨
지 금융보고서』(공역), 『The Complete Beatles Chronicle』(공역), 『와인 아틀
라스』(공역) 등이 있다.

꿈은 말한다

초판 1쇄 인쇄 2014년 1월 7일
초판 1쇄 발행 2014년 1월 17일

지은이   테레즈 더켓(Therese E. Duckett)
옮긴이   이사무엘
펴낸이   조선우
펴낸곳   책읽는귀족

등록   2012년 2월 17일 제396-2012-000041호
주소   경기도 고양시 일산동구 백석동 현대밀라트 2차 B동 413호
전화   031-908-6907 | **팩스** 031-908-6908
홈페이지 www.noblewithbooks.com | **E-mail** idea444@naver.com
트위터   http://twtkr.com/NOBLEWITHBOOKS

책임 편집 조선우
표지 일러스트 정소현 | **표지 디자인** 김영주 | **본문 디자인** 아베끄

값 20,000원 | **ISBN** 978-89-97863-22-8 (03180)

이 도서의 국립중앙도서관 출판시도서목록(CIP)은 서지정보유통지원시스템 홈페이지
(http://seoji.nl.go.kr)와 국가자료공동목록시스템(http://www.nl.go.kr/kolisnet)에서
이용하실 수 있습니다.(CIP제어번호: CIP2013027448)